日本映画裏返史

二階堂卓也

彩流社

目次

注記
＊主要参考文献は本文中あるいは脚註に明記した。
＊フィルモグラフィはインターネット「日本映画データベース」を参照した。

第一章　七つの顔の男だぜ——二人の多羅尾伴内

戦後の日本映画における現代活劇の最初のヒーローは多羅尾伴内である。多羅尾伴内とは世を忍ぶ仮の名で、本名は藤村大造。かつては怪盗紳士とも和製ルパンとも呼ばれ、世間を騒がせた名うての犯罪者だったが、正義と真実の使徒として更生し、世の不正を暴き、悪人バラを追い詰め、糾弾する私立探偵として甦った男である。その特徴は神出鬼没、射撃の名手にして腕っ節強く、博才にも長け、とりわけ変装を得意とし、大金持ちから佝僂男、あるいは手品師、片目の運転手などに化ける。そして難事件・怪事件を解決して何処ともなく去っていく——とまあ、これは何を今更の通説プロファイル。

この無敵のヒーローの産みの親は戦前から主に時代劇の脚本を書いていた比佐芳武。仕事も旺盛だったが、私生活でも酒や博奕は渡世人さながらという、昔のカツドウ屋には珍しくなかったタイプの人物だ。

一作目『七つの顔』（大映・松田定次）が公開されたのは、焼け跡や廃墟など戦災禍なお残る昭和二十一年（一九四六）の大晦日の東京。人々が娯楽に飢えていた世相もあろうが、この〝正月映画〟は大当たりして、『映画年鑑』によれば京浜地区主要封切り館三館一週間で、およそ二三万六五〇〇人という動員数は群を抜いている。同日封切りの歌謡映画『満月城の歌合戦』（松竹・マキノ雅弘）の二三万一六〇〇人は同じ館数ながら二週間の数字だ。まだ興行網が確立しておらず、全国的なオフィシャルな記録など望むべくもない時代だが、大映に莫大な利益をもたらしたことは間違いない。

以後、昭和二十四年までに大映が四本、昭和二十八年から三十五年までに東映が七本を製作。計十一本の主演は一貫して片岡千恵蔵。脚本もずっと比佐芳武が担当した。ラスト近く、居並ぶ悪党どもを前に毎回のように吐かれる伴内の「ある時は〇〇、また、ある時は〇〇……」（〇印はその映画で化けた男たちのキャラクター）で始まり、「しかして、その実態は――」と続き、やや間をおいてからの「正義と真実の使徒、藤村大造だ！」の決め台詞は、映画が娯楽の王様であった時代を生きた人々に長く記憶され、後年、テレビ放映やソフトで接した世代にも印象に残っている筈である。

戦前から時代劇スターとして鳴らした片岡千恵蔵が探偵役などを演じたのは、ＧＨＱ（連合国軍総司令部）が設けたＣＩＥ（民間情報教育局＝昭和二十七年四月の日米講和発効まで存続）の検閲と規制により、一時的ながら各社が時代劇を自由に製作できなかった窮余の一策だ。監督の松田定次も時代劇で鳴らしていた人である。

民主主義を鼓吹する戦勝国アメリカは日本の封建制を排する方針で、特に時代劇はそれが物語の根幹にあるとされ、当初は剣戟《チャンバラ》は「抜かず斬らず殺さず」の三原則遵守を命じられたほどだ。(*) 仇討ちなどは論外で、例えば『忠臣蔵』などが企画されたら大改訂は必至、大石内蔵之介と吉良上野介の両首脳の「話し合い」で平和的解決を見るというラストになったかもしれない。しかし、ソフト帽に背広姿で二挺拳銃を構えた千恵蔵もまたよし。皮肉な見方をすれば、多羅尾伴内は嗚咽と屈辱の敗戦があったからこそ生まれたヒーローなのである。

(*) 制約だらけの時代劇は昭和二十二年八本。以後、十七本、三十本。日本側の自主的審査機構としての映倫(映画倫理規定管理委員会)が発足したのは昭和二十四年四月十四日だが、CIEの干渉や注文はなおあったという(現・映倫管理委員会)。講和条約の締結の二十六年には五十本を突破、発効した二十七年には一気に九十二本。

(1)

多羅尾伴内登場

大映版の監督はすべて松田定次。『七つの顔』は東洋劇場の歌姫、みどり(轟夕起子)の誘拐と、彼女が身に着けていた百万円相当のダイヤの首飾り強奪事件を発端に、知事選に絡む悪党どもの陰謀が暴かれる。伴内は警察署に自由に出入りできる私立探偵で、最初は劇場の奇術師として登場。やがて、新聞記者や手相見、片目の運転手などに変装して事件の容疑者と目された野々宮兄妹(兄・信吾=月形龍之介、妹・早苗=喜多川千鶴)の無実の罪を晴らし、真犯人たちを追い詰めるまで。

冒頭まもなく、花束に仕掛けられた発火装置による火事騒ぎから、みどり拉致まではスピーディで、誘拐犯たちが翁《おきな》の面を付けているのが怪奇ムードを醸し出す。兄妹が住む古びた洋館の雰囲気もよく、しかも外観から内部までそっくりの建物が別に存在する設定がミステリアスな効果をあげている。事件の鍵は政治家だった野々宮の父の過去の女性関係にあったと突き止めた伴内は、一味が集結した晩、十八番《おはこ》となる台詞をブツブツゴニョゴニョ呟いて真相を明かし、驚き慌てる彼らの前に藤村大造その人として姿を現す。そして銃撃戦の末、当時としては珍しいカーチェイスまで繰り広げての大団円。

大してピンチにもあわず、スーパーヒーローのようであった一作目とは裏腹に、二作目『十三の眼』(47)では伴内の苦悩が描かれる。自分を真人間に導いてくれた松川刑事が警邏中に同僚の溝部と共に何者かに殺されたからである。焼香を済ませた彼は恩義ある人の弔い合戦として犯人逮捕を誓うものの、手掛かりは死に際に松川が遺した「××デパート」の走り書きのみ(××は判読できない)。数あるデパートの捜査も徒労に終わり(これは独白だけ)、伴内は遺影を凝視して己の無力さを嘆くのだ。

やがて、一筋の光明を見出した伴内は金持ちのキザな紳士に化け、高級クラブや賭博場がある〝歓楽のデパート〟と称されるビルに乗り込んでいく。クラブにはウクレレを奏する歌い手(奈良光枝)がいて、クライマックスに重要な役割を果たすのだが、伴内への接近の思惑が不鮮明だから、そこらをウロチョロしているだけの印象しか与えない。実は、この建物こそ松川たちを殺した強盗団の巣窟だった。偽札をエサに一味への仲間入りを画策した伴内は罠にはまり、閉じ込められた地下室には機械仕掛けの釣り天井が軋りながら迫ってくる。危機一髪、ピンチを逃れた伴内はボス(斉藤達雄)(*)と対決。一味は壊滅する。

――二編の梗概をざっと書いたが、これらの物語の展開はご都合主義に満ちている。例えば、一作目における歌姫はダイヤを奪われたことなど忘れたように伴内に夢中だし、最初は彼女に「体で返せ!」と怒っていたダイヤの持ち主(劇場経営者)も途中からそれを話題にもしなくなる。洋館に拉致されたみどりが石段や階段の数を数えていたとは何と冷静沈着なことか。そして、問題の二つもの洋館を伴内はいつ、いかなる方法で突き止めたのか。さらに、何の脈絡もなく、いきなり「金庫がある筈です。そこに解決の一切が隠されているのです」などというと、果たして隠し金庫があって、死体が転がり出てくるのである。推理というより、〝眼力〟――いや、直感である。

事件は、知事選を控えた立候補者と後援者(上田吉二郎)が利権獲得のため、ライバルと目した信吾を失脚させんと、貧乏子爵(原健作=以後一九五三年から改名した「健策」で通す)を引き込んで企んだと判明するが、この映画はダイヤ盗難と知事選の二本の線があって、それらが交わらないまま進んでいく。そこへもってきて、貧乏子爵の愛人が、かつては野々宮兄妹の父のそれだったという、おそらく観客の誰もが想像もつかなかった(?)驚くべき事実が露呈されるのだが、それで事件の全容が解明されるわけではない。大団円などと書いたが、実は何が何だかわからないのだ。

同じ建物があるトリックも含めて、ストーリーがルブランのルパンものから派生した「謎の家」

（一九二八年＝複数の訳者による別題がある）の換骨奪胎であることはよく知られている。原作のパリのオペラ座は東洋劇場に、メラマール伯爵兄妹は野々宮兄妹に置き換えられている。ダイヤ強奪もちゃんとある。ちなみに、比佐は戦前に、やはり古くから黒岩涙香らの翻訳（翻案）があったA・デュマ・ペールの「モンテ＝クリスト伯」（「巌窟王」）から骨子をいただき、明治を背景にした『姿なき復讐』（41・松田定次）の脚本も書いている。

二作目――伴内が高級クラブへ潜入するのは、松川の遺影を前に嘆いていると、突然、棚の上から落ちた古新聞に〝歓楽のデパート〟の広告があったからだ。台詞では松川の〝天来の声〟とされているが、なぜ松川がこのデパートを知っていたのかが謎だし、店内で伴内に突っかかったチンピラが殺される理由も不明なまま。冒頭の殺人現場に落ちていた義眼は不気味な印象を与えるけれど、以後の展開には全然重要でない。一味は七人いて、首領が片目なことがタイトルの由来だが（伴内が変装した人間たちの眼の数でもある）、なに、片目でなくたってストーリーに支障は来さない。地下室からの脱出方法も曖昧だし、クラブで松川の娘（喜多川千鶴）と溝部の妹が身分を偽ってホステスとして働いているのも実に作為的だ。まさか、二人が伴内先生より先にココが臭いワと睨んだわけではあるまいが。

こうした比佐芳武の脚本を杜撰だとか、いいかげんだと決め付けるのはたやすいが、それではあまりにも一方的に過ぎよう。戦前から大衆娯楽映画に徹していたこの脚本家は事件と次々に起こし、謎を提供し、観客を退屈させまいとすることに主眼を置いているからだ。伴内のキャラクター設定はルパンの亜流といわれながら断然功あるものだし、ご都合主義ながら、上映時間中とにもかくにも最後まで見る者を引っ張っていく作劇法は評価されていい。轟夕起子や奈良光枝の歌や、決してスマートならざる体型の踊り子乱舞のレビュー場面も観客へのサービスであったに違いない。松田定次の演出もその意図によく応えている。ラストに聖書か讃美歌の一節のような詩歌を残していくのもパターンになっていく。

（＊）一九〇二年生まれの古い俳優。一九五三年、監督に転じて五本を発表。同名異人と思っていた。

遺産相続と幽霊騒ぎ

しかしながら、三作目『二十一の指紋』(48)の展開はいささか強引に過ぎた。これは殺人事件の犯人と疑われた珠江(喜多川千鶴)の濡れ衣を晴らし、大掛かりな闇商人グループを壊滅させる内容で、何か秘密を持っていそうな弁護士(斉藤達雄)が登場したり、「タキン・ミヤの短剣」や、覚醒剤(伴内が呟く薬品名は聴き取れない)といった小道具が使用されたり、「日陰の街」なる貧相なバラック街が出てきたりするが、それらがストーリーの中に溶け込んでおらず、おまけに考古学者の遺産継承問題まで絡んできて、眼目が見えてこない。これは例によって、あれこれ事件や謎を散りばめるのはともかく、いきなり結論ありきで、そこに至る伴内の推理の過程が描かれていないからだ。ここでも二つの線――殺人劇と遺産ネタが噛み合っていない。意味ありげな「タキン・ミヤの短剣」も放ったらかしにされる。

犯人グループの中に伴内も見間違うほど珠江そっくりのきみ子(喜多川二役)がいて、彼女たちは亡き考古学者の異母姉妹であったという後出しネタには呆気にとられた。遺産問題は推理も何も、伴内はそれを殺された弁護士(この殺害も唐突で乱暴だが)の妻(沢村貞子)が提供した遺言状によって知るだけで、「もっと早くこのことを知っていたら」と慨嘆するのは十分頷ける。

この私立探偵は推理より直感が頼りで、典型的なのがパーティの席上、腹話術師に化けて指紋を採取する場面だ。余興として人形の頭や顔に指を押させた五人の男女ことごとく犯人一味だったとは(!)。ラスト近くで「思った通りの面々だな」という便利な台詞が用意されている。協力する笠原警部に大友柳太郎(以後一九五二年から改名した「柳太朗」で通す)。悪党グループを「麻薬密輸団」としている文字資料は誤記である。

『三十三の足跡』(同)はオペラ座を模して建造された太陽劇場に、かつて人気を博した役者、中村鶴太郎の幽霊が出没する設定で、「開かずの間」や「鶴太郎稲荷」も用意するなどし、怪奇探偵活劇の様相を呈している。〝オペラ座の怪人〟ならぬ〝太陽座の幽霊〟騒ぎは大いに結構な趣向なるも、肝心のお化け出現の理由がどうにも納得がいかない。

――十年前、鶴太郎は芝居を疎かにするほど女に夢中になり、それを咎めたオーナーの中谷に仲を裂かれたのを怨んで心中を遂げた。以来、中谷は鶴太郎の幽霊に悩まされ、首吊り自殺(これらの経緯は語られるだけ)。で、今は木塚(進藤英太郎)の所有になっている劇場に役者の幽霊が再び現れて、その裏に隠されていた劇場乗っ取り事件を伴内が暴露するという内容である。レビュー練習中に幽霊が顔を覗かせたり、舞台の床が細工されていたり、大道具方(山本礼三郎)が殺されたり、廻り舞台が突如旋回を始めたりといった怪事はすべて木塚と取り巻き立ちの仕業であり、中谷は彼らに殺されたことも判明する。

しかし、一体何のために彼らが幽霊騒ぎを引き起こしたかが判然としない。昔の悪事が露見しそうになったわけではないし、勝手に墓穴を掘ったような案配である。劇場の譲渡書の日付が、中谷死亡の翌日になっていたことから伴内がこれを偽造と見做すのは当然としても、木塚たちがなぜそんなアシが付くような証書を作ったのか。そもそも、劇場を一つ乗っ取ったくらいで、いかほどの利権が得られたのか。

伴内と笠原警部(大友)が最初から劇場の裏方になりすまして出てくるのは十年も前の中谷の自殺に疑問を持っていたかららしいが、執念といえば執念には違いないけれど、何とも気の長い話で、謎解き場面の二人の説明はとても理解できない。大友の舌っ足らずのエロキューション(台詞回し)は難点で、これはずっと治らなかったようだ。出没する幽霊は無論、人間(悪役の一人＝藤井貢)の扮装である。劇団の演出家に月形龍之介。

本シリーズの醍醐味とは

――四本を見終わっての率直な感想は、提供される謎や疑問の大半が虚仮脅しや思わせぶりだけで終わってしまうケースが多いことだ。伴内の謎解きがあまり要領を得ないままエンド・マークを迎えるのも否定できない。しかし、古い映画をこうしてあれこれ〝検証〟するのは後世の我々の楽しみ方でもある。決して悪意からではない。目鼻立ちが完璧に整った美人は近寄り難いのに、ちょっとバランスが狂っている女性にハッとして気が行くように、映画も多少の欠点《アラ》があったほうが親しみやすいというものだ。娯楽映画はこれでいいのである。

しかし、本シリーズの面白さは何より伴内の七変化に尽きる。ヒョウキンな手品師、札ビラを切るキザな紳士、不気味な佝僂男、コワモテする片目の運転手、慇懃な新聞記者など、各キャラクターをいかにもといった感じで演じている千恵蔵の役者ぶりを楽しむべきだろう。メイクや扮装もすぐソレとわかるのがミソで、とりわけ、鞄を小脇に抱え、ガニ股でヒョコヒョコ歩く伴内の姿はユーモラスでもある。その実態――拳銃を構えてタバコをくゆらす背広にネクタイ姿の藤村大造の颯爽ぶりも堂に入ったものだ。

そういう鑑賞態度に徹すると、これほど退屈しない映画はそうない。戦災の跡がまだ垣間見える野外の撮影シーンも含め、昭和もまだ二十年代初期に作られた事実と併せて考えると、極めて貴重な諸作といえる。二作目以降の数字を使ったタイトルは内容的にさしたる意味もないが、謎めいて怪奇的である分、集客には効果的な命題だ。ポスター仕様も大いによい。

人気も興行力もあった多羅尾伴内ものを大映の社長にして製作者、永田雅一が四本で打ち切ったのは「低俗」「荒唐無稽」「子供だまし」などと、批評家にコキ下ろされたからというが、この社長は、だからこそ映画は面白いという基礎中の基礎を愚かにも忘れてしまったらしい。一九五〇年に

『羅生門』（黒澤明）がヴェネツィア映画祭で金獅子賞を、一九五三年に『地獄門』（衣笠貞之助）がカンヌ映画祭でグラン・プリを受賞した成果はともかく、特段の興行成績をあげたわけではない。大衆にとって外国の映画祭の評価など関係なかったのである。

五〇年代、「配収トップ10」[*1]に入った同社の映画は『日蓮と蒙古大襲来』（58・配収三億円）など二十一本。それが六〇年代にはたった三本という事実は、いかに観客動員できる娯楽映画が減ったかの証明である。一九六一年の新東宝崩壊後に残った邦画五社の内、一番先に会社を潰したのはこの社長だ。あとからは何とでもいえるが、一九七一年十二月の倒産のかすかな予兆は、遠くこのシリーズの放棄にあったのではないかという気すらする。

それはさておき、戦前の映画会社統合策の関係で戦後は大映所属だった千恵蔵は、社長の〝変節〟と俳優を大事にしない姿勢に反発して昭和二十四年、それまで出向の形でちょくちょく出ていた東横映画[*2]に移籍。出演のみか、新興の会社の経営にも参画した。比佐、松田に加え、戦前から「旗本退屈男」シリーズがあった市川右太衛門も行動を共にした。当時、ここで製作進行係をしていたのが東映二代目社長になる岡田茂で、東京大学経済学部を卒業したばかりの頃だった。

昭和二十六年四月、東横映画と東京映画配給（東横映画の配給部門＝同二十四年設立）、大泉スタジオ（二十二年練馬大泉に設立[*3]）の三社が合併して新東宝に続く戦後二番目の映画会社「東映」が発足。初代社長は東急出の大川博。千恵蔵＝伴内はここで再登場する。

（＊1）　正しくは「戦後日本映画各年度別配収トップ10」（キネマ旬報増刊「映画40年全記録」所載・一九八六年）。一九八四年までの配収（配給収入）記録及びランキングは同書に、一九八五年以降は同誌各年度決算特別号に準拠する。二〇〇〇年度以降「興収」（興行収入）に改められた。二本立て番組の場合、非記載の併映作品は適宜記す。別に日本映画製作者連盟の興行データを参照した。

（＊2）　昭和十三年、五島慶太の東急資本による興行会社として出発。昭和二十二年、大映と提携して映画製作を開始（当初、配給は委託）。大映の第二撮影所（京都市太秦）を取得して東横映画京都撮影所とした（のち東映京都撮影所＝京撮）。

（＊3）　のちの東映東京撮影所（東撮）。時代劇の京撮に対し、現代劇中心。以後、所在地から京撮を太秦、東撮を大泉と表記する場合がある。

伴内、東映で復活する

東映版は、23カラット（台詞より＝13カラットとある文字資料は誤記）という巨大なダイヤをめぐって連続する殺人劇の謎と解決に伴内が挑む『片目の魔王（多羅尾伴内シリーズ第五話）』（53・佐々木康）を一作目としてスタート。共演者が時代劇さながらの陣容で、舞台も神戸なのは東映京都製作ということもある。

――筏で漂流していたものの九死に一生を得た相川（徳大寺伸）には何か秘密があるらしい。早くもこれを嗅ぎ付けた伴内は波止場やくざや、アパート楽々荘の管理人に化けて彼に接近。やがて、相川はかつてあった琉球王族の墳墓に長い間隠されていた片目の魔王と呼ばれるダイヤを秘かに持ち帰り、その正統な持ち主（王族の後裔）である花柳小菊・千原しのぶ姉妹に届けようとしていることがわかる。これを狙ってキャバレーの経営者（進藤英太郎＝配下に原健策）、宝石商と密輸団グループの暗躍が始まるというもので、千恵蔵、札ビラを切る宝石狂いの梅小路元伯爵や、アラブ（国籍不明）の宝石鑑定士スリマン・ベンガジの扮装はいいとして、演技がいささか硬いように見えたのは四年ぶりの伴内役にいささか緊張（？）したせいか。

一味は姉妹を誘拐、相川も監禁されたところへ梅小路が現れ、変装を解いていき（服装がガバリと剥がれるのがいい）、藤村大造が登場しての銃撃戦とカーチェイスが待つ。比佐の脚本は相変わらずで、その場その場は面白いのだが、物語を繋ぐ太い線がない。姉妹と相川の関係や宝石の由来がハッキリせず、そもそも相川が助かったからいいようなものの冒頭、海へ放り込まれるのも、楽々荘に得体のしれない神像が鎮座しているのもわからない。元々両眼にダイヤが嵌め込まれていたという神像の左眼が繰り抜かれているのは、インド人に盗まれたとのベンガジの説明は口から出まかせとしか思えない。

密輪ダイヤの隠し場所が魚の腹の中というアイディアや、医者が相川の腕に埋め込まれていた宝石をメスで取り出す趣向は面白かったが、埋め込んだのは一体誰だ（!?）。最後のカーチェイスで藤村の車の前面に防弾ガラスがせり出し、排気筒から催涙ガス（？）が発射されるのにもビックリしたが、如何せん、この追跡シーン、長過ぎた。東映版では笠原警部に代わって大沢警部（加賀邦男）が登場。以後、宇佐美淳也、山形勲らが演じていく。二作目『多羅尾伴内シリーズ・曲馬団の魔王』（54・同）は未見なので省略（原版消失とかで、ソフト未発売）。

野球賭博団を壊滅させるのが『隼《はやぶさ》の魔王』（55＝本作から六作目まで松田定次）。アナウンサーのプロ野球実況と試合展開がちぐはぐなのはともかく、最初に殺される選手の背番号が「26」から

「23」に変わっているのはいただけない。ゲーム中、バッタリ倒れて動かない選手に騒然となる観客や監督、選手たち。と、そこへまたしてもこれを予期していたかのように医者に化けた伴内氏が駆け付けるのは、もうお約束と割り切るしかない。凶器は毒針で、カメラからシャッターと同時に発射されたらしい。一体、誰が、何のために？

以下、探偵事務所所長（三島雅夫）と助手（喜多川千鶴）、スポーツ新聞社社長（薄田研二）やカメラマン、スター選手（安倍徹、波島《なみしま》進）、キャバレーの踊り子、そのヒモ、材木商たちが紹介され、この間、ホテルや列車内での殺人が次々起こるものの、ストーリーがゴチャゴチャしていささか疲れる。物語を最後まで引っ張るために脇役たちに秘密めいた台詞を用意し、怪しげな行動を取らせるのが本シリーズの特徴としても、今回は性悪女や色恋沙汰も絡んでいるから却って煩雑になってしまった。

薄田と三島と材木商たちはその昔、上海で悪事に手を染めていた秘密結社の幹部と判明。野球賭博の秘密を知った波島とその婚約者が製材所の電動丸鋸《まるのこ》で真っ二つにされんとするところへ伴内登場。正体を現して謎解き解説のあとは銃撃戦。東映の拳銃は発射音、火花、硝煙の効果がなかなかいい。伴内の新しい変装としては顔に醜い痣があり、アイヌの短刀《マキリ》を使う北海道生まれの無法者たる横川権吉とプロ野球の臨時（？）コーチがあった。一九五四年、大映から移った南原伸二（以後一九六〇年から改名した「宏治」で通す）が新聞記者のチョイ役で。

本作以降から製作は東映東京になり、萩原満、関山耕司、山本麟一、岩上瑛ら、東映現代劇の常連になる俳優たちが顔を見せている。

殺人あるところ伴内あり

白竜会なる犯罪集団に挑戦するのが『復讐の七仮面』(55)。冒頭から彼らの秘密集会や、失態を犯した中津というメンバーの処刑がテキパキと描かれる。KKK団のような黒い三角頭巾にマント姿をした一味のスタイルが不気味でよく、中津の死体発見に、「これからますます重大な犯罪が起こりますぞ」という伴内の予言的中。

——まず、元伯爵にして相互金融(銀行)の理事長である今小路(山村聡)の屋敷が襲われ、令嬢の「ハッサン・カンの腕輪」など宝石類が盗まれる。続いて、副理事長(三島雅夫)が襲われて腕を撃たれ、妻まで殺され、現金五千万円が消える。理事長の執事(加藤嘉)、令嬢の女友達、バーのマダム(三浦光子)と用心棒(加東大介)など、怪しい連中が続々出てくる。前作にはヒモ役で出ていた加東は東宝の俳優というイメージが長くあったが、東横映画にも顔を出している。

伴内氏の変装では銀行破産のニュースに騒ぐ人々の前に勲章を付けた国民服(死語)を着て登場、古新聞でこさえた紙幣を用意し、仏教やキリスト教やイスラム教を持ち出し、果ては麻雀用語を大声で張り上げるキ印軍人、源 清盛《みなもとのきよもり》(笑)と、金庫破りにしてダイス賭博の達人、新田政吉が面白い。ワン・シーンだけだったが、中津の妹(中原ひとみ)を見舞うパウロ神父役も印象に残った。

マダムに取り入って白竜会入団に成功した政吉は正体露見も逃走して根城にしている楽々荘に敵

を誘い込む。アパートには敵の拳銃の弾丸は弾くものの、内側からは撃てる（小さな穴が開いているとか）実に好都合な防弾ガラス壁や、忍者屋敷さながらに進路を遮断する槍襖《やりぶすま》の仕掛けがあって笑わせる。今小路ではないかと思わせたボスの正体は意外や意外の人物だった。こういう予想が外れるのは競馬と違って楽しい。伴内が終盤の撃ち合いで負傷するのも珍しい。

　殺しを請け負った暴力団員（南原宏治）を匿ったことから拳銃密輸団の存在を知る『多羅尾伴内シリーズ・戦慄の七仮面』（56・小林恒夫との共同）は、キャバレーでの殺人劇を発端に変装を駆使して背後に潜む犯罪集団を突き止めるまで。物語の骨子は同じだが、荒唐無稽さや虚仮脅しが薄れ、現代活劇の色合いが濃くなっており、従来のスタイルとはいささか異なっている。

　それは貧困から家を飛び出してやくざになるしかなかった南原の心情や、老いた母（千石規子）や妹を思う心遣い、実家のみすぼらしい駄菓子屋の情景がシンミリさせるからで（南原と千石の演技が光る）、香典を携えて弔問に訪れる暴力団の組長（柳永二郎）や印半纏を羽織った子分が出てくるのも新味だった。

　庶民の生活の中に潜む社会悪の存在に視点を据えたような描写は、かつて東宝で黒澤明の助監督を務め、本作の前（一九五五年）にドキュメンタリー・タッチの刑事もの『終電車の死美人』[＊1]と、やくざの世界をリアルに描いた『暴力街』[＊2]があった小林恒夫の演出によるからではないか。小林は南原をこの二本で重要な役に起用していることもあり、社会劇のような色合いが滲み出ていることは注目したい。

こうした背景は、しかし、伴内が化ける新田政吉(二度目)やパイプをくわえた髭面の船長、「南方のさる島に君臨する億万長者」(台詞より)王介雲など、カリカチャライズされたキャラクターにそぐわない。南原はホテルで自殺死体となって発見され(偽装殺人である)、何か秘密を握っているダンサーも消されてしまう。巣窟に一堂に会した一味(主要登場人物ほぼ全員)の前に現れた王介雲、素顔を見せたあとの恒例の銃撃戦はエンエンと続いて大迫力。ただ、拉致された老母を天井から吊るすリンチシーンや、ボスの情婦が追い詰められるや、拳銃自殺するのは新味どころか不自然ですらあった。全体としてちぐはぐさが目立つ結果になったのは場面により演出を分担したためと思う。監督は一人でいいのである。

(＊1) 殺人犯を追う警視庁の刑事たちの執念の捜査。被害者と内縁関係にあった事件の黒幕は逃亡。南原は金に目がくらんで片棒を担いだ共犯者役。「警視庁物語」シリーズ(55〜64＝全二十五本)の一作目。前サブになるのは二作目から。
(＊2) 地方都市の競馬場の利権をめぐる二組の暴力団の争いの中、古いタイプのやくざ(南原)と戦後派のチンピラ(木村功)が対立。リアルな喧嘩《でいり》場面もある。東映には同名映画が他に二本ある(後述)。

〝撃ち止め〟の千恵蔵版最終作

六作目『多羅尾伴内・十三の魔王』(58)と最終作『多羅尾伴内・七つの顔の男だぜ』(60・小沢茂弘)についてはテレビ放映で再見した際の所感に補稿を添えておく。シリーズはこれら二本のみがカラーだった。

『十三の魔王』――「劇場ではもう見られないと思っていたから大いに楽しみにしていた。小林旭の『多羅尾伴内』封切り日にこんな旧作を放映するとは12チャンネルもニクイことをするわいと感心したが、タイトルにはあまり意味がなく、サッパリ面白くない。昭和三十三年の製作とて現在の諸作と比べても仕方がないのだが、この世は期待するとろくなことがない」

「競馬場の殺人事件に麻薬までからんでくる展開が回りくどい。進藤英太郎が珍しく二役（双子）で、連続殺人の容疑者と疑われる伊豆丸周作博士（兄）と、張景文なるビルマ（現・ミャンマー）の麻薬王（弟の周吉）を演じている。殺人や麻薬密輸などの事件は帰国した弟が起こしたのだが、それは自分の婚約者（高峰三枝子）を奪って妻にした兄への復讐のためだったと判明する。若き日の高倉健は少しだけの出番で、つまらない役。千恵蔵主演作ではまだこんな扱いだったのか」

「お楽しみはやっぱり千恵蔵の七変化で、お馴染みの片目の運転手（運転士と聴こえる）や金持ちのキザな紳士以外では、インドの魔術師ハッサン・カン（どこかで聞いた名だが）、画家、老警官など。志村喬、三島雅夫、波島進、神田隆、星美智子、片岡栄二郎ら共演陣が懐かしい」（一九七八年四月八日＝東京12チャンネル［現・テレビ東京］）。

以上はノートの抜粋だが、「サッパリ面白くない」のは撤回するとして、「展開が回りくどい」のは変わらない。競馬場で女が転落死する冒頭と、兄弟の戦前の過去が判明するラストまで謎が多過ぎ、例によって各キャラクターの思わせぶりな行動もあり、伴内が何を目的に行動しているかも皆目見当がつかないからである。そもそもは、キャバレーやアパートまで経営（？）している麻薬一味の暗躍と、そのボスたる周吉の個人的な恋の怨念に因果関係がない脚本が祟ったのである。ネタの噛み合わせの悪さは大映版の数編にも見た通り。

『七つの顔の男だぜ』――「婚約者中山昭二と同乗していた車から中原ひとみが誘拐される。途中、刑事と警官を殺して逃走した一味の目的は、正体は――という展開で始まる物語のことより、ズラリ出演した脇役たちの顔ぶれがデラックスである。

まず、捜査陣のメンバーが山形勲を筆頭に宇佐美淳也、堀雄二、加藤嘉、須藤健、山本麟一。かたや、悪党側は進藤英太郎以下、東野英次郎、安部徹、富田仲次郎、河野秋武、阿部九州男。チンピラに江原真二郎、その愛人に久保菜穂子（新東宝出身＝59年東映入社）。佐久間良子は美しく、『よさこい節』まで披露する（吹き替え？）。キャバレーのバーテンに清村耕次、ボーイに潮健児。中華街の古老に花沢徳衛。運転手に日尾孝司。大半は当時の東映現代劇の常連といっても過言でない。安藤三男はどこにいた？」

「変装は香港丸の船員や手品師などだが、よかったのは香港の大富豪との触れ込みで登場する張大人《たいじん》。息子に女を世話してくれんかと頼まれた進藤が用意するのは中原、佐久間、久保の美女ばかり。で、その息子というのが、何と伴内の変装では一番容貌怪異なのに加え、佝僂男だったのには驚いた（久保が失神するのは笑えた）。千恵蔵御大、いろんな役柄を何だか楽しそうに演じているのがいい。こちらもニヤニヤしたくなってくる」（一九七五年三月二日＝同）。

殉職した刑事と警官の名が「松川」と「溝部」で、前者の娘（佐久間）がキャバレーのホステスとなって一味に接近する設定は『十三の眼』と同じだが、その動機は端折られている。例によって一味が勢揃いしたところで、中原の継母（喜多川千鶴）が実は大変な女ともわかり、藤村大造の二挺拳銃が炸裂する。共演陣が豪華なのは企画段階で最終作と決まっていたものか。警官隊の登場が遅く（映画館ではハラハラした思い出がある）、藤村大造、回転式拳銃の装弾頻繁、これでもかとばかりメチャクチャ撃ちまくっていたのは〝撃ち止め〟のつもりもあったかもしれない。いつもは車で去っていく遠景描写のラスト・シーンにはお別れの意味か、運転席で藤村が微笑むアップが挿入された。

多羅尾伴内のエターナル性

大映版から東映版五作目までは洟たれ小僧、映画館で見ていない。ソフトによる後追いである。東映はチャンバラ映画に夢中になっていたからで、伴内ものは大人ものの活劇として捉えていたようだ。

冒頭の殺人劇、伴内の登場、深まる謎、続々と出てくる怪しげな人物、「さて、事件の解明だが――」で始まる主人公の謎解きに立ちすくむだけの悪党一味、それが終わるや、たちまち始まる銃撃戦、駆けつける警官隊、悪の一網打尽、そして去りゆくヒーロー。すべては型通りの「予定調和」。予定調和などというと何やらムズカシク聞こえるが、これは観客の予想通りにストーリーが展開していき、思った通りのラストを迎える――いわばお約束の世界。これが観客のこよない愉悦になっていたのである。古いなあと思われようが、娯楽映画がまぎれもなく娯楽映画であった時代なのである。脚本をクサした場合が多かったのは、ある程度、各社の作品に少なからず接してからの感想で、多羅尾伴内という無類のキャラクターを作り上げた比佐芳武の功績に変わりはない。

一九六〇年、片岡千恵蔵は時代劇も含めて十本に出演。前年は十一本、前々年十本。東横映画を経て東映に移ってからの大車輪の活躍はフィルモグラフィを見れば歴然。東映では発足当時から取締役の一人としても迎えられ、長くその地位にあった(この待遇は市川右太衛門も同じ)。経営陣の一人としての重責も担っていたのである。

新幹線もなかった時代、時に飛行機を利用したかどうか知らないが、そろそろ還暦を迎える身に東京と京都の往復は楽でなかったのではないか。ソフト帽をかぶった一枚のスチール写真から多羅尾伴内というヒーローが思い浮かぶのは、このキャラクターがエターナル性を有していることの証明である。片岡千恵蔵は時代劇スターとして語られ、それがまた定説になっているが、これはこれで代表作として永遠に記憶される。同じ現代活劇〝地獄〟シリーズなどのギャングものについては稿を改める。

それにしても、東映現代劇は女優に苦労したようで、大映版一作目からの喜多川千鶴は戦前から時代劇でお姫様や町娘を演じていたという。千恵蔵主演の『血槍富士』(55・内田吐夢)における子連れ旅芸人役がサラリとした演技で印象に残っているが、こちらが本来の持ち味だろう。千原しのぶはともかく、花柳小菊、三浦光子、高峰三枝子も戦前からの女優で、最終作に至っての佐久間、久保、中原らの登場にはホッとした。

（2）

二代目多羅尾伴内登場まで

ノートにあるよう東映は小林旭主演で『多羅尾伴内』（鈴木則文）をリメイクした（78）。二代目藤村大造の登場である。脚本の高田宏治は比佐芳武に師事していた弟子の一人で、比佐（当時八十三歳）は東映が持ってきた企画を「高田が脚本《ホン》を書くなら」という条件で許諾したという。ところが、この再映画化に対し、初代の千恵蔵が「私に何の相談も挨拶もないのはどういうことか」とクレームをつけた記事が『東京スポーツ』に出ていた（一九七八年一月二十五日付）。

寄る年波と会社の時代劇から任侠映画への製作転換などもあって、『関東緋桜一家』（72）の特別出演以降は、たまにテレビに出るくらいで、東映の重役職も退き、悠々自適の余生を送っていた千恵蔵御大だが（『日本の首領《ドン》・完結篇』（78）への出演はこのあと）、伴内ものは自分の代表作の一つという自負があったのだろう。俳優に著作権はないのは承知で苦言を呈した気持ちは十分わかる。六〇年代半ばからの任侠ものでさんざん仁義だ、義理だと謳っておきながら、会社も最初にやるべきことをやらないから、こういうことになる。当初の見出しは「片岡千恵蔵が東映と大ゲンカ」と、いかにもこの新聞らしい大袈裟なものだったけれど、結果的に丸く収まってクランク・インになったのはめでたい限り。同紙によれば、小林旭は千恵蔵にちゃんと挨拶に出向いたそうである。

「渡り鳥」シリーズなどで知られる小林旭が日活から東映へ移ったのは一九七二年。やくざ映画が頭打ちになっていたとはいえ、まだ鶴田浩二や高倉健、若山富三郎ら、トップスターは俺様だと顔に書いてあるような専属俳優がローテーションを組んでいた状況では割って入る余地はそんなになかった。一九七六年までに十一本に出演したものの（他に東宝で一本）、主演作は三本しかない。

ざっと振り返っても、一作目『ゾロ目の三兄弟』（72・山下耕作）は題名が示すよう、三人の兄弟の話だし（田中邦衛、渡瀬恒彦共演）、貧民街から這い上がった暴力団幹部を演じた『唐獅子警察』（74・中島貞夫）は、敵対する腹違いの弟役の渡瀬恒彦の比重が大きく（大物の安藤昇や渡辺文雄を射殺して物語を引っかき回すのはこの弟だ）、韓国人一家の組長役だった『日本暴力列島・京阪神殺しの軍団』（75・山下耕作）では当時の主流だった集団抗争劇ということもあり、兄弟分の梅宮辰夫の動向にも重きが置かれていた。穿った見方をすれば、東映は小林旭を日活時代のような一枚看板にしなかったのである。

この俳優がかつての日活の大スターとしての貫禄と格を京撮のスタッフと全国の東映系映画館の観客に見せつけ、さすがは小林旭だと唸らせたのは「仁義なき戦い」シリーズ（73～74・深作欣二＝全五本）における武田明役くらいのものだろう（三、四、五作目）。とりわけ、四作目「頂上作戦」で梅宮辰夫に「神戸のもんいうたら猫一匹通さんけん、よう覚えとってくれい！」といい切る迫力と、裁判所の廊下での菅原文太とのラストのやり取りは心に残るものだった。コートを羽織って、肩を揺すって去っていく後ろ姿――「貫禄」とはこういうことだ。

それでも小林旭の立場は変わらない。『暴力街』（74・五社英雄）は安藤昇の、『実録外伝・大阪電撃作戦』（76・中島貞夫）は松方弘樹の脇に回った。ただ、『実録飛車角・狼どもの仁義』（74・村山新治）で「喧嘩は勝たにゃ意味がない」と、既存の古い博徒たちを屁とも思わずやりたい放題の石黒（菅原文太）を向こうに回して五分に張り合う村岡役はよかった。久しぶりの角刈りも似合い、身分的には上の親分衆や政界・右翼団体の大物に扮した俳優たちも完全に食っていた。「格」とはこういうことだ。

また、やくざ連合組織のトップの座にいる北条明光に扮し、「こん広島で新和連合に入らん組はいらんのじゃ」と、幼馴染みだった松方（主演）抹殺を命じる『広島仁義・人質奪回作戦』（76・牧口雄二）は事実上主役といっていい（「神和」連合とある資料は誤記）。これは贔屓目ではない。出所した主人公が堅気になるか元の稼業に戻るか腹を据えておらず、総会屋の手助けなどして物語の核になっていない分、ドラマは北条を中心に展開していくからである。

東映は脇であってもクレジットの最後に単独で名前を出し、ポスターの仕様や序列にも気を遣ってはいたが、この扱いをご本人はどう思っていたか。自伝『さすらい』（新潮社、二〇〇一年）にある「俺にとってはいい時期といえなかったな。それまでは自分を中心に世界が回っていたんだが、主役じゃないから五分か六分の力に抑えなければならない。まったくの消化不良で納得がいかないんだから」（要約）との述懐は当時のことと推測する。

さあれ、『多羅尾伴内』はその〝外様大名〟がようやく射止めた一本立ちの――それまでのように東映の主役・準主役級が共演していないという意味で――文字通りのタイトル・ロールだった。以下、ノートの所感から。

初代と二代目の大いなる落差

――最初に球場でプロ野球選手が殺され、凶器に毒針が使われたとわかる。何者かがカメラにそれを仕掛けて観客席から発射したらしい――と、出だしは『隼の魔王』と一緒。脅迫されている大学の理事長、その秘書やグータラ息子、女性アイドル歌手、アイヌ伝説から甦った(?)怪人キツネ男の出現、さらに大金をめぐる男たちの暗躍、轢殺事件まで用意した高田宏治の脚本は興味を持たせるものの、いささか盛り込み過ぎ。

――犯行の数々は轢殺事件に関係ある人物の復讐とわかるが、並行して描かれる悪党たちの思惑が不鮮明だ。結局、連続する殺人事件の犯人は二人いたことになるのだが、では誰がどの時点からそれらを実行したのかが明瞭でないからスッキリしない。出来ばえは可もなく不可もなく。高田宏治と鈴木則文はいささか粗っぽい点はあるけれど、いかにも娯楽至上主義の東映らしい作品を送り出しているのだが、犯人は誰か、その動機はといったミステリ色が強く、彼らの個性が発揮されていない感じ。宙吊りになった女性歌手がワイヤーで真っ二つにされる場面、鮮血ほとばしるウェディング・ケーキなど、こういう毒々しさ、怪奇味をもっと出せばと思ったが、もはやそういう時代ではなくなったか。

――小林旭に伴内役は全然フィットしていない。ただし、この俳優個人を見ている分には楽しめる。変装の一つ――流しの歌手として大ヒット曲「昔の名前で出ています」を酒場で歌うシーンは独壇場。かつての「渡り鳥」シリーズを髣髴させるスタイルに警部(財津一郎)が「オマエ、何か、場違いな恰好しているなあ」と突っ込むのが笑わせた。アンコールで「アキラのズンドコ節」でもやってくれれば最高だったのだが、東映では望むほうが無理。『隼の魔王』と一緒の役名も散見したのは高田宏治の師匠へのオマージュか(一九七八年四月三日＝東映試写室)。

その高田は書いている。「当時と今ではお客さんの好みにも映画作りの発想にも根本的な違いがある」「あの多羅尾伴内をもう一度現代の檜舞台に登場させ、満都の喝采を得させるのは至難の技」「七変化こそ売りモノで、お客は正体を知っているが、他の登場人物は気がつかないという都合の良い約束で成り立っている。(中略)言いかえると、主役と相手役の間に一貫したコミュニケートがとれず、従来のドラマツルギーが成立しない」(『キネマ旬報』一九七八年四月下旬号)。

――それまで盛んに書いていた任侠ものや実録やくざ路線とは違うジャンルに戸惑いもあったのではと想像する。あれこれ本社からの注文もあって相当悩んだようだ。こちらはそんな苦労も知らず、完成した映画を見て勝手なことをほざいているが、映画は料理と同じで出されたものを味わうしかないのだ。「うまい」「まずい」を決める権利はこちらにある。ジャンル違いゆえの戸惑いはその頃、「トラック野郎」シリーズがあった鈴木則文にもあったようで、本来の持ち味である闊達さや思い切りの良さが見られなかった。

小林旭は『幕末太陽傳』(57)『絶唱』(58)の時代から演技は達者で、エロキューションもハキハキ、澱みがなく、学生からチンピラ、若旦那から渡世人まで、その役に成り切ることができた俳優だと思っている。ところが、ここではさっぱり伴内らしくなかった。画面に登場するのは多羅尾伴内でも藤村大造でもない。小林旭なのだ。これは伴内=千恵蔵というイメージが恐るべきことに(?)なお根強くあって、その残像を我々が払拭できないからだ。千恵蔵が演じた多羅尾伴内というキャラクターがいかに強烈であったか、また適役であったかを今更ながら思い知らされたのである。先にエターナル性と書いた由縁だ。

酒場で歌うシーンはともかくとして、佝僂男も手品師も小林旭のままだ。初代の扮装も観客にすぐそれとわかったのは事実だが、千恵蔵は片目の運転手もインドの魔術師もいかにもそれらしく振る舞っていた。その表情、その仕種、そのエロキューションは役者としての本領発揮なのである。観客はだから容認し、楽しんでいたのだ。大映一作目の手相見は松田の演出もあろうが、怖いくらいの迫真の演技だった。

時代の不幸

これは小林旭が悪いのではない。俳優としてキャリアが断然違う片岡千恵蔵と比較すること自体、おそらく間違っている。客を呼べるスターとなった時期も所属した会社のカラーも撮影環境も違う。畢竟、これは往時のような怪奇連続殺人とか、釣り天井とか、覆面をした陰謀団とか、七変化とか、床に仕掛けられた陥穽《おとしあな》とか——そうした荒唐無稽、虚仮脅しで彩られていた娯楽映画特有の虚構性——つまり、脚本家も触れている「お約束」が通用しなくなった、あるいは容認されなくなった時代が悪いのである。

渋谷の似非《えせ》ハロウィンのバカ騒ぎじゃあるまいし、現代にマントを羽織った怪人が出現したこと自体苦しい。『三十三の足跡』の偽幽霊出現には昔の役者の死という伏線が張ってあった。ところが、この映画の〝仮装〟による怪人は荒唐無稽と観客に受け入れられない——その大時代的なバカバカしさ、幼稚性が映画的快楽として昇華されない時代の不幸なのである。

何を演《や》ってもコバヤシアキラという言い回しがあるという。これは揶揄とも受け止められるが、しかし、揶揄であれ皮肉であれ、小林旭は小林旭であるという認識は実は凄いことなのである。それは映画俳優として歌手として、ずっと第一線に立って積み上げてきた人気と実績を認めたうえでの評価であり、称賛と捉えるべきだろう。

財津一郎の突っ込みは唯一笑えたギャグだが、なかなか穿った言葉で、これが日活映画なら「ある時はギターを持った渡り鳥、ある時は風に逆らう流れ者、またある時は悪魔の左手と呼ばれる賭博師、ある時はキザなデザイナー、ある時は洋食屋の若旦那、そして、またある時は曲馬団のブランコ乗り、ある時は片目の任侠一匹、満州常——しかして、その実態は歌って暴れるマイト・ガイ、小林旭だ！」と、やってもおかしくない。千恵蔵リタイア後、そういう七変化を何の衒《てら》いもなく演じられる日本の俳優が他にいたら教えていただきたい。

脚本は掛札昌裕に、監督は山口和彦に交代した二作目『多羅尾伴内・鬼面村の惨劇』(78)はひどかった。信州の奥深い片田舎——先祖代々、広大な山林田地田畑を所有する雨宮家の莫大な財産相続にからむ奇怪で残虐な殺人劇が次々に展開。その昔、水車小屋で起こった殺人事件が関係しているらしく——となれば、『犬神家の一族』(76=東宝)や『悪魔の手毬歌』(77・東宝)もどき。当時、角川春樹(角川書店二代目社長)が仕掛けた出版と映画のダブル商法によって巻き起こっていた横溝正史ブームにあやかった便乗映画の匂い濃厚で、これは多羅尾伴内ならぬ金田一耕助の世界。

雨宮家の次女、三女が次々に死を遂げ、昔の顛末を知っているらしい老婆も殺される。村人たちの思わせぶりの台詞、所作が多いのはミステリ仕立てだからいいとしても、東京から乗り込んだ伴内の行動の根拠や推理の過程までがミステリアスなのはやはり困る。ここらは比佐芳武の作劇法を踏襲したようでもある。前作と同じ警部役の財津一郎はコメディ・リリーフにもなっていないし、松橋登は一体何のために出てきたのか。

結集した悪党どもを相手に大乱闘を繰り広げるラストに唖然としたのは、古色蒼然とした屋敷に起こった血みどろの殺人劇や欲がらみの相続問題が小林旭の大立ち回りでケリをつける必然性がないからである。過疎のド田舎にあんな悪人どもがズラリ揃っている設定も不自然極まる。一体、こいつら、それまでどこにどうしていたのか。見せ場のための見せ場は空虚なだけではないか。そこに持っていくための工夫、配慮がこの映画にはない。

山口和彦は七〇年代半ばから志穂美悦子や千葉真一の空手映画でシャープな切れ味を見せていた

監督で、観客を満足させる娯楽活劇の基本を踏まえた演出を好ましく思っていたのだが、今回はえらく水車小屋の描写にこだわっていて、いささか押し付けがましい情緒過多もマイナスになっていた。こんなことが持ち味の監督ではなかった筈だ。比佐の名は二本に原作者としてクレジットされている。

〝新・多羅尾伴内〟はこれで打ち切りになった。人気シリーズになっていた『トラック野郎・突撃一番星』(七作目・鈴木則文)とのお盆興行二本立てではあったが、観客のお目当てはどっちだったかはいうまでもない。小林旭は以後四年も映画から遠ざかる。

昭和も五十三年、舞台が都会であれ、田舎であれ、変装を駆使する私立探偵というキャラクターそのものに無理があった。三年後、時代錯誤もいいところの『月光仮面』(81)で前車の轍を踏むのがヘラルド・エンタープライズである。

さなきだに、二代目というものは本当に難しい。未来永劫、旗本退屈男は市川右太衛門の、座頭市は勝新太郎の、眠狂四郎は市川雷蔵のものなのである。そして多羅尾伴内＝藤村大造もまた。

第二章　天皇と怪獣怪人総進撃——黒澤明と東宝特撮メモリアル

東宝映画の何たるかは六〇年代、盛んに作られた「社長」シリーズや「駅前」シリーズ、「若大将」シリーズではない。ゴジラと空想科学シリーズである。年齢と共に、東映や日活と違って健全明朗にして無害な映画が多かった会社の諸作と無縁になっていったのは当然としても、『ゴジラ』(54)とそれから派生した怪獣映画や、不気味な液体人間やガス人間が忍び寄る空想科学映画は忘れようとて忘れるものではない。異形の巨大生物と人間の不可思議な変身は未知への興味——というより、怖いもの見たさへの抗いようのない誘惑であった。これら、〝明るく楽しい東宝映画〟のキャッチ・フレーズに反するような諸作に貢献あった監督本多猪四郎《いしろう》と、特撮担当(クレジットは特技監督)円谷英二の名は永久に記憶される。その前に——。

東宝の代表的な監督といえば、一般的には黒澤明ということになる。デビュー作『姿三四郎』(43)から七本、一九四九年から五一年までは東宝争議のため松竹、大映で各二本、独立プロで一本撮っていて、一九五二年に復帰。やがて、フリーの立場になるのだが、あえて「東宝の」としたことに異論はあるまい。娯楽映画を旨とするこの〝裏街道史〟には『白痴』（51・松竹）や『生きる』（52）など、およそ縁遠い作品も多いが、『用心棒』という大娯楽映画がある以上、避けては通れない。

憚《はばか》りながら、その全監督作品に接したこともあり、ここで我が黒澤明論など展開したいところだが、五〇年代までの大半を見たのは七〇年代以降、それも公開順お構いなしの鑑賞で、名画座やテレビ放映での記憶もほとんど失せている状況ゆえ、そんな大それたことをする資格など持ち合わせていないので、主にリアル・タイムで見始めた六〇年代以降の娯楽作品を中心にして感想を述べておく。原作（小説、戯曲など）は、どの文字資料にも記載されているし、改変もされているので大半は省略する。本音をいえば、その多くを読んでいないせいもある。まず、時代劇から。

（1）

快作決定版『用心棒』

『用心棒』（61）は抜群に面白かった。こと時代劇に限らず、黒澤明の映画で評価できるのはこれ一本と断定してもいい。脚本（菊島隆三との共同）が優れていて、テンポ、展開、見せ場、殺陣、どれを取っても遜色ない。緊張とユーモアのバランスも実によく取れている。自在のカメラ・ワーク（宮川一夫）、音楽（佐藤勝）も効果的だ。だから飽きない。何度となく十回は――いや、もっと見ている。丑寅役の山茶花究、亥之吉役の加東大介は手を叩きたくなるハマリ役だった。ジェリー藤尾、羅生門、大友純――どんな脇役・端役であれ、あの映画に参加した俳優は生涯の誇りとすべきだろう。難をいえば、卯之吉役の仲代達矢が一人浮いていることで、「目」で演技をするのが得意な俳優、空っ風吹く上州の田舎やくざ役に断然フィットしていなかった。といって、じゃあ、誰がふさわしかったかとなると、スンナリ出てこない。山崎努はまだそんなに注目されていなかった頃だし、一応、佐藤允としておくが、苦しまぎれである。

続編のような『椿三十郎』(62)は浪人(三船)が藩の汚職を摘発しようとする九人の侍たちを援助する物語。冒頭まもなく、時代劇初出演の加山雄三のいささか覚束ない台詞回しで、彼らの上役に相当する城代家老、自席家老とその用人、さらに大目付の人間関係が説明されるが、言葉だけだから、あとでご本人たちが出てきても誰が誰やらわからない。城代家老は拉致されたとかで、まさか俳優未定のままクランク・インしたのではあるまいが、影も形も見えず、忘れた頃に登場に及ぶ。クレジットで誰かなあと興味はあったものの、判明して、ガックリきた。それはともかく――。

ぶっきら棒な浪人と、甘ちゃん揃いの九人のコントラストはともかく、そこから生まれる可笑しさは成功したとはいいかねる。これは三十郎が彼らに味方する理由が曖昧だからである。気まぐれにしては肩入れし過ぎだし、彼らの苦慮を見るに見かねて一肌脱ぐのならお節介が過ぎる。それをエサに仕官などする気はさらさらなく、況や、上役どもの所業に義憤に駆られたのでもない。『用心棒』のように金目当てという行動の起爆剤がない。キャラクター性が確立されていないのだ。九人の密議は何やら会社職制（死語）に対する労働組合の決起集会みたいな雰囲気があった。

脚本は黒澤が山本周五郎の『日日平安』を基に仕上げていたチャンバラなしの時代劇を、『用心棒』の続編をという会社の強い要望で改変したものという（菊島と小国英雄が協力）。やむをえなかった仕儀には違いなく、全編にわたるちぐはぐさは多分そのせいだろう。三十郎を評して「あなたは何だかギラギラし過ぎていますね」という入江たか子（城代家老の妻）の台詞もキャラの弱さを補うための取って付けたような調子。三十郎は苛立ち、怒鳴りはするが、そんなに「ギラギラ」していない。怖いくらいのシリアスさを見せる室戸半兵衛（仲代）が三十郎に再三出し抜かれるドジぶりを見せるのもコントラストの妙を狙ったというより、これまたキャラをじっくり練る時間がなかったからではないか。

中盤、三十郎が二十数人の敵をバッタバッタと斬り伏せる大殺陣は見応え十分。久世竜、会心の剣技指導。ラスト、室戸との対決での大量の血の噴出は、ちょっと観客を驚かしてやるかという監督のサービス精神か茶目っ気だろう。この二つの場面さえ見れば、あとはどうでもいいという気がするのは最初から『椿三十郎』としての脚本ではなかったからだ。

本作のＤＶＤ特典映像に「本当にいい映画ってのは楽しいんだ。七面倒臭いもんじゃなくてね、大変わかり易くて面白いっていう……」とある黒澤自身のコメントは、自作でいえば『用心棒』のことではないかと思っている。「楽しい」「わかり易い」「面白い」——娯楽映画の三原則すべてを備えていた前作と比べると、この続編は完成度という点で一段落ちる。

五〇年代の諸作と『赤ひげ』

一九五〇年代に遡る。『七人の侍』(54「トップ10」二位)は長尺に過ぎたきらいがあって、いささか、凭《もた》れる。最初に接したのは再上映の際の短縮版(一六〇分)と、あとでわかったのだが、後年、完全版(二〇七分)を見て評価を替えるどころか、いよいよその思いを強くした。完全版というやつは強力なキャッチ・フレーズになり、確かに興味をそそるが、卑見ではおおむね贅肉部分を見せられるだけで、冗長な印象しか与えない。映画の価値は商品として供される封切り時のフィルムでこそ決まるものだと思う。あれこれ書き尽くされている作品に、あえて付け加えることはない。

『蜘蛛巣城』(57)は暗く、重い。武将、鷲津武時(三船)の主君と盟友殺しの果ての自滅までだが、この武将、森の中で物の怪の妖婆の予言を一笑に付すものの、家には物の怪よりも数倍薄気味悪い妻がいて、弱肉強食の下剋上の世とて、盛んに謀反を焚きつける。最初は「バカな、そんなことを」と否定するものの、「待てよ、それもあるかな」と、事を果たす。

ラスト近くの矢襖に恐怖と狂乱に陥るテイは三船敏郎、一世一代の名演技——といいたいところだが、所詮は身から出た錆だから同情もできないし、憐憫の情も湧かない。豪胆なようで、いささか小心の気味がある主人公を好演してはいるが、考えてみれば、損な役どころではあった。

『隠し砦の三悪人』(58)には封切り時に(多分父か母と一緒に)接した。これが映画館で初めて見た黒澤映画である。千秋実と藤原鎌足が崖を遮二無二登るシーン、黄金が枯れ枝に仕込まれている趣向、太腿露わに眠っている上原美佐の姿態が記憶にある。つまらないところばかり覚えているなと苦笑されても困るが、改めて見ると、これは秋月家再興のため忠義者の家臣(三船)が姫(上原)や二人の百姓(千秋&藤原)を従え、軍用金とすべく黄金を運ぶ道中もので、行く先々に危難が待ち構えていて——というスリリングな物語だった。それはそれとして、敵の山名領と安全圏の早川領の区分が判然とせず、彼らがどこをどう通っているのかがさっぱりわからないから、山越えや関所抜けの場面は今一つ盛り上がらない。

物語を引っ掻き回すのは無知で間抜けなくせに、欲深く、猜疑心強い二人の百姓で、むしろ、このコンビのほうがあれこれ策を練る三船よりドラマに重きをなしている。飯盛り女の同道、三船と好敵手の対決、山中の火祭りなど、道中の豊富なエピソードの一つ一つを蔑ろにせず、丁寧に撮っているのはいいが、丁寧過ぎて(?)ストーリーが間延びし、ひいてはクライマックス欠如のような映画になってしまったのは皮肉というしかない。およそ一四〇分の長尺になったのは、あれもこれもと欲張り過ぎたのだ。

六〇年代に戻り、『椿三十郎』のあとに作った『赤ひげ』(65)には辟易した。チャンバラがないからではない。上映時間(一八五分)のせいでもない。幕府が開設した貧民たちのための小石川養生院を仕切る〝赤ひげ〟と呼ばれる医者(三船)に、長崎でオランダ医学を学んだ保本(加山)が反発しながらも、やがて心酔していくプロセスと、「医術とは貧困と無知に対する戦いである」とする赤ひげの信条を保本が徐々に理解していく——いわば、経験豊富なドクターとキャリアの浅いインターンのそれを思わせる師弟のドラマ自体はともかく、病人や貧民の悲惨な状況がこれでもかとばかり繰り広げられるからである。

彼らのエピソードはここに改めて記すのもためらわれるほどの不運と不幸と厄災の連続だ。悲哀にあふれるその描写はリアル、丁寧というより執拗なほどで、どうして尋常でない。赤ひげが奉行や両替屋から法外な金を巻き上げたり、女郎屋の番屋の連中をコテンパンにやっつけたり——自分で重傷を負わせておきながら「うむ、これはひどい。少しやり過ぎたか」などといいながら、ちっとも反省していないところが可笑しい——といった痛快な場面も一服の清涼剤には程遠い。インターミッションで一息いれたあとには止めとばかり（？）貧乏家族の服毒一家心中事件が待っていて、もはやこちらの心痛も極まれり。

ラスト、幕府のお抱え医師という地位を捨てた保本は養生院に戻る際、金を巻き上げたことで「俺は下劣なことをする奴だぞ」という赤ひげに「私は先生のそういうところが好きです」と率直に吐露する。このラストには清々しさがあるけれど、それまでの挿話の数々はあまりに陰惨深刻で、社会悪を批判し、人間愛を謳うテーマからも本作を娯楽映画の範疇に入れるわけにはいかない。

剣戟を見せ場とする内容ではないことから『虎の尾を踏む男達』（45・公開は一九五二年）と『羅生門』も本項に含むのはためらわれる。前者は歌舞伎で有名な「勧進帳」から義経と弁慶（大河内傳次郎）ら七人が安宅の関を抜けるまでのハラハラドキドキの一席。謡曲や現代風のコーラスを挿入、緊張と笑いの六十分。その笑いを取るため登場させたエノケンこと榎本健一の小柄なことを初めて認識した。東映の時代劇でよく見た堺駿二も小柄だが、こちらはちょっと異常なほどである。

後者は芥川龍之介の短編から。土砂降りの半ば朽ちた羅生門と木洩れ日さす山奥の道の場面転換はうまいし、人殺しの状況を三人の当事者と目撃者が検非違使の前で証言をしていく倒叙法の構成は飽きないけれど、真相は原作タイトル通りの「藪の中」。結局、人間は身勝手な解釈をしがちという映画での見解もしっくりこない。昔のこととはいえ、イタリア伝統の映画賞の最高の栄誉を受けたとは信じられない。赤ん坊を抱いて志村喬が雨上がりの羅生門を去っていくラストは脚本（菊島・黒澤）の加筆。ここは心に残るものだった。

黒澤プロ設立まで

現代劇――『天国と地獄』（63）は最後まで緊張のまま見せた。誘拐された子供の身代金を払うべきか否か、それが自分の息子ならともかく、雇っている運転手の子供だったことから重役・三船敏郎の懊悩と苦悩が始まる。手元にある金は会社を我が物とするための軍資金で、それを吐き出せば会社を追われるばかりか、家、財産すべてを失う大ピンチだ。脅迫電話をかけてくる謎の犯人、必死の体制を敷く仲代達矢以下の捜査陣、オロオロするだけの運転手、三船に忠実なようで油断できない動きを見せる秘書（三橋達也）といったキャラクターの割り振りもいい。スリリングな金の受け渡しまで、トイレに行くのも許されない（？）スリルとサスペンスには感じ入った。見る者を画面に釘付けにさせるという点で、ここまでは完璧だ。

だが、子供が無事に戻り、犯人逮捕をめざして警察が本格的に捜査に乗りだしていく後半はいささかダレてくる。新たに起こったヘロイン中毒死事件から始まる地道な聞き込み、鑑識、張り込みなどの描写が、これも丁寧に過ぎた。夜の町に出た犯人を刑事たちが尾行するシーン、黄金町の外人バーの喧騒や貧民窟(麻薬中毒者や淫売婦の巣)のシーンは冗長とも感じたが、ここらが金と時間に無頓着な(?)監督の真骨頂なのだろう。犯人の誘拐の動機も曖昧といえば曖昧で、ラストで、ようやくタイトルの意味がわかったほどだが、世評の高さには納得した。仲代達矢の控えめな演技は逆に印象に残った(「トップ10」一位)。

これより前の『悪い奴ほどよく眠る』(60)は、土地開発公団と大手建設会社の汚職発覚を未然に防ぐために自殺を強要された父親の怨みを果たすべく画策する息子(三船＝正確には実子ではない)の復讐劇だが、その復讐が挫折、題名通りのラストになるのは意外だった。

前半は快調なテンポで進むものの、主人公の正体が徐々に明らかになり、策略のために結婚した身体障害者の妻(香川京子)への愛情に目覚めていくあたりから、計画破綻の兆候が見えてくる。"Crime does'nt pay"との謂いもあり、まさか犯罪者を英雄扱いにするわけにもいくまいが、興行成績が今一つだったのは(東宝の配収ベスト5にも入っていない)、心理的にどうしても主人公に肩入れしたくなる――これは本作に限ったことではないが――観客の大半が結局は卑劣でドス黒い権力に屈する主人公の残酷なまでの破局に欲求不満に陥ったからではなかったか。アリストテレスの謂うパトス(心の苦しみ、しこり)の浄化――カタルシスがないから後味がよくないのである。少なくとも、あの映画は面白かったという口コミが拡散する内容ではない。

本作品から黒沢プロ・東宝共同製作＝東宝配給の形になっているのは、東宝がコスト超過のリスクを避けるため黒澤に製作プロ設立を提案、相応の製作費負担を課し、その分、配収を分配するユニット関係を結んだからである。黒澤明は完璧主義者として知られ、撮影現場では納得するまで絶対OKを出さなかったことは広く流布しており、いつしか〝黒澤天皇〟などと呼ばれるようになる由縁だが、その分、時間と金が通常よりかかるのは自明の理であり、例えば『蜘蛛巣城』におけるエキストラ動員や砦や城のオープン・セットを見たら、ああ、こりゃ、金がかかっとるワと誰だって思う。

引き金になったのは『隠し砦の三悪人』の製作費が最終的に一億五千万円に膨れ上がったことという。当初の九千万円だって、各社とも一本当たりの予算が高くてもおおむね三千万円台だった時代だから群を抜いている。配収は三億四千万円で(「トップ10」四位)、表面上の数字だけ見れば黒字じゃないかと思うが、映画の収支決算というやつは、そんな単純な計算で済むはずがない。配収は普通、興収(映画館の売り上げ)の四〇〜四五パーセントといわれるが、本当のところは門外漢の我々にはわからない。本書では以降も適宜配収を記していくけれど、赤字決算(＊)だった例もあるので、あくまで参考程度と思われたい。

東宝は大会社だが、金の成る木が日比谷や砧に何本も植わっているわけでなし、経営上層部はかねてからそうした〝天皇〟の仕事ぶりを快く思っていなかったらしい。決められた予算とスケジュールで仕上げていた監督たちへの手前もあったろう。しかし、この会社のしたたかなところは黒澤をフリーの身分にはしなかったことだ。『用心棒』から『赤ひげ』までの四本はことごとく「トップ10」入りし、トータルで十六億円を記録している。黒澤の映画は、金はかかるが確実に集客があると、しっかり計算していたのである。芸術を鼻にかけ、ろくに客の入らない映画を作る〝虚匠〟たちとは段違いだ。黒澤明は立派な商業映画監督だったのである。

それが、黒澤プロ自体は赤字だったことが『キネマ旬報』(一九六五年十二月上旬号)に書いてある。当初、折半といわれていた収益配分率は東宝に有利にできていたらしく、ホントだとしたら、さすがは日本一の映画会社だと感心する一方、天は二物を与えずというように、映画作りの名人、算盤勘定は苦手だったようである。

一九六〇年からコンスタントに一年一本を作っていたのに一九六四年が抜けているのは予定していた『赤ひげ』の完成に一年半以上かかったからである。日本の映画会社は前もって封切り日を決めていて(ロック・デイトという)製作スケジュールを組んでいるから、これが狂うと系統館の番組編成に支障をきたし、ひいては興行者の信頼も裏切ることになる。『赤ひげ』の撮影延期は二度、三度に及んだ。作品は一九六五年度「ブルーリボン」作品賞、「キネマ旬報ベスト・テン」一位にも選ばれたが、東宝は度重なる遅延と予算オーバーに堪忍袋の緒が切れたか、翌六六年、黒澤の専属解除に踏み切った。

(＊) 例えば東宝が配給した『怪談』(65・豊田四郎)は配収二億二千万円で「トップ10」九位だが、コストは三億円を超え、製作プロは倒産。七〇年代半ば以降は各社とも製作費・宣伝費が嵩み、最終的に赤字だった例は少なくないようだ。

アキラのドンゾコ節

その後の二本のアメリカ映画――『暴走機関車』の企画流れ(66)、『トラ・トラ・トラ!』の監督解任(68)、『どですかでん』(四騎の会=東宝)の興行的失敗(70)、自殺未遂事件(71)についても多くの文字資料があり、改めて記したところで所詮は孫引きになるので省略するが、年譜上からは、まったくツイていなかった時期といえる。

評伝のいくつかには、その仕事ぶりをして傲慢不遜とも我儘勝手とも書かれている。どんな業界でも〝天皇〟と呼ばれる人には付き物の形容だし、映画監督が聖人君子であるわけがない。誰だって毀誉褒貶は免れないのだ。『暴走機関車』のトラブルはアメリカ側の条件に頑ななまでに一切妥協しなかったからだというし、『トラ・トラ・トラ!』の一部を撮ることになって助監督を引き連れて赴いた東映の京都撮影所のスタッフには、その尊大ぶりに「黒澤明がナンボのもんじゃ」といった反発もあった。(*1)

撮影所というところは一種の塀の中だし、まして当時はやくざ映画で鳴らしていた太秦の〝東映一家〟に〝世界のクロサワ〟へ敬意を表する義理はなくて当然だったかもしれない。黒澤は黒澤で大のヤクザ嫌いとしても知られていて(好きな人はいまいが)、スタジオには撮影に何かと手を借りていたその筋の人間がウロウロしていたというから、そんな雰囲気にも耐えられなかったのだろう。「他人の手柄を独り占めする淋しい男」(*2)(田中友幸・製作者)「何度も何さまだと思った」(*3)(菊島隆三・脚本家)という声もある。

貧民街の様々な人間模様を描いた『どですかでん』(70)は五年ぶりのメガフォンだったが、何のためにあんな映画を作ったのか。電車マニアの少年、誰にもや、ら、せる好色妊婦、飲んだくれの日雇い労務者、妻に裏切られた無口な男、顔面神経痙攣男、食堂の残飯を漁る乞食同然の浮浪者、利己主義の塊。まともそうなのもいることはいるが、大半が人生の敗残者で、この映画は一体何なのだと不愉快になった。この不愉快さは電車少年の母がお経をギャアギャア喚く冒頭から早くも生じていたことだ。

筋らしい筋はなく、主人公も見当たらない。明日への夢も希望もない貧乏人の悲惨な生活を二時間も見せられてはたまったものではない。黒澤は自宅を抵当に入れてまで製作費を捻出したというが、こんな暗く、悲痛な――『赤ひげ』ほどそれらを殊更強調している作風ではないが――映画が当たるわけがない。「楽しい」「わかり易い」「面白い」の真逆を行く失敗作だ。立派な商業映画の監督という認識が薄らいでいき、刷り込まれていた〝巨匠〟とか〝世界のクロサワ〟といった形容に疑問符を付け始めたのは、初めてのカラー映画となった本作からである。

不貞の妻を演じた奈良岡朋子は四十歳を過ぎながら何ともいえない魅力的な風情を漂わせ、しかも妙な色香がある。何年経っても顔形が崩れない、いわゆる骨美人と見た。台詞に頼らず、そこにいるだけで女の秘めた情念を具現できる稀有な女優だろう。収穫といったら、これだけなのだから情けない。

この先駆を成したようなのがM・ゴーリキーの「どん底」(戯曲)における木賃宿を江戸時代の乞

食小屋同然の長屋に置き換えた同名作品だ(57)。主要キャラと彼らが織りなすドラマは原作のエッセンスになってはいるものの、その日暮らしの悲惨極まる住人たちの愚痴やら後悔、嫉妬やら怨嗟、諦念と絶望、諍いと口論、泥酔の果てのフテ寝の連続という内容は救いがない。脇役ではメイクも凄い大家夫婦の中村鴈次郎と山田五十鈴の怪演が目を引いたが、これが逆に祟って(?)おぞましさすら漂うムードになった。三船が大家殺しの罪で島送りになり、残った連中が繰り広げる歌と踊りのヤケクソ大乱痴気騒ぎはまるで〝アキラのドンゾコ節〟だ。そして、いきなり「終」の文字。収拾がつかなくなり、途中で投げ出したようなラストには唖然とした。

(＊1) 黒澤と京撮スタッフとの軋轢については田草川弘『黒澤明VS.ハリウッド「トラ・トラ・トラ!」その謎のすべて』(文藝春秋社、二〇〇六年)に詳しい。
(＊2&3) 藤川黎一『黒澤明VS.本木荘二郎』(論創社、二〇一二年)より抜粋。本木は『素晴らしき日曜日』(47・東宝)から『蜘蛛巣城』まで黒澤作品十本(大映、松竹映画を含む)を手掛けたプロデューサー。一九五七年、使途不明金問題で東宝との契約解除。一九六二年からピンク映画の監督に転じた(メガフォン・ネーム多数)。

二本の戦国絵巻

それから逝去する一九九八年までの監督作品六本のいずれもが大衆娯楽とは呼べない内容なのはどうしたことか。特に——これは外国映画だが——軍人と老いた猟師の友情物語『デルス・ウザーラ』(75・モスフィルム＝ヘラルド映画)は、娯楽性など皆無の実に退屈な二時間四十分だった。あえていえば、これも失敗作である。モスクワ映画祭グランプリ、アカデミー外国映画賞といった海外での高い評価はさておき、日本人にはまったく関係ない素材を選んだこと自体理解に苦しむ。

配収三億五千万円は四億円以上稼いだ映画が十二本もある中では特筆すべき数字ではない。観客動員も内容より、ソ連(当時)の無制限の出資やシベリア・ロケといったジャーナリズムの話題作りと、配給元の宣伝効果だったのではないか。映画監督は自分の作りたいように作品を仕上げるのは当然のことだし、人それぞれが映画から受ける感情も千差万別とは思うが、この映画に一体何人の人が映画的快楽を味わえたのかは頗るつきの疑問として残る。宣伝部OBの「そんなに儲かってないよ」とのコメントを得た。

八〇年代の『影武者』(80＝東宝)と、『乱』(85＝東宝・日本ヘラルド映画)の大戦国絵巻も純粋な大衆娯楽映画と呼べるかどうか。全体に重々しいというか、荘重というか、何か、こちらも客席で法事の如くかしこまっていなければならない雰囲気になってくる。前者における武田信玄の身代わり役となる男の悲運、後者における一文字秀虎と三人の息子たちの確執のドラマは緊張しっぱなしだ。笑って息を抜けるところがないのは六〇年代の『用心棒』や『椿三十郎』に見られたユーモア精神の欠如による。女優陣は総じて影薄く、彩りにすらなっていない。

——『影武者』は仲代達矢の二役である。冒頭、罪人(無知で野卑な盗っ人)として出てくるが、何年たっても目で演技をするインテリ顔の俳優に、そんな汚れ役が似合うものか。しばらく暗闇のままロングで撮って表情をあまり見せないのは監督もそれはわかっていたからではないか。信玄に化けるという設定が設定だから、口上を間違えたり、湯殿で側室に怪しからぬ振る舞いをしたりといった場面を期待していたのだが、それもない。これなら、当初主役に決まっていながら撮影中に余計なことをして大監督の怒りを買って降板した俳優のほうがよかったかもしれない。少なくとも時代劇という範疇では仲代より芸達者だった。だからこそ、監督も抜擢したのだろう。古くは市川雷蔵の二役による『第三の影武者』(63・大映＝井上梅次)で主君が失明すると(矢が突き刺さる)、影武者が目を抉られる場面があったが、さすがに黒澤というか、東宝というか、そんな残酷な見せ場はない。

クライマックスの長篠の戦いではエキストラ大動員、織田・徳川連合軍の鉄砲隊の連射連撃はいいとして、武田の騎馬隊が被害にあう描写が全然ないのは実写での撮影が難しいからだろう。往時の西部劇だって、例えば、大勢で突撃してくる馬上のインディアンが撃たれたあと、もんどりうって地に這うのはせいぜいワン・ショット、それもせいぜい一騎か二騎だから、この映画のような合戦における集団の落馬シーンはそうはいくまい。乗馬(と落馬)巧みなスタント・マン不足だったとしか考えられない。悪くいえば、手抜きだ。戦いのあとの死屍累々は凄かったが、観客はそこまでのプロセスを見たいのだ(「トップ10」一位)。

『乱』の後半、耄碌した秀虎のボケぶり、狂乱のテイはこれまた主役の仲代の迫真の演技もあって、鬼気迫るものがあるが、執拗に過ぎる。もういいよという気すらした。これも丁寧なのではない、しつこいのだ。この演出は七十五歳になっていた——有体にいって、老人の性《さが》の為せる業ではないか。

こうしたしつこさは、初期の『姿三四郎』における主人公(藤田進)と小夜(轟夕起子)が神社の階段ですれ違う場面や、『續姿三四郎』(45)における三四郎と唐手家・鉄心(月形龍之介)の果し合い前の対峙、あるいは『羅生門』における盗賊(三船)と武士(森雅之)の剣戟シーンなどに垣間見られ、ひょっとしたら黒澤の作風の一つというより、〝癖〟かもしれない。六〇年代の諸作にはさほど見られなかった本性(?)がムックリ頭をもたげてきたか。さして重要でもなさそうな場面をエンエンと撮るのにもいささか辟易した。もっとも、銃撃による騎馬隊の殲滅ぶりがこれでもかと展開していたのには唸った。前作の処理が気になっていたのだなと推測している。

仲代達矢の力演は力演として、見終わったあとは影武者も秀虎も三船敏郎だったらなあという未練は残った。「三船あっての黒澤明」とは失礼に過ぎようし、俳優の年齢も棚に上げてのことだが、この感慨は捨てきれない。黒澤と三船は『赤ひげ』までそれだけ濃密で、忘れ難い仕事を一緒にしてきたのである。配収は十六億円(三位)。これはフランスとの合作で、日本側(ヘラルド・エース=ヘラルド映画傘下)が製作費をいくら負担したか定かでない。

だが、『影武者』の一七九分、『乱』の一六二分は長過ぎる。途中でどうしても中弛みが出てくる。天皇の御心は知らず、これはどこかに無駄があるからだ。アッサリ処理したほうが効果的なのにと思うシーンも少なくない。厚手の文学全集だって一巻では収まらないドストエフスキー原作の『白痴』は一六六分。当初あった四時間半(!)の〝短縮版〟ですらこれだ。一方で、およそ二時間の『野良犬』(49=新東宝)には時間のたつのを忘れた。これが劇映画の上映タイムの上限ではあるまいか。

「オマエが短気なだけだ」といわれたことには一理ある。

それにしても、映画俳優の――この場合は映画出演だけで生活している人々をいうのだが――欠乏には嘆息した。各社の製作減で、もはやそれだけではやっていけない時代になっていたことは百も承知ながら、欠乏などと書いたのはリタイアや逝去による人材不足もあるし、新しい俳優たちへの知見の狭さもあるが、本音はハマリ役を得た俳優が一人もいないことだ。『乱』ではオーディションまで行なった黒澤天皇、キャスティングには陰で舌打ちの一つや二つはしていたのではないか。印象に残ったのは『影武者』で信長役を、『乱』で三男の三郎を演じた隆大介だけだ。タッパがあって、何より、面構えがよかった。

天皇、老境に入る

八十歳になってからは過ぎ去りし日々の追憶と郷愁が著しくなる。選んだ素材の点から黒澤も昔を回顧しがちな老境に入ったなと思わせた。

『夢』(90＝ワーナー映画)は退屈極まった。モチーフは夏目漱石の「夢十夜」さながら「こんな夢を見た」で始まるよう、かつてご本人が見た夢とかで、八話から成るオムニバスだが、夢というやつは大体が支離滅裂で、目覚めたあとにあれこれ反芻するのはいいけれど、それを他人に話したところで何の意味もないし、聞くほうだって迷惑なだけだ。これこそ正真正銘の個人的な体験だから余人が立ち入る隙などあるはずがない。

ところが、この映画は堂々というか、臆面もなくそれをやった。どのエピソードも断片的で、ドラマ性は皆無だから感情移入もできない。台詞は舞台劇の調子で語られ、平易だが（多分、わざとだろう）、その分、凡庸で説得力がない。淡々と、といえば聞こえはいいが、何の変哲もない一編だった。何やら、書くネタがなくなった老作家の懐旧エッセイでも読まされた気分になった。

エッセイと呼ぶには桁違いのデジタル合成と色彩効果は凄かったが、それが眼目の作品ではあるまい。『デルス・ウザーラ』のソ連、『乱』のフランスに続いて本作にはアメリカの資本が入った。時は流れ、日本の多くのプロデューサーたちは黒澤を相手にしなくなったのか。それとも黒澤が彼らを見切ったのか。

『八月の狂詩曲《ラプソディー》』（91＝松竹）と『まあだだよ』（93・大映＝東宝）には過去への郷愁がさらに色濃く出ている。

被爆地長崎に住む老婆、鉦《かね》（村瀬幸子）と、夏休みで遊びにきた孫たちの交流を半ば楽しく、半ばシリアスに描く前者は、大家族だった鉦の係累関係が多岐にわたり、ハッキリしているのは移民でハワイにいる兄だけで、あとは誰がどうなっているのか、さっぱりわからない。孫が黒板に名前を書いたりするからますます煩雑になる。鉦が驟雨の中、傘を差して疾駆するラストにはまた唖然とした。婆さん、ボケたらしい。せっかくハワイからきたものの、トンボ返りで帰国するリチャード・ギア（鉦の兄の息子の日系二世）の作らない演技がいい。

原水爆禁止、反戦思想を振りかざすのではなく、平和な時代を屈託なく生きる世代と、原爆慰霊碑に花を手向ける人々の対比をさりげなく見せていた演出には好感が持てたが、悪いのは（原爆を投下した）アメリカでなく戦争だという鉦婆さんの台詞は引っ掛かる。国情、社会背景、宗教面からも日本には欧米のルサンチマン（憎悪、怨恨、報復）の概念はないに等しく、今頃反米感情をむき出しにする日本人は一人もいないだろうが、時の流れの中ですべてを水に流すような国民性は良くも悪くもある。

反戦、反原発は『夢』の「トンネル」や「赤富士」「鬼哭」にも反映されていたが、このような思いは『生きものの記録』（55）に早くも出ていた。遠い昔、学校の理科室で見せられた岩波の教育映画みたいな題名だなあとしか思っていなかったが、これが水爆や放射能への恐怖から一家でブラジルへ移住する計画を立てる男の物語とはビックリで、その恐怖と不安、焦燥と恐慌がリアルにシリアスに——大真面目で描かれていたのにはさらに驚いた。企画の背景にはアメリカによる度重なる水爆実験や、第五福竜丸の被爆といった当時の世相もあったらしいが、それはそれとして——。

主人公の鋳物工場の社長（三船＝思い切った老けメイクで最初はわからなかった）が、家族の迷惑や反対を顧みず、会社の金で勝手に移住計画を進めるものの挫折するまで。水爆を極度に恐れる社長と、その脅威は現実の生活には関係ないという息子や娘たち家族や周囲の人間たちとの対比は十分ドラマ足り得ている。しかし、この映画が興行的にサンザンだったのは（記録的な不入りだったという）、命題の失敗に加え、社長の心情が見る者にストレートに伝わらなかったからだろう。

なぜか——観客には主人公ほどの深刻で切実な危機感がなかったからだ。家族と同じなのである。

水爆の脅威は報道だけで十分で、それ以上触れてもらいたくない、わざわざ映画で見るまでのことではないという心理も働いたろう。共感など覚える筈がない。映写幕を隔てた絶望的なまでの乖離である。

楽観性や無関心さに問題提起をし、社会に警鐘を鳴らすために変人を通り越した、異常ともいえるキャラクターを創造するしかなかった作劇法は強引で苦しく、ために主人公一人が浮き上がってしまった。この楽観性は公開後六十年以上たった現在でも――太平洋と日本海を隔てて核兵器を持つ国々に囲まれていながら、日々過ごしている我々の胸中にもある。窮余の一策、工場に自ら火を放った社長は「俺たちの生活はどうなるんだ」と詰問する労働者たちに首《こうべ》を垂れるしかないのである。彼は健常者として扱われず、最後は精神病棟に収容されて廃人同様の身となる。

鴻鵠の志を知らず

この映画は今なら水爆を核兵器か原発に置き換え、「社長の異常な恐怖・なぜ私は工場に放火してまで海外移住を決断したか」とでも題し、コメディとして作り替えることが可能だ。いや、最初から喜劇として作るべきではなかったか――などと書けば、不謹慎の誹りは免れまいが、脚本にはその可能性が十分ある。

主人公の言動は元々が笑える性質のものだし、家族のオタオタぶり、財産の分け前を狙う妾たちの思惑、家庭裁判所の困惑もギャグとドタバタにそっくり塗り替えられる。ひょっとしたら大ヒットするのではないか。ラスト、社長はヨヨと泣き崩れる老妻を追い出し、財産をかき集め、一番若い愛人と共に自家用ジェット機で日本脱出、世界一幸福な国といわれるブータンに向かう途中、領空侵犯で某国(未定)の戦闘機に撃墜されてしまう。続編を考えて、その生死は不明としておく。

『まあだだよ』は作家、内田百閒の戦時中から戦後まもなくまでの身辺を描いた。「書くものがようやく売れるようになったから」と、教職を辞した内田(松村達雄)と教え子たちの交流を中心にした――黒澤はこの作家が好きだったというから、いわば趣味的な映画なのだが、貧乏にも恬淡とした態度を崩さない飄々とした作家の日常生活を淡々と最後まで見せた佳編だった。

事件といえば、庭先にフラリと入ってきて飼うようになった野良猫が行方不明になって嘆き悲しむ件《くだり》くらいで、百閒先生の気持ちは重々わかるが、挿話としては気を持たせ過ぎで、まあ、事件というより、お騒がせの一席か。♪戦《いくさ》に負けて占領されて終戦なりとバカをいい――といった戯れ歌の合唱がエンエンと続く祝賀会はいつ果てるとも知れない。要するに、また長いのだが、もういい。

松村はメイクよろしく、作家役をソツなくこなしていた。妻役の香川京子の控えめな演技がいい。いくつになっても清楚さを保っている。『赤ひげ』の色情狂の娘役は例外として、こういう女優はもう出ないだろう。教え子の一人、所ジョージの好演が光った。

気になったのは松村の挙動や台詞に観客が笑う前に脇の出演者たちが笑ってしまうことである。作家のジョーク、蘊蓄を傾けたユーモアすべてが伝わるか不安だったのかもしれないけれど、三流タレントのクソ面白くもない掛け合いに効果で笑い声を入れる愚劣なテレビ番組みたいな演出だ。

ただ、それがマイナス面になっているわけではなく、小品ながら存外楽しめた。内田百閒ファンならもっと見どころがあろう。最後に、タイトルには二つの意味があることがわかる。黒澤天皇、枯淡の域に達したか。

しかし、これらに如何ほどの興行価値があったのか。十億円以上がヒットとされた時代に『夢』には三億円、『八月――』には八億円という数字が残っているが、『まあだだよ』は一億円に届いたかどうか。ジャンルが異なるから比較するのは愚かなことと承知しつつ、すべては『用心棒』との大落差のせいである。落差とは大衆娯楽性の有無。これに尽きる。

〝世界のクロサワ〟は老境に入る前に、もっと観客を興奮させ、楽しませる娯楽映画を作るべきであった。それは大衆に媚びるということでは絶対なかったはずである。

『姿三四郎』と『續姿三四郎』について追記しておけば、前者は師たる矢野正五郎（大河内傳次郎）との出会い、柔術家村井半助（志村喬）との試合、その娘小夜との恋、宿敵檜垣源之助（月形龍之介）との決闘など、ほぼ原作（富田常雄の同名小説）通りかなといった感想しかない。後者におけるボクサーや鉄心（源之助の弟＝月形二役）との今でいう〝異種格闘技戦〟も闘技場面の撮影が凡庸で見ちゃいられなかった。特に、月形が気合（掛け声）ばかりで、なかなか仕掛けないのは時間稼ぎをしているとしか思えない。

――「映画館を出てからも全身熱く、息もつまり、こぶしを固く握りしめていたほどである。これほど昂奮させられた映画は近来まれである(*)」――と、感動しっぱなしなのは昭和十八年三月二十五日（封切り日）に日劇で『姿三四郎』に接した若き日の山田誠也——のちの山田風太郎だ。映画は時代のものである。以上、黒澤明論ならぬ論外の一席。裏街道のはぐれ燕雀、安んぞ鴻鵠の志を知らんや。

さて、ゴジラだ。

（＊）山田風太郎「あと千回の晩飯」（朝日新聞社、一九七七年）より抜粋。文中「僅々二時間ほど」とある上映時間は各データでは九七分。戦時下や戦後のＧＨＱの検閲などにより複数回カットされたという。筆者が接したのは最長版といわれる九一分のＤＶＤ。

（2）

恐怖の怪獣ゴジラ

最初、ゴジラは恐怖の対象だった。怖かったのである。

本多猪四郎と円谷英二による〝水爆大怪獣映画〟（ポスターより）『ゴジラ』は、その出現の予兆として船の沈没や島に伝わる〝呉爾羅《ゴジラ》〟伝説、嵐の夜のあとに発見される巨大な足跡や、すでに死滅したとされる三葉虫の発見といったエピソードからゾクゾクさせ、いやが上にも興趣を盛り上げる。それが山の上からヒョイと顔を出す瞬間など、ドキリとさせる。怪獣出現に打ち鳴らされる村の半鐘がいい。水爆実験によって甦った前世紀の恐竜の東京上陸を阻止せんとする自衛隊の迎撃、対策本部の防衛作戦の数々、それも空しく首都が破壊炎上する凄まじさと都民のパニック。

平穏な日常生活の中に、突如として異形のものが出現して起こる大厄災。――この映画のいいところは、炎上する街並みや高架線の下を背景に人々が逃げまどう合成場面がうまくできていることだ。とりわけ、テレビ塔からアナウンサーが決死の〝実況中継〟をするシーンが緊張感と臨場感を盛り上げる。ゴジラの接近に避難できず、「いよいよ最後です、さようなら、皆さん」という言葉と共に塔が崩れるサマは出色の場面であった。

何より、感心したのは避難所や救護所における負傷者の治療、介抱シーンを丁寧に撮っていることだ。医師や看護婦が右往左往する惨状は瓦礫の山より数倍の効果がある。人々が家財道具を運び、風呂敷包みを携え、子供の手を引っ張って避難するサマは、あたかもB29による東京大空襲もかくやと思わせた。公開されたのは昭和でいえば二十九年。日劇に詰めかけた観客には首都炎上や累々たる焼死者、各地の惨事や、焼け跡の記憶がなおあっただろう。女学生たちの歌唱「平和の祈り」はかつての広島・長崎への霊歌でもある。

本多猪四郎は商業映画を心掛ける一方で、平穏な生活が一変する恐怖を描いたのである。それはおそらく彼自身が持つ拭いきれない戦争体験のなせる業であったろう。『ゴジラ』が「トップ10」の五位にランクされたのは決してジュラ紀の生き残り恐竜が大暴れしたからだけではない。

のみならず、怪獣の出現と跋扈という絵空事の世界に息を呑んでいた我々は、ここでふと、市民生活を営んでいた人々の予期せぬ受難にいやでも現実を思い起こす。ゴジラの吐く白熱光が、どこその国から発射される怪しい飛翔体に取って代わる日がこないとは限らない。平和な時代に生きている我々はまさかとは思うが、この映画が与えた警鐘は半世紀以上を経てもなお鳴り続いているのだ。虚構と現実をこれ以上巧みに融合させた『シン・ゴジラ』に膝を打つのは、後年も後年の二〇一六年になる。

このヒットにそれっとばかり作られた『ゴジラの逆襲』(55・小田基義)は、一作目のラストで古生物学者(志村喬)が危惧していた通り、別のゴジラが登場。大阪編と北海道編の二部構成で、もう一匹の恐竜アンギラスが出てきてゴジラと喧嘩(?)するのは後年の〝ゲスト怪獣〟オンパレードの先駆を成すものだ。ただし、ソツなく仕上がっている分、出来栄えは平凡だ。大阪城倒壊も東京の銀座、国会議事堂壊滅の二番煎じとしか映じないし、アンギラスにも特筆すべき点はない。

工夫があったのは光に反応するゴジラの習性を利用し、探照灯を打ち上げて進路を大阪湾から海上へ迂回させようとする作戦が奏功と見えて、囚人の集団脱走事件からオイル・タンクが爆発炎上。これに反応したゴジラが再び取って返す件《くだり》のみ。北へ向かう理由も定かでないまま舞台を分けた脚本も上出来とはいえない。それでも「トップ10」(十位)に食い込んだのは前作の評判が余韻を残していたからだろう(以下、監督は特記以外本多猪四郎)。

空にラドン、地にバラン

怪獣ものに集客があると踏んだ東宝は『空の大怪獣ラドン』(56)を製作。これはカラーということもあったが、やはり本多の巧みな演出で見せた。

阿蘇の炭坑内に水が出て、坑夫が行方不明になる。続いて警官が何者かの犠牲になる。凶器は鋭利な刃物と推定されるが、ピイピイという怪しい鳴き声は？——怪奇ムード漂い、ご本尊がなかなか姿を見せないのが却って効果的で、まず出現するのがメガノドン（巨大トンボ）のヤゴ（幼虫）。こいつがまた醜く、バカでかく、住民の居住地に這い出してくるばかりか、佐原健二と白川由美のいる居間にモゾモゾ侵入してくるのには肝を潰した。これも日常の平穏が破られる恐怖である。地下の空洞に鎮座する巨大な卵の殻にヒビが入って、姿を見せたラドンの雛が芋虫みたいに蠢いているヤゴを餌代わりに啄《ついば》んで……。

成長したラドンは福岡や北京、マニラ、沖縄各地に現れるが、高空を飛翔するばかりで、その姿は杳として知れず、偶然、写真に捉えられたのは翼の一部のみ。もったいぶっているのではない。二段構え、三段構えの小出しの連続に、今か今かと大怪鳥出現を待ち構える観客の興味と期待はいやが上にも高まっていくのだ。地元の人たちの動員であろう、エキストラが佐世保や福岡の景観をバックに空を見上げ、バスで避難するシーンがよかった。怪獣映画の重要因子はその跋扈や自衛隊の重火器の唸りより、やはり人々のパニックぶりなのである。あとはラドン乱舞と自衛隊の奮闘しばし。ただ、有翼の空飛ぶラドンの造形はいささか心許ない。風圧は映像では描写が難しく、ために建物崩壊もあまり迫力なかった。二匹目のラドンの扱いがそっけないくらいなのも物足りないけれど、ドラマはよくできている。その最後は悲壮感すら漂っていた。

『大怪獣バラン』(58)は徹底した攻防戦だ。バランは台詞で〝日本のチベット〟などと表現されている岩手県北上川上流の過疎の村落に出現する中生代の恐竜。掘っ立て小屋のような住居に、むさくるしい身なりの住民がいる村の佇まいは新東宝の大怪作『九十九本目の生娘』(59)と同じである。かつて、この地には婆羅陀魏《バラダギ》という山の神がいたという伝説が面白く、祈祷師や巫女がいる古臭い設定も悪くない。〝主役〟が出るまでの緊張とスリルは『ゴジラ』や『ラドン』同様で興味津々も、あとがよくない。有翼の両棲怪獣、山奥の湖から海へ逃れ、東京湾に進むまでの陸・海・空の自衛隊の迎撃は効果なし。観客は通常の火器では前世紀の恐竜に歯が立たないことはもうわかっているから、さほどの興奮も迫力もない。

羽田に上陸してからも、これといった策がないまま無闇に砲撃するだけだから、いい加減飽きてくる。徹底するのはいいが、砲撃と咆哮のショットの単調な繰り返しには何の工夫もない。落下する探照灯を呑み込むバランの習性から、パラシュート爆弾で体内爆破を狙う作戦は面白かったものの、防衛本部の対応もありきたりで、作詞家としても名のある関沢新一の脚本は底が浅かった。モノクロ、俳優の陣容から従来の諸作より低コストで作られたようである。

『ラドン』のラスト同様、今回も怪獣を暴れさせるだけ暴れさせておいて、最後は人間たちがその死を悼むような描き方になっているのは、虚構の世界に現実の不幸を盛り込んで、と胸を衝かせた『ゴジラ』の作劇法とは明らかに異質なものだ。まさか、怪獣撃退に万歳三唱をするわけにもいかないだろうが、これはゴジラが骨と化す一作目、氷漬けになる二作目には感じられなかったことである。〝巨大有害鳥獣〟を単に悪玉として処理せずに、そこに憐憫の情を差し挟むのは作り手側の自由としても、主要キャラクターがそれまでの日本各地における甚大な被害をケロリと忘れているように映じるのはマイナスどころか、大失態だ。この典型は後年の『宇宙大怪獣ギララ』(67・松竹)で、原田糸子が宇宙に放逐された怪獣を思いやる能天気ぶりに出ているが、安易なセンチメンタリズムとヒューマニズムは、犠牲者や建物崩壊が多ければ多いほど楽しめるこの種の映画に無用である。恐怖と破壊とパニックを楽しんだ観客を最後にシンミリさせるなんて愚の骨頂だ。

ゴジラの変容

現世に前世紀の恐竜が突如出現して、人々をパニックに陥らせ、それを撃退するという東宝の純粋な怪獣映画は、しかし、ここまでだ。その限界は『バラン』が象徴したといっていい。大人も子供も単純に楽しめた怪獣路線がおかしくなったのは、蛾を巨大化させた『モスラ』(61)からである。南洋の小島から興行師によって拉致された二人の〝豆美人〟――矮小な妖精(ザ・ピーナッツ)が出てくることにより、何やらお伽話のような趣きになってしまった。二人を追ってプニョプニョした巨大な幼虫が襲来。そいつが東京タワーに繭を作って成虫――すなわち、モスラになるシーンには瞠目したけれど、残念ながら、この造形は怪獣とはいい難く(要するに怖くないのだ)、妖精の――ザ・ピーナッツのかしましい歌声で誕生する設定にはいくら何でもバカバカしくなる。大人の観客が離れていったのはおそらく、この一編からではなかったか。

東宝は一九六二年にゴジラものを復活させたが、また単独で暴れさせるのは芸がないと思ってか、その〝対戦相手〟に自衛隊ではなく、キングコング（『キングコング対ゴジラ』62＝「トップ10」四位）と、モスラ（『モスラ対ゴジラ』64）を選んだ。こんな組み合わせは明らかにターゲットを小・中学生に絞り始めたからに他ならない。そのきっかけはザ・ピーナッツの起用だったのではないかと、今は思う（『モスラ』への出演は好評だったらしいのだ）。そして異形のもの同士の対決は定番のようになっていく。

宇宙から地球侵略にやってきたキングギドラ（簡単にいえば三頭竜）をゴジラ、モスラ、ラドン（合わせてゴモラ）が協力して撃退する『三大怪獣・地球最大の決戦』（64）は、豆美人の〝怪獣語翻訳〟に目が点になった。ゴジラとラドンが喧嘩している（？）場面、「争っている時ではない。協力してギドラをやっつけよう」（モスラ）「かまうことはない。俺たちのことをちっとも考えない人間どもなんか知らないよ」（ゴジラ）「そうだ、そうだ」（ラドン）。——学芸会のようなやりとりや、決着がなかなかつかないプロレスもどきのドッスンバッタンの肉弾戦を素直に認めることができないのは、こちらが否応なしに大人に近づいていくからである。

三大怪獣からは——とりわけ、最大最強のキャラクターだったゴジラからは不気味さも脅威も消え失せた。何より、怖さがなくなった。異形の怪獣は子供たちのアイドルに変身した。それは『怪獣大戦争』（65）で「シェー」のジェスチュアをさせたことで決定的になった。恐怖が笑いになった歴史的瞬間である。ゴジラは堕落したのだ。その役割も人々を死傷させ、都市を破壊する悪役から、巨大な類人猿や隕石から生まれた宇宙怪獣を迎撃、応戦して東京を、いや、地球を守る正義のヒーローに変わっていくようになる。

こうした傾向は春休みなどの子供たちを対象にした「(東宝)チャンピオンまつり」(スタートは一九六九年冬)に再編集もの(短縮版)や新作を当てる方針からいよいよ強まった。珍奇なゲスト怪獣も増えていき、ゴジラが単独で外敵に応戦できないケースも増えてきたのは子供たちへの配慮もあろうが、ズバリいえば、東宝は年少者に媚びたのだ。賑やかしはいいとしても、ミニラには絶句した。何だ、ありゃ。笑いまでが加味されたのは、さすがは健全娯楽を標榜する大東宝だと感心すべきか。

大映のガメラや日活のガッパ(仔ガッパにはマイった)も含めて特撮については一家言もないが、怪獣と電車、建物、装甲車などミニチュアのコントラストはともかく、海上を航行する船舶と波の対比は克服できなかったようだ。なまじ、ロング撮影をするからだろう。逃げ惑う人間との対比も難しい。合成は下手をすると特撮の稚拙さを暴露して(見え見えだ)失笑を買うだけだから、結局は別々のショットの繰り返しになるわけで、それはそれで仕方がないかと思っていたのだが、大映の『大魔神逆襲』(66・森一生)のラスト——吹雪の中、のっしのっしと迫る大魔神に悪領主(安倍徹)一味が恐慌状態になるシーンは真に迫っていた。ジャンルこそ違え、的確な演出と秀逸なカメラ・ワークでこれだけの撮影は可能なのである。

本稿に関係あるかどうかはご判断にお任せし、以下、私事を挿入させていただく。

ゴジラ・スーツを着て長くゴジラを演じた中島春雄という人がいたが、筆者は雑誌社で働いていた頃、某製作プロのスタジオで悪役怪獣（名前は思い出したくもない）の縫いぐるみに入ったことがある。折からテレビの怪獣ブームとて、その特写をすることになり、当日は本職の人がオフとかで、あろうことか、〝代役〟を務める羽目になったのである。入社一年目の身ではいやともいえない。それはブヨブヨゴワゴワした得体の知れないシロモノで、おまけにバカ重い。内部は何とも形容し難い異臭がし、息苦しく、暑かった日でもあり、汗がダラダラ吹き出してくる。そんな状況で様々なポーズを取るのである。

カメラマンや先輩編集者は「もっと両腕を上げて！」とか「左手を突き出して右手を真上にね」とか「そこでキックをしろ！」と、うるさいったらない。悪戦苦闘、苦悶懊悩しつつ、キックをしたら、バランスを崩し、仰向けにひっくり返るブザマさである。上智大学新聞学科卒もクソもない。中島氏の苦労が偲ばれた。一方で、スタジオのセットも見た。むき出しの土の上のミニチュアの家やビル、戦車、装甲車、車、植樹などは安っぽく、お粗末なものだった。舞台裏は見ないほうがいい。

フルメタル新怪獣メカゴジラ

ゴジラ・シリーズが六〇年代に八本、七〇年代（一九七五年まで）に五本作られたのは観客の世代交代が確実に行なわれていったからである。これは強い。東宝の戦略は当たったのである。

七〇年代で面白かったのは『ゴジラ対ヘドラ』(71・坂野義光)だ。「トップ10」の九位にランクされたのは「チャンピオンまつり」のメインだったことや、ヘドロが社会的な問題になっていた世相もあるが、何より、ヘドラの形状がグロテスクだったことだ。年少者にはこの世には怖いものがあることを認識させる必要がある。それに怪獣の擬装はもうタカが知れている。中に人が入っていることもテレビ怪獣の蔓延で、とっくにお見通しだったろう。一対一の対決に徹し、よけいなゲスト怪獣を排除していた点も誉められていい。

生誕二十周年記念作『ゴジラ対メカゴジラ』(74・福田純)は、沖縄の伝説怪獣キングシーサーが当地の古い王族の血を引く娘の場違いな歌で甦り、〝猿の惑星〟からやってきた異星人が開発したロボット(メカゴジラ)をゴジラと共に迎撃する内容。沖縄怪獣戦争である。アンギラスも含めた三怪獣の動きはもはや人間そのもので、ドラマも他愛ないが、メカゴジラの形状は個性的でよかった。最初は偽ゴジラとして暴れ回るが、その化けの皮が剥がれて露出する金属質の造形が従来のブヨブヨ感を一掃していたからである。『地球防衛軍』(57)の〝ドリル怪獣〟モゲラ(異星人ミステリアン製造の穴掘りロボット)を思い出した。ゴジラが渾身の力を振り絞って(?)その首を捩じ切る場面が凄い。

続編『メカゴジラの逆襲』(75)が作られたのは、このメタルの鎧で身を固めた新怪獣が新鮮だったからと見ている。初代ゴジラを必殺のオキシジェン・デストロイヤーを抱え、身を挺して滅ぼした隻眼の科学者平田昭彦がマッド・サイエンティストと化し、ラドンの孵化を目撃して記憶喪失になった佐原健二が白髪まじりの防衛隊長役に出世(?)していたことに遠い日々を想起した。学会から放逐された博士(平田)は報復の念に燃え、再び来襲した異星人に協力、破壊されたメカゴジラを修復改造して、より強力なメカロボットを完成させるのだが……。

しばらく忘れられていたような――前作ではまったく描かれていない――人々の恐怖と混乱状態がリアルだったのは、会社やスタッフにはここらで原点に戻ろうといった意識もあったのではないか。しかし、外国のパニック映画やブルース・リー人気があって、さしもの怪獣ブームも下火になり、東宝はゴジラ・シリーズを本作で中止した。ゴジラものは五年ぶりだった本多猪四郎最後の劇場映画でもあった。東宝は功労者に花を持たせたのである。

この頃までゴジラ映画をよく見ていたのは当時在籍していた雑誌が「チャンピオンまつり」の特集をし、宣伝部や試写室に出入りしていたからである(蛇足ながら、雑誌名は「少年チャンピオン」という)。だが、長い〝休眠〟はゴジラへの興味を失わせていく。大人になるのは悲しいことだ。

原点回帰か二律背反か

ゴジラは一九八四年暮れのゴジラ誕生三十周年作品『ゴジラ』(84・橋本幸治)で復活(都合十六本目)。『ゴジラの逆襲』以降の諸作をないものとするコンセプトで作られた。強力な敵対怪獣は出ておらず(難破船に出現するブヨブヨした大きなフナムシは露払い的役割にもなっていない)、いいかげん怪獣同士の〝肉弾戦〟にはついていけなくなっていた身には新鮮で、いわば〝続ゴジラ〟といった感覚で接したのだが、東京に再上陸して大暴れするゴジラに動物特有の帰巣本能を利用、超音波装置で生まれ故郷にお帰り願うというストーリーには呆れた。しかも、開巻まもなくの〝帰巣本能〟という一言で先が見えてしまったのである。

さあ、そうなると、新宿で縦横無尽に破壊を続けるゴジラを標的にソ連の宇宙衛星から核ミサイルが発射されるサスペンスも、総理大臣(小林桂樹)や科学者たちの緊張や憂慮も、開発された超音波装置をビルの窓からヘリに運ぶスリルも伝わってこない。そこに田中健と沢口靖子の取って付けたようなロマンス模様が挿入されると、シラけた気分にすらなってくる。

新幹線の乗客役のかまやつひろしがなぜかニタリとするショットや、浮浪者然とした武田鉄矢が無意味に出てくるシーンはご愛敬にせよ、あれではその前後に描かれる都民の恐慌状態が台無しになってしまう。ここらで席を立つべきだったかもしれない。

いわゆるリブート——仕切り直しによる原点回帰はいいとして、こんな映画が「トップ10」二位になったのは久しぶりのゴジラ映画ということで、ファンやマニアとは別の一般観客の動員もあったからだろう。十七作目からの新シリーズからはまたぞろ怪獣同士の対決中心になり、興味は失せ果てたが、これ以降、『ゴジラVSモスラ』(93・大河原孝夫)が二二億円、『ゴジラVSデストロイア』(96・同)が二十億円で邦画の配収トップになった事実は、ゴジラが東宝のドル箱怪獣であることを改めて証明したことになる。

たまたま見た『ゴジラ2000ミレニアム』(99・同)は、宇宙から飛来して海底に沈んでいた岩塊が実はエイリアンで、地球を自分たちが住んでいた惑星の環境に順化させようとし、最後はオルガなる怪獣に変身、これを現れた理由がよくわからないゴジラが迎撃するという――何てことはない一編だった。

ゴジラやエイリアンを倒そうとする自衛隊(正式名CCI)の攻撃は凄まじかったし、新宿の破壊惨状ぶりもよく撮れていた。ただし、ドラマはまったくつまらない。これは「ゴジラ予知ネットワーク」とやらを主催している主人公・篠田(村田雄浩)の思惑や行動がストレートに伝わらないからだ。篠田はかつて大学の先生だったという設定だが、残念ながら主演者はそんなインテリ顔をしていない。彼の周りをチャラチャラ動き回る娘や女性記者も邪魔な印象で、無論、上映時間中、怪獣や異星人との応酬ばかり描くわけにもいかないだろうから、この三人を配したのはわかるが、種々のコンピュータ機器による彼らのデータ分析の結果が物語の展開に如何ほど効果があったのか。

ラスト近く、指揮官の片桐(阿部寛)が肉薄するゴジラに挑むかのように、また、余裕でも見せるかのように煙草を一服するのは演出の意図不明。彼と篠田の間で右往左往する宮坂(佐野史郎)の描き方も、もう一工夫あってよかった。

それに、ここでも都民の恐怖が今一つ物足りない。海外メディアが実況中継しているショットも申し訳程度で、どうせならもっと突っ込むべきだろう。譬えは悪いが、雨風猛烈な台風上陸の只中にいる取材記者の実況をテレビで見ている感覚とでもいうか――そうした臨場感がほしい。『ゴジラ』のアナウンサーの〝殉職〟が如何に印象的だったか。併せて、作り手側はゴジラが甚大な被害をもたらす破壊獣である一方、地球の守護神でもあるという二律背反《アンチノミー》に陥っていることに、いいかげん気づかねばなるまい。

〝ゴジラ五十周年記念作品〟にして、プレミアム・シリーズの——というより、ゴジラものの最終作として宣伝喧《かまびす》しかった『ゴジラ FINAL WARS』(05・北村龍平)はゴタゴタ盛り込み過ぎ。ラドンやらモスラ、アンギラス、エビラ、クモンガその他の蔵出し怪獣が登場、これらを操るX星人に戦いを挑むのは地球防衛軍とM(ミュータントだと)機関のメンバーで、妖星ゴラスまで大接近。香港カンフー並みの立ち回り、オートバイによる追跡があり、爆発炎上破壊シーンがこれでもかと展開されるが、これも肝心のドラマがまるでなっちゃいない。

X星人が思い切ってデタラメなのに対し、迎撃側の人物たちの対応がいやにリアルで、このアンバランスが致命的。世界滅亡という危機感が一向伝わってこないのは二〇XX年という時代設定からだけではない。各シーンが行き当たりばったりで、リズム感がまったくなく、作品のスタイルが統一されていないからだ。従来の東宝の怪獣ものと違う作風なのは明らかに演出のためであり、それが新鮮に映ればいいが、逸脱しているところがある——と、これはエンド・マークが出る前の感想。冒頭から乗り切れないでいたし、ゴジラが南極から甦ってしばらく、お定まりのドッスンバッタン開始に匙を投げ、今度は本当に途中でコヤを出たからあとは知らない。製作費二十億円で配収は十二億円という。ゴジラは十年以上再び休眠状態になる。(*)

（＊）この間に公開されたアメリカのリブート映画『GODZILLA』（98）『GODZILLA ゴジラ』（14）は従来の〝東宝ゴジラ〟とは一線を画したい。銃器、戦車、戦艦、戦闘機、災害、爆発炎上、破壊の惨状、何よりパニック・シーンのエキストラ大動員の撮影には圧倒された。前者は三十億円、後者は三十二億円をあげた。

『シン・ゴジラ』の衝撃

新世紀も十有余年――今更ゴジラでもあるまいと高を括っていたが、『シン・ゴジラ』（16・庵野秀明＆樋口真嗣）にはあまりの評判に重い腰を上げた。他人の評価をまったく受け付けない性分だが、この時、ふと、そんな気になったのは、「見ておきなさい」という天の声だったのかもしれない。こういう例が稀ながらある。

――ゴジラが突如現代の東京に出現する。なぜ？　原因は？――といった疑問はどうでもいい。その登場はゾンビ同様、思い切って理屈抜きなのだ。一作目の「深海生物が放射性廃棄物により進化した」という設定のみをわずかに採用し、あとは過去のシリーズを一切無視した大胆直截な作劇法が秀逸だ（脚本・庵野）。これは十六作目のリブートもののコンセプトと同じであるが、本作はさらにゴジラを今そこにいる巨大生物として規定し、それが首都を壊滅させる危険な存在である以上、害獣として駆除死滅させるしかないというテーマを忽《ゆるが》せにせず、やがて不死身ではないかとも思えてくる怪獣と、人智とコンピュータと重火器をフル回転させる人間との死闘がいつ果てるともなく続く。

スピーディで快テンポの展開におよそ二時間引きずられた。首都壊滅は目前だが、この期に及んで(?)なおも出世欲に駆られる政治家や役人たちの思惑、日米安保条約にも触れてアメリカのゴリ押し、中国、ロシアの牽制も取り入れて、今日もなお「関連諸国との緊密な連携」をお題目のように唱え、対外的には何一つ自由に決められない日本という国の情けない状況も巧妙に描かれている。自衛隊の豊富な兵器の数々はマニアなら垂涎ものとも思え、その気になればだが、様々な角度からアプローチが可能な作品で、ただの怪獣退治映画が興八十二億円を記録するわけがない(二〇一六年度・邦画劇映画一位)。

ビルの崩壊、建物の炎上――いまだに好感が持てないCGにも、これだけの撮影が可能なのか、進化はゴジラだけではないらしいと、時代遅れのオッサン、感心した。生活の匂いのする現実の都内のあちこちの情景や、避難し、逃げまどう人々の描写もおさおさ怠りない。新世代のスタッフはゴジラの跋扈と都民の悲劇を――すなわち、虚構と現実をしっかり踏まえていた一作目を何度となく見たのではないか。

地下鉄の構内でケータイやスマホを手にしてオタオタし、路上で右往左往するエキストラは、いずれ鳴り渡るかもしれないJアラートに、おそらくはオロオロするしかないだろう我々の姿でもある。スクリーンを隔てながら、これらの場面は現実感のある恐怖として昇華されている。ここまで何年待ったか。眼目をデンと据えれば、これだけの映画ができるのだ。

欲をいえばキリがないが、終盤は格兵器使用を回避すべく対策本部のデータ解析と自衛隊の猛攻撃に焦点が絞られ、それが見せ場であるのは重々理解できるものの、一般庶民の不安が途中からなおざりにされたのは残念だ。それがテーマではないにしろ、疎開先の住民が東京を思うワン・ショットでも挿入されたら効果はもっとあったろう。ゴジラの口からの血液凝固剤投入はバラン退治の〝進化〟か。

付け加えておけば、ドラマはスピーディながら、全体的に余韻というか「間」がない。首都壊滅の危機という事態にもったいぶっている暇なんかないのもわかるけれど、次から次への想定外の出来事を主人公たちがテキパキ処理していくサマは、ＳＦアニメのキャラクターと展開を彷彿させた（監督二人がアニメ畑の人と知ったのは後日である）。

早口の台詞も気になった。特に防衛大臣役の余貴美子、環境省課長補佐役の市川実日子のそれは外国のテレビ映画の吹き替えの如きで、これも緊迫感を煽るために意図したものとしても、聴き取れない部分があるのは困りもの。

登場人物で印象的だったのは、ゴジラ対策に躍起になる官房副長官（長谷川博己）でもライヴァルの首相補佐官（竹野内豊）でもない。のびたラーメンを嘆く「臨時」にして「代理」の内閣総理大臣（平泉成）だった。なぜか？　一番人間らしいからである。そして、我々はこのモッサリして、ノラリクラリの政治家が難局を乗り切る老獪さとしたたかさを身に着けていることを最後に了解するのである。

『シン・ゴジラ』では核兵器の使用はかろうじて回避されるが、かつて東宝に『世界大戦争』（61・松林宗恵）があったことを想起せずにはいられない。運転手（フランキー堺）一家の家庭を中心にしながら、米・ソの力の均衡が三十八度線で戦端が開かれるのきっかけに崩れ、核ミサイルの応酬が始まり、東京はもちろん、ニューヨークもモスクワもパリもロンドンも壊滅するサマを緊張のまま見せた秀作である。普段通りの日常が一気に崩れていくプロセスを娘と恋人の婚約にやきもきし、株の売買にも夢中な、ごく平凡な運転手の視点で最後まで捉えているのがいい。

逃げ惑い、疎開する人々を尻目に彼は妻と三人の子供と共に自宅を動かず、卓の上の太巻きと稲荷寿司を前に日本酒を飲み、長年連れ添った妻にも勧め、運命の時を静かに待つのである。このシーンに漂う静謐な無常観は生家がお寺で、仏門に生まれ育った監督の資質と感性がジワリ出ていたからか。核兵器絶滅を殊更アピールしていない演出も好ましい。こういう作劇法もあるのである。

観客には最後に出る字幕「この物語は架空のものであるが明日起こるかもしれ現実かも知れない」を噛みしめてもらうだけで十分だ。今でも立派に通用する語句である。「トップ10」の九位にランクされたのは決して芸術祭参加作品だったからだけではあるまい。

（3）

怪奇と恐怖の特撮シリーズ

怪獣ものの合間にあったのが「空想特撮科学シリーズ」と呼ばれた諸作である。いずれも人間が水爆による放射能、あるいは科学者の実験によって変身し、怪事件が続発するSFスリラーめいた物語だ。その実験や論理も台詞や画面ではよくわからないのだが、そこは娯楽映画だから考えるだけ無駄だ。ここでも監督は特記以外本多猪四郎。特撮は円谷英二。

その一作目——海上で死の灰を浴びてゼリー状になった人間が東京に上陸する『美女と液体人間』(58)は要領を得ない。それが人を襲って溶解せしめるのはともかく、アメーバのように合体して巨大化するでもなし、SFによくある侵略がテーマになっているようでもない。麻薬を狙う暴力団員はよほどヒマなのか、キャバレーでホステス相手に酒ばかり飲んでいる。ボーイがやたら意味ありげに動き回るが、全然意味がない。

要するに、液体人間と麻薬ネタが一方通行のままだから、最後の下水道への火焔炎放射攻撃も空騒ぎにしか映らない。そもそも、この怪物は「人間の意志を持っている」(台詞)とはいうものの、その形状を見せないから視覚的な恐怖がない。演出は見劣りしないから、脚本が雑なのだろう。円谷英二の特撮も今回は稚拙なままだった。一番覚えているのは妙にエロッぽかった白川由美の下着姿だから、この映画の出来ばえがわかろう。

世の中、何が怖いといって人間の姿形をした生き物が一番怖いのである。幽霊がそうだし、ドラキュラもミイラ男も然り。ゾンビだって同じである。そればかりではない。中世ヨーロッパの甲冑などはいきなり歩き出すのではないかという錯覚に捉われるし、見ようによっては教会に飾られている巨大なマリア像や聖人の像の数々も不気味だ。案山子《かかし》だって人間のほうがギョッとするくらいグロテスクなやつがある。キングコングなどは元々エテ公みたいなものだから怖くも何ともない。

透明人間だって姿が見えないことより、繃帯グルグル巻きの顔と姿のほうがよほど怖い。

『電送人間』（60・福田純）は瞬間移動《テレポーテイション》と復讐劇をミックスした関沢新一の脚本が荒っぽいながらも飽きさせなかった。スリラーショウが開催されている遊園地の仮設施設内で殺人が起こる。凶器は銃剣で、被害者が旧日本軍の認識票を持っていたことから新聞記者の鶴田浩二と刑事の平田昭彦が事件解決に乗り出し、背後には敗戦の混乱にまぎれて四人の男（河津清三郎ら）が金塊を着服しようと、邪魔な博士（佐々木孝丸）と護衛の須藤曹長（中丸忠雄）を洞窟で殺していたことが判明する。

しかし、二人は生きていて（！）、電流による瞬間移動《テレポーテイション》の研究をしていた博士は円筒状の電送装置を開発していた。須藤は未完成ながら〝実用〟に耐え得るそれを利用し、四人に復讐しようとしていたのだ。立体テレビに映っている人間が瞬時にして生身の人間として目の前に現れるという〝電送〟の論理は大変わかりやすくていいのだが、回想シーンに二人がどう見ても殺されたとしか思えない場面がバッチリあるのはどうしたことか。須藤は胸に銃剣を深々と刺され、顔は血で染まり、博士は銃弾を三発も受け、しかも洞窟は爆破されるのだ。一体、どうして助かったのか、また、軽井沢の地下に大掛かりな実験設備を人知れずいかにして整えたのか。さすがは空想科学映画だと感心するどころか、首を捻るだけだ。荒っぽいといったのはここらである。

それでも面白く見られたのはテーマが復讐だからである。電送機に入った須藤は軽井沢と遠隔地を易々と往復し、アリバイも完全。男たちに次々と怨みの銃剣を突き刺していくのだが……。一見二枚目だが、目が狂的で、いつも油断できない怖さがあった中丸忠雄は適役。白川由美は再び下着姿を披露しての大サービス(?)。スリップ一枚でハッとさせるのは品のいい美貌の東宝女優ならでは。『地球防衛軍』での場違いな(?)入浴シーンも僅かなものだが、ズキンときた。

この色チシズムは各社にいた——当時でいえば、松竹の泉京子や日活の白木マリ、大映の叶順子には出せない性質のものである(彼女らは品がないという意味ではない)。軍隊キャバレー、その名もＤＡＩＨＯＮＥＩ(「大本営」である)で金粉を全身に塗った踊り子の舞が珍しい。鶴田浩二は同年途中、東宝との契約が切れ、かねてから誘いがあった東映へ移る。

ガス人間とキノコ人間

ドラマがよくできていたのは『ガス人間第1号』(60＝クレジット及びポスターで「第」は旧字)。銀行が何者かに襲われ、強奪された紙幣が落ち目の春日流舞踊師匠、藤千代(八千草薫)に渡っていたことから三橋達也らの捜査員は彼女を容疑者として逮捕する。そこへ、風采の上がらない水野という男(土屋嘉男)が出頭、自分が犯人だと明かす。

新聞社で航空科学者の実験台の犠牲になってガス人間(肉体がガス状になり、姿が消える透明人間の変種)と化した経緯を淡々と語る場面がいい。パイロットになる夢を砕かれた挫折感、高校を出ても大学に行けないやるせなさ、そして八百屋の小僧になるよりはと勤めた図書館での鬱屈した日々。翳りのある表情と抑えた演技、どこか投げやりな口調——地味目な役が多かった土屋嘉男の一世一代の好演。見事にタイトル・ロールを演じた。

最初、我が身を嘆いた水野は自分の意志一つで姿を消し、また生身の体に戻ると知って、「僕は人間じゃないから人間の作った法律に従うことはない」と、警察と社会への挑戦を宣言。三橋と科学者たちは藤千代の公演が行われる劇場に無毒無臭のガスを充満させ、それを爆発させるという非常手段を取るのだが――。

惜しむらくは水野と藤千代の関係が鮮明でないことだ。水野は金で彼女を我がものとする気ぶりも見せず、彼女は彼を単なるパトロンとしては見ていない。これは二人が知り合ったきっかけや愛を育んだプロセスが描かれていないからである。また、起爆装置がなぜ作動しなかったのか（故障ですか）、また藤千代が三橋たちの爆破作戦をどうして知って水野と心中のような道を選んだのかも謎だ。見終わったあと、ふと感じた点である。ところで、『透明人間』（55・小田基義）はどうしたと思われる人もいようが、下心があるのでここでは控える。

一転、舞台を南洋の小島に限定して、これまた放射能が原因で異常発生したキノコを食べた人間が、あろうことか、キノコに変身する『マタンゴ』（63）は空想科学とは異質なゲテモノ怪奇映画の範疇に入れたい。

――ヨットが嵐で遭難、無人島にたどり着き、廃船を塒《ねぐら》にした男五人、女二人の一行に待っているのは救援など望むべくもない絶望感と、わずかな缶詰しかない飢えへの恐怖だ。やがて、密林や船に何やら人の気配がし、怪しい影が出没する。得体の知れない何者かへの恐怖――と、ここまではスリルとサスペンスがあっていい。異形のものの出現の予兆と小出しはここでも奏功している。

ところが、不安と苛立ちと緊張から彼らがいがみ合い、敵対し、仲間割れを起こすドラマが実につまらない。脚本云々以前に、役柄を与えられた俳優たちがさっぱりそれらしく見えないからだ。我々は主演助演に限らず、各社の俳優にそれまでの出演歴から半ば固定化したイメージを抱いている。いい奴、悪い奴、強気な男、弱気な男、金持ち、貧乏人、学者肌、あらくれ、令嬢、悪女、奥様、OL、マダム、ホステスなど。――まことに勝手な話だが、それは彼らの顔と肉体が醸し出す雰囲気、持ち味も含めた個性というものである。

然るに、渋く地味な土屋嘉男が会社の社長に見えるか。軽妙明朗な太刀川寛が作家に映じるか。真面目で好人物の小泉博が仲間を置き去りにして一人で逃げ出す船長役にふさわしいか。答えはノーだ。新味を出そうとしたにしろ、キャラが立っていない登場人物たちによる劇映画が面白いはずがない。キャスティング・ミスといってしまえばそれまでだが、何とも無神経な配役だ。

絶対食べてはいけないと判明したキノコも結局は飢えに負けて一人、また一人と生のまま胃の腑に送り込む。ミイラならぬキノコ取りがキノコになる変身は、さしもの円谷英二も難しかったのか、顔や手足が爛れたお化けメイク処理。それでも肉体にキノコがニョキニョキ生えて〝完全変態〟した造形は不気味で、中にはアルチンボルドの絵画みたいなのもいるが、一度見てしまえば、あとはどうということはない。ラスト、救出された男が東京の夜景を見て「あの島に残ればよかった」などとつぶやくのも意味がない。ゲテモノなどと書いたが、スッキリしないフニャフニャ映画だった。

東宝創立六十周年記念として作られた「心をこめた夢創り・60年」(91・V＝非売品・一〇九分)

には一一八本のハイライト・シーンが収録されているが、この怪奇変身ものが一本も紹介されていないのも、さすが東宝というべきか。

本多猪四郎には一般映画もある。記憶をたどれば、『鉄腕投手 稲尾物語』(59)を見ていて、少年の頃、櫓を漕ぐ重労働が強肩を作ったというエピソードを覚えている。同じ机を使う昼と夜の中学生の手紙による交流を淡々と、清々しく描いた教育映画『夜間中学』(56＝大映)は、四四分の中編ながら心に残る佳編だった(文部省特選)。製作を受け持ったのは日大芸術学部。本多は前身の専門部映画科卒のOBである。『メカゴジラの逆襲』を最後に退社してからは黒澤の演出補佐として『影武者』以降の作品に協力した。すべてクレジットに名前が出ている。『まあだだよ』公開二か月前に心不全で逝った。

和製吸血鬼の空しさ

七〇年代には山本迪夫《みちお》の現代ホラーものがあった。『幽霊屋敷の恐怖・血を吸う人形』(70)は、海外勤務を終えた男が婚約者に会いに実家を訪れる。そこは人里離れた古い洋館で、娘は交通事故で死んだと語る母(南風洋子)は何かを隠しているようで、唖者の下男も不気味である。

深夜、死んだはずの婚約者を目撃した男は姿を消し、安否を確かめにきた妹(松尾嘉代)とその恋人は恐るべき真実を知る——という物語は墓暴きあり、過去の惨殺事件の謎あり、町医者の意外な正体ありと、なかなか面白い。催眠術ネタは目新しいが、さて、それを施す理由がハッキリしないのはいささか苦しく、脚本はどこかをちょっと突いたらガラガラ崩れる危うさがあるけれど、最後まで興味を持たせた。昔の惨殺事件は台詞だけなのが残念。陣容から低予算だったと思われる。和製ヴァンパイアもの『呪いの館・血を吸う眼』(71)と『血を吸う薔薇』(74)はいずれも低調なまま終始した。

前者は湖畔のレストハウスに送られてきた棺の中に眠っていた吸血鬼が覚醒、人間を次々に襲って血を吸い、従僕と化しせしめ、遂には美姉妹を狙うまで。ここでも使われる催眠術やヒロインの幼時のトラウマが要領を得ないのが難。後半、舞台が彼女の故郷に移るのもスマートでない。

後者は山奥の全寮制の女子学園に赴任してきた教師が吸血鬼に見込まれる(?)災難劇。老衰した吸血鬼は新しい肉体を借りて代々学園長に収まっていたという設定なのだが、あんなド田舎にいつまでも留まっている理由がわからない。遠い昔に流れ着いた異国の宣教師が棄教して飢えと渇きから村の娘の血を吸って云々……の伝説が語られたりもするが、下手に理屈をつけようとするから逆に疑問が湧くのである。精神病院にいるだけの元教師(おお、『七色仮面・スリーエース』のダコタ神父役だった片山滉!)の登場にも特に意味はない。刑事役の伊藤雄之助は台詞も演技もひどいもんである。監督助手に小栗康平がクレジットされた。吸血鬼役はいずれもベタなメイクとスタイルの岸田森。

我が国ではトランシルヴァニアの怪物の映画化は、まず成功しない。黒いマント姿に鋭い牙で美女の血を吸って生き永らえるドラキュラの跳梁は、古色蒼然とした石造りの城館、その地下室、あるいは十字架や墓石が林立する墓場といったヨーロッパ独特の背景があってこそ。さらにいうなら、その恐怖はキリスト教の歴史や伝統、その風習、文化が無意識のうちに肉体と精神に浸み込んでいる国民でなければわかるまい。

スタッフはそんなことは百も承知で取り組んだのだろうが、背景を都会から遠く離れた田舎にしたところで、風土の違いは如何ともし難く、そこに古い洋館や女子高があるという設定からして苦しい。二本とも主人公とのアクション映画並みの立ち回りで決着をつけるところに和製吸血鬼ものの限界がある。しかし、明るくご清潔なカラーを旨とする会社に、こうしたジャンルが存在したことは記憶しておきたい。

第三章　大映怪奇映画の系譜――「座頭市」と「狂四郎」以前

ストーリーは当然忘却しているにもかかわらず、いつまでたっても遠い時代に見た映画の何シーンかを覚えている場合がある。例えば、夜空を背景に建つ三層か四層ほどの塔。それが別の場面で忽然と消えていて、ほどなく奇怪にもグググっとせり上がってくるサマ。悪玉が何本もぶら下がっている綱を引き間違えて、仲間を落とし穴に落下させ、笑った場面など。唸りながら記憶を呼び起こし、「塔」をキィワードに公開リストから、これだなと確信したのが大映の『赤胴鈴之助・新月塔の妖鬼』。

もう一つ、地面に足跡だけがボコボコ印されていくショットとグロテスクな怪物の姿は『同・三つ目の鳥人』に違いない。とりわけ、鳥人の仮面と極彩色のコスチュームの不気味さは、東映時代劇で見慣れていたチャンバラよりもはるかに強く刻印されていた。これらが忘れられないのはリアル・タイムで見たという以外に、いずれも怪奇色に彩られていたからではないか。

六〇年代の大映時代劇といえば、勝新太郎の「座頭市」シリーズ（62〜71＝全二十二本）と市川雷蔵の「眠狂四郎」シリーズ（63〜69＝全十二本）が双璧であろうが、ここでは時代を少し遡り、梅若正二主演の「赤胴鈴之助」シリーズ全七本（57＝最終作のみ58）を採り上げる。原作が愛読していた「少年画報」（武内つなよし・作）の連載漫画だったので懐かしさもあるけれど、主に脚色されていた映画ならではの怪奇性に注目していきたいと思うものだ。

（1）

怪奇時代劇としての『赤胴鈴之助』

初めの頃はごく健全な（？）内容だった。『赤胴鈴之助』（第一部・加戸敏）では、常陸は潮来での鈴之助の少年時代から江戸の北辰一刀流・千葉周作道場での修業時代が描かれ、シリーズのほぼレギュラー陣になる幼馴染しのぶ（中村玉緒）、周作（黒川弥太郎）、その娘さゆり（浦路洋子）、ライヴァルの竜巻雷之進（林成年）、生き別れになっていた母お藤（朝雲照代）、北辰一刀流打倒を画策する悪玉コンビ――火京物太夫（尾上栄五郎）と岳林坊（光岡龍三郎）らが紹介される。話の中心は昇段試合で新入りの鈴之助に負けてヤケになった雷之進の動向が中心になっていて、二人の真剣勝負寸前まで。漫画でいう「次号に続く」というやつである。

その次号に相当する『（第二部）月夜の怪人』（同）の〝怪人〟とは辻斬りのことで、まだ怪奇色には程遠い。これが斬り口から北辰一刀流の遣い手とされ、犯人は誰かという興味が湧くが、ドラマはその謎解きより、雷之進を改心させようとする鈴之助の苦心惨憺、鈴之助に母と名乗れぬお藤の愁嘆、さゆりとの不仲に悩むしのぶの身投げ騒ぎに重きを置いている分、娯楽性も稀薄だ。

巻中、周作の大事な羽織を取り返そうと、鈴之助が物太夫の無慈悲な命令で岳林坊以下の子分たちの股をくぐり、「ホ～ホケキョ」と、鶯の啼き真似をする場面がある。演技とはいえ、新人スタァ（と、クレジットに出る）の梅若によくぞここまで演《や》らせたものだと不快な気分にすらなったが、大映京都の新人育成の試練（?）かもしれないと思い直した。

このあと、憤怒の鈴之助が物太夫の喉元に小柄を突きつけ、お返しとばかり、子分たちに次々と動物（豚、ヤギ、牛など）の啼き声を真似させる意趣返しが用意されているが、ここを素直に笑えないのは鈴之助の場合は武士にとって耐え難い屈辱以外何物でもなかったのに、子分たちのそれは下手な余興程度にしか映じないからである。それだけ、梅若が迫真の演技を見せたことにもよる。

ラストは鈴之助の真空斬り（いつ会得したのか）と雷之進の稲妻斬りの果たし合い。相打ちと見えながら敗北を認めた雷之進は周作の心遣いもあって武者修行に出ると決め、鈴之助も逐電した物太夫と岳林坊を追ってこれまた旅に――。辻斬りの犯人はわかってみれば何のことはない人物で、脚本に工夫の「く」の字もない。

物太夫はそのネーミングも手伝って子供たちに人気があったキャラクター。一作目で鈴之助の育ての親（お藤の父）を死なせたこともあり（試合の負傷が元で、殺したのではない）、鈴之助の恨みを買うのだが、岳林坊と共に悪玉コンビながら三作目からコメディ・リリーフの役割を果たすようになる。

怪奇色が出てくるのは三作目『鬼面党退治』(安田公義)から。――お家断絶した沼津家の財宝を資金源に幕府転覆を画策する鬼面党の陰謀を旅の途中の鈴之助が阻止するものだが、この財宝が隠されている古寺が不気味で、いかにも幽霊でも出そうな雰囲気がいい。地下は空洞になっていて、中央の広間に巨大な仏像が鎮座。だが、お宝の隠し場所がわからない。鬼面党は般若の面をつけた黒装束の一団で、首領(杉山昌三九)には若衆スタイルの娘・一江を配して彩りをつけている。

山犬神なる巫女姿の怪婆ア、胸に一物ありそうな飯屋の女将、謎の虚無僧にレギュラーたる雷之進や悪玉コンビも参加、キャラクターの配置出番もよろしく、楽しめた。虚無僧はとっくに紹介された真空斬りの創始者にして達人の大鳥赤心斉と判明。ただし、首領も娘も死んでおらず、本作は以下の四作目、五作目への布石になっている。

『飛鳥流《ひちょう》真空斬り』(同)は鈴之助が赤心斉の押し掛け弟子になって、真空斬りを会得、併せて富士山麓に巣食う山賊一味(親玉の蛮洋軒役にまるっきり似合わない清水元)を壊滅させるまでだが、鈴之助の修業と山賊退治に、蛮洋軒の娘(という設定だが、真相は違う)、鬼面党の一江、おまけに鈴之助を江戸から追ってきたしのぶまで絡み、ドラマ展開に水を差した。焦点定まらぬ、シリーズ中最低の出来である。

ところで、裂迫の気合いで旋風を起こし、雷光さえ呼ぶ真空斬りの極意はというと赤心斉大先生曰く、「静と動じゃ」——全然わからない。その秘伝書を沼津から江戸に逃げていた父に届けるべく一江に盗まれても「邪《よこしま》な心を持つ者にはクズ紙同然」とのこと。極意とか秘伝なんて、そんなものかもしれない。

妖鬼と魔人と鳥人と

江戸を火の海にして天下を覆そうとする鬼面党の陰謀を砕く五作目『新月塔の妖鬼』(加戸敏)からカラー作品となり、同時に怪奇色が濃厚になってくる。洗足池にある屋敷が巣窟で、天辺に細い新月を象《かたど》っている妖しの塔はいかなる仕掛けか、普段は地下にあり、それがせり上がってくるのである。この操作や絡繰《からくり》が見られなかったのは残念だったが、最後まで飽きさせない効果はある。

寝込みを襲われ、一旦身を隠した周作は白覆面姿となって、ピンチの鈴之助を援護。鬼面党は火薬を大量に強奪して着々と準備を整える。〝妖鬼〟は出てこないが、三作目同様、一味が般若の面を付けているのが効果的。

首領役の杉山昌三九の風貌をすぐ想起する人は何人いるか。当時はこういう大柄で、顔の造作も目立つ個性的な俳優が各社にいた。盲目の用心棒役は伊達三郎。ただでさえ異相なのに深編笠を脱ぐと、左の顳顬《こめかみ》から頬にかけて痣がベッタリあり、こうした顔面の醜悪さも怪奇性に繋がるものである。メイクの工夫一つで、さらに深い印象を残し、知らない人にはあの俳優は誰だという興味も湧く。

昨今のテレビ時代劇がクソ面白くもないのは、脚本や演出以前に悪役向きの風貌を持つ俳優が皆無だからだ。演技もせいぜい、目をむき、怒鳴るくらいでは失笑を買うだけ。こんな無個性な役者たちを使わざるを得ない監督まで哀れになってくる。冒頭書いた落とし穴の笑いを取ったのは物太夫と岳林坊と判明。最後、真空斬りは大旋風となって、新月塔を薙ぎ倒す。

扮装ぶりがユニークだったのが『一本足の魔人』(六作目)。領袖は頭巾と両眼のみを出した仮面をつけ、ドラキュラの如き長大な黒マントをなびかせているうえ(これは配下たちも同じ)、左足が義足で、杖をついている。おまけに、隠れ家らしき廃屋で怪しげな実験をしており、何物をも溶かして消滅させる怪溶液を精製している(冒頭のタイトル文字が溶けていくのがこれでわかった)。

魔人は将軍家上覧の貴重な兜を奪うばかりか、溶解液を仕込んだ水鉄砲みたいな(笑)短筒で大店《おおだな》の物具《ぶつぐ》屋の主人を撃ち、この世から文字通り消してしまう。鈴之助も周作から預かっていた将軍家上覧の名刀を盗まれ、必死の探索を始める――。魔人のキャラクターは特異で、溶解液のアイディアも買える。ただ、面白いのはこの二点だけだったのは残念。

というのも、将軍上覧の重大さがピンとこず、鈴之助の名刀探索も武具骨董商を訪れるくらいでは無策に等しい。潮来から江戸に帰る途中、しのぶが例の悪玉コンビによって拉致される件《くだり》もテーマと噛み合わず、短筒の犠牲者も一人だけ。魔人の秘仏強奪失敗も喜んでいいものかどうか。単純明快な物語なのに長回しが多いのは脚本が薄っぺらで、主人公の苦境を脇役たちが台詞で繰り返しているだけだからだ。一本足の怪人の正体は伏せておくが、この人物、どういうわけか普段は健常者で、普通に歩いたり、座ったりしている。逆の設定なら（健常者が障害者を装う）江戸川乱歩が大人ものの小説のトリックとして度々使っている例もあるけれど、こちらは意図不明。

極め付きは七作目——鶏のような、鷲のような仮面とタイツ様のズボン、マントを翻して忍者もどきに宙を飛び、はたまた透明になって姿を消す怪人が跳梁跋扈、戌年生まれの子供をかどわかして身代金を要求する『三つ目の鳥人』（森一生）だ。三つ目とは、おでこにガラス玉のような球体が光っていることからの謂いである。この造形だけで楽しいのに、その鳥人を操るのが白髪ザンバラ、顔中皺だらけで痣や吹き出物も物凄いご面相の怪老婆。これが呪文を唱えつつ、催眠術や妖術まで駆使する。

隠れ蓑として見世物一座を結成、浅草のお化け屋敷で配下たちが幽霊や妖怪に化けて客たちを怖がらせているのも愉快だ。鳥人と祈祷師に化けた老婆（衣装を代えただけだが）は奉行土井安房守の一人息子、鶴千代（太田博之）を拉致。果たしてその真意は？　そして、鳥人と老婆の思いもかけない正体は？　鈴之助の決死の逆襲が始まり、周作や雷之進も駆けつける——。

大団円に終わるのは恒例としても、スッキリしないのは鈴之助が鳥人と疑われ、役人に追われる身となり、挙句は牢屋に監禁されるからだろう。主人公が自由に行動できない制約は映画をつまらなくするだけでしかない。

背景に三組もの親子の絆と情愛が執拗なまでに描かれているのも疑問だ。一つは濡れ衣を着せられた鈴之助を思う母の悲嘆、一つは息子を人質に取られた奉行の懊悩、一つは（ネタばらしになるので詳述は控えるが）怪老婆と鳥人の正体を知った女の苦悩。シリーズ初監督の森一生、七作目ともなれば新味を出そうと思っても不思議ないが、その丁寧な演出が物語の展開を鈍くしたのは皮肉なことだ。

娯楽映画に親子や男女の悲哀を盛り込むのはドラマツルギーの一つにしても、やはり程度問題だろう。まして、少年向けの娯楽映画ではないか。三つ目の鳥人という荒唐無稽のキャラクターを漫画から得た以上、映画はそれ以上に荒唐無稽に徹すべきところ、妙に人情味を滲ませたのが惜しまれる。梅若正二主演の〝正調赤胴鈴之助〟はここまで。

各作品の殺陣シーンによっては鈴之助や雷之進が峰打ちで敵を倒しているのは子供観客への配慮だろうか。コメディ・リリーフの役を果たした物太夫＆岳林坊コンビの功績は大きい。二人の俳優たちの演技が達者なことはＤＶＤで確認した。悪玉の首領にペコペコ取り入って子分になり、あわよくば鈴之助を倒そうとするもののドジの連続で、ことごとく失敗するサマは満員の客席の笑いを取っていた。満員と書いたのはその場にいたガキの一人だから嘘ではない。梅若正二は凛々しく、エロキューションも立ち回りも悪くなかった。年齢とキャリアを重ねて行けば、そこそこの時代劇スターになっていたのではないか。退社理由はあまねく流布している通りらしい。

（２）

入江たか子の怪猫映画

時代劇において怪奇性が発揮されるのは何といっても怪談である。時代怪談は戦前から存在し、遠く無声映画期には『牡丹灯篭』（明治四十三年）『四谷怪談』（同四十四年）『鍋島の猫』（同四十五年）などが記録されている。いずれも江戸時代の歌舞伎の演目や落語の怪談噺を範としたもので、これはトーキー以後も連綿として作られ、一ジャンルを形成した歴史がある。

戦後には早くも一九四九（昭和二十四）年に『四谷怪談・前編』『同・後篇』（松竹・木下恵介）と『鍋島怪猫伝』（新東宝・渡辺邦男）が作られている。特に一九五六年以降からしばらくは日活を除いた五社が夏ともなると怪談ものを競い合っていた。通常は一般映画との併映だったが、新東宝は一九五七年から四年連続で堂々（？）二本立てで、コヤによっては旧作を添えた三本立てを組んだ。〝新東宝恒例お化け大会〟というやつである。今は昔、映画館は怖いもの見たさと納涼のための家族連れで客を集めていたのだ。

大映は怪談映画に功あった会社だ。入江たか子主演『怪談佐賀屋敷』（53）がバカ当たりしたのを皮切りに、各社が徐々に手を引き始めていく中、ただ一社、『怪談鬼火の沼』（63）までほぼ毎年製作を続けたのである。とりわけ、入江が主演した四本の時代怪談――俗に謂う〝怪猫映画〟は人気を集めた。

『怪談佐賀屋敷』（荒井良平）は佐賀藩の殿様、鍋島丹後守（沢村国太郎）が世継ぎに恵まれないのを幸い、家老の磯早豊前《いさはやぶぜん》（杉山昌三九）が実権を握らんと妹のお豊（入江）を側室として献上。この企みを忠臣の小森半左衛門（坂東好太郎）が阻止、併せてお豊に取り憑いた化け猫を退治するまで。殿様が竜造寺家（元を質せば鍋島家の主人筋）の娘、お冬にゾッコンなのを知った悪家老は、殿様の囲碁相手をしていた彼女の兄、検校の又一郎（南條新太郎）を殺し、遺骸を井戸に放り込む。現れた又一郎の亡霊からその死を知った母は自害、呪詛と怨みのこもった血を舐めた愛猫コマは化け猫となり、以下、怪異現象の連続となる。

家老宅では取り憑かれた母（浪花千栄子）が行燈の油を舐め、妻（大美輝子）が化け猫の両の腕の動き通りに仰臥、俯伏せ、反転、宙返りするサマがよい。三味線と鼓の囃子に合わせての乱舞である（この乱舞と、その前の「見たな〜」という台詞は怪猫映画の恒例となる）。城中では丹後守が夜毎うなされ、検校の亡霊や碁盤の幻覚に錯乱、腰元や家来に斬りつける。化け猫の化身となったお豊は、さてこそと半左衛門が用意した池の鯉にむしゃぶりつき、兄の眼前で正体を現す。もはや重病の身となっていた殿様に迫ったところで、魔除けの経帷子を着込んだ半左衛門が立ち塞がって――。

荒井良平の演出は丁寧で、登場人物たちの会話や行動を忽《ゆるが》せにせず、飽きさせない。そぼ降る陰気な雨の情景もよく、丹後守の誕生祝いに湧く城下や、お豊懐妊を祝う庭園での宴会場面はエキストラ大動員。出かける又一郎の裾を咥えて離さないコマの描写、又一郎の幽霊が、殺される因となった碁の勝負手を繰り返す趣向もいい。ただ、悪家老が「検校は一人で歩いて帰った」と瞞着説を唱えるのはおかしいし、それを疑問に思わない半左衛門の反応も不自然だ。いうまでもないが、検校は盲目なのである。お豊は怨霊に取り憑かれただけで、彼女自身に罪はまったくない。丹後守を色香で悩殺する場面もあるが、兄の魂胆に加担している気配はない。それが悪女の如き扱いで、半左衛門の刃に倒れるのには同情したくなる。

『日本映画俳優全集・女優編』(キネマ旬報、一九八〇年)は入江に六ページを超すスペースを割いている。これほどの女優が醜悪顔の化け猫役を引き受けたのは、当時はもっぱら脇役に甘んじ、出演作自体も激減し、生活が苦しかった時期だからという(執筆・清水晶)。一九五一年はわずか四本、一九五二年は零本だった。戦前の若い頃を知っている観客の反応は知らず、世代感覚からいえば、仕事が減った山本富士子が物凄いメイクで髪振り乱して熱演(?)したと想像するしかないが、音楽やメイクの効果もあろうけれど、喉笛に噛みつくショットなど鬼気迫るものがあった。以後の諸作から彼女は〝化け猫女優〟などと呼ばれるようになる。

怨念の怪猫乱舞

怨念を晴らそうとするヒロイン(?)を忠臣が遠慮なく退治するのは二作目『怪猫有馬御殿』(53)も同じ。八百屋の娘から久留米藩の藩主、有馬頼貴(杉山)の江戸屋敷の奥勤めとなったおたき(入江)が、正室(正夫人)一派の侮辱と迫害にあい、遂には刺殺される。そこへ、彼女が実家から連れてきたものの、捨てられた愛猫タマが現れ、その血を舐める。果然、屋敷におたきの幽霊が出没し、女たちに自分がいじめられたのと同じ方法で復讐を遂げていく。快である。

かねてから、彼女に同情していた有馬大學(頼貴の弟=坂東)も怪猫——姿はおたきの跳梁にやむなく、「おのれ、妖怪！」と、その首を叩っ斬るのだ。しかし、最後の執念、首は黒髪をなびかせつつ宙を飛び、一人逃れていた正夫人の喉にガブリと噛みついて……。

監督は同じ荒井良平だが、打って変わって雑な仕上がり。冒頭の火の見櫓の天辺にぶら下がる女の死体、執拗な女たちのいびり、藁人形に釘を打つ丑の刻参り、宙に浮かぶ二つの女の生首など、処々に見せ場はあるが、おたきの死は短絡に過ぎ、何かと彼女を庇っていた藩主も途中から消えてしまう。女の一人が指を噛み切られたという場面、おたきの筆跡を真似る場面も要領がよくない。

これは若尾文子の主演でヒットしていた「十代の性典」シリーズ四作目『十代の誘惑』(八七分)の添え物として扱われ、中編仕様になったためだろう(四九分)。当時はまだ一本立てが主流で、正月興行などに限られていた二本立ての一本は中編が普通だった(*)。前作で惹かれた大美輝子はおたきをいじめる一人、呉竹役(一九五九年から近江輝子と改名)。余談になるが、年末の競馬の大一番「有馬記念」は有馬家十五代目当主にあたる有馬頼寧《よりやす》伯爵にちなむ。

『怪猫岡崎騒動』(54・加戸敏)では入江はまたも悲惨な死を遂げ、恒例のメイクで登場するが、猫はあまり関係なく、女幽霊として出没する。夫を殺され、我が子までも奪われた妻として母親として——いわば女の執年で復讐を果たすのだが、これは逆にいささか長過ぎた。

——岡崎藩五万石の当主、水野伊勢守(沢村)の弟である刑部(杉山)は妾腹の子とて性陰険。側室の八重(霧立のぼる)を使い、一服盛って兄を毒殺、代々伝わる家宝の観音像を着服する。さらに、正室の萩の方(入江)が出産した嫡子、雪太郎を亡きものにせんとするところを救うのが城代家老の縫殿之助(発声は「ぬいのすけ」＝坂東)。しかし、いきなり、縫殿之助が雪太郎を養子とした五年後になる構成はいささか乱暴で、戸惑った。

萩は天守閣に幽閉され、これを咎めた縫殿之助は閉門謹慎の身に。かねてから彼女に邪恋を抱いていた刑部、情欲に燃えて(五年もガマンしていたか！)、「そなたのためなら人倫の道を踏み外し、焦熱地獄に落ちても悔いはない。もはやここまできては鬼畜となってもこの想い遂げずにおくものか」と、懸命にかき口説くサマがいい。これを見て嫉妬に狂った八重は萩を刺殺。遺骸を隠した祠は壁で塗り込められてしまう。あとは壁を突き破って現れるメイクも凄い萩の跳梁跋扈(冒頭に最初の出現がある倒叙法)。

錯乱した刑部は八重を誤殺。畳返しでは畳の表と裏に伊勢守と萩の無残な姿が！——巻中やラストの剣戟シーンも豊富で、お化けとチャンバラの二大サービスは、しかし、結果として冗長な仕上がりになった。萩の受難と縫殿之助の逆襲の二兎を追ったのである。萩の父親が魔除けとして壁に観音像を取り付け、一時的ながら彼女の霊力が封じ込められるのも逆効果。これと鍋島家、有馬家にまつわる伝承を基にした映画は各社で作られ、三大怪猫映画と呼ばれる。以下、監督は特記外すべて加戸敏。

(＊) 短編三二分以下、中編三三〜五四分、長編五五分以上(映倫管理委員会)。

怪談映画の愉しみ

入江の起用はなお続く。四作目『怪猫逢魔が辻』(54)は坂東好太郎が悪玉に回った。女歌舞伎の市川仙女(入江)は中村座の人気役役者。それを妬み、妹の染若(霧立)を主役にしようと料亭の女将お条(村田知栄子)が裏方(尾上栄五郎)を使って花道に落とし穴を仕掛けたり、難癖をつけて盃で顔に傷を負わせたり。さらには仙女といい仲の貧乏御家人の源次郎(坂東)を抱き込み、傷薬と称して毒軟膏を用意。これが恐るべきもので、右顳顬《こめかみ》から頬にかけて腫れあがり、腐乱状態まで呈する始末。ここらは『四谷怪談』からかっぱらったか。

源次郎は悪計を知った一座の女役者を斬殺、すでにお条に乗り換えていたこともあり、邪魔になった仙女も舟上でバッサリ斬り捨てる。川の中に落ちた彼女はアッという間に幽霊と化し(は、速い!)、あとは恒例の復讐劇。稽古の舞台は怪事変事の連続となり、中村座は恐怖の幽霊座と化す。「怨み晴らさでおくべきか〜」——仙女は染若とお条を倒し、源次郎は捕り方に包囲される。

お条たちの嫌がらせにまったく無策の反面、源次郎にベッタリといった仙女の振る舞いはキャラクター性に一本筋が通っていない。ヒロインを逆境の末に死なせて、あとはヒュ〜ドロドロの世界に持っていくプロセスもいささか強引だ。三作目から猫の役割は重要でなくなり、本作などはタイトルに冠されただけと形容していい。封切りは十二月二十九日。京マチ子、山本富士子共演の『春の渦巻』の添え物で、暮れから正月にかけて怪談映画とは恐れ入るが(一月三日から写真替わり)、これはそれだけ入江の映画に集客力があったからだろう。彼女の主演作はここまで。

ヒロインが徹底的にいじめられ、挙句に殺され、その怨念を晴らすという、ここまでのパターンは裏を返せば、悪役たちのやりたい放題も見ものということになる。特に、女たちのネチネチとした陰険ないじめ、蔑み、嫌がらせ、非難中傷は尋常でなかった。『有馬御殿』における嫌味と意地悪(入江が裸にされようとして背後からの撮影だが肩脱ぎになる)、『岡崎騒動』における蔑視とイチャモン、『逢魔が辻』における言いがかりと無理難題は見ていて不愉快になるほどで、こうなると、杉山が演じた豊前や刑部など可愛いものだ。

入江扮するヒロインは、ひょっとしたらマゾではないかと疑いたくなるほど隠忍自重。しかし、いずれこいつらは因果応報、恐怖に慄き、逃げまどい、後悔懊悩するとわかっているので、そこらを十分考慮に入れての脚本と演出だったか。果然、観客は悪の悲鳴と断末魔に溜飲を下げることになる。こうした作劇法は我慢に我慢を重ねた末に主人公が決然として殴り込みにいく後年のやくざ映画に一脈通じるものがある。報復の快楽である。

怪談映画の終焉

入江は『怪猫五十三次』(56)と『怪猫夜泣き沼』(57・田坂勝彦)からは脇に回った。いずれも『逢魔が辻』で全然役に立たなかった(?)勝新太郎主演である。

前者は岡崎藩が将軍に献上する家宝の墨染め茶碗を藩士の三次郎(勝)と婚約者の浪路(三田登喜子)が江戸まで運ぶ道中もの。これを金銀着服が露見し、謹慎を命じられた留守居役の大高伝蔵(市川小太夫）一派が狙う。同道していたお局《つぼね》（伝蔵のかつての愛人＝入江）は浪路を舟上で刺殺、三次郎は用心棒（千葉登四男＝以後一九六〇年改名の「敏郎」で通す）のため深手を負う。

それからは棺桶の中から浪路の幽霊が現れ、一味を脅かす。お局は水車小屋で無残な死を遂げ、死体は空になった浪路の棺桶に入れられ、さては化けて出るかと期待させたが、これは裏切られる。冒頭からちょくちょく出ていた浪路の飼い猫は途中で殺され、油舐めも乱舞もなし。ラストは勝新の大立ち回り。浪路の妹（双子だったとは！）と弟の参戦は、新東宝『東海道四谷怪談』（59・中川信夫）を彷彿させる仇討ちものムードで、化け猫映画の色合いは薄れている。

後者は『怪談佐賀屋敷』の焼直し。丹後守と豊前はそのままに、検校は鼓の名人である盲目の閑斉（荒木忍）に、囲碁勝負は鼓比べに、井戸は沼に置き換えられ、半左衛門役は勝扮する一馬になっているが、大筋は変わらない。入江が豊前の妹の浪路役なのも同じだが、家来の孫兵エ（千葉）と懇ろの間柄になっている設定だ。殿の怒りを買って斬られ、豊前に止めを刺された閑斉は無念の形相物凄く絶命。以来、夜な夜な城中に鼓の音が鳴り、腰元たちは恐れ慄き、殿様は閑斉の亡霊に悩まされ、その怨霊が憑いた猫（これもコマ）が豊前の老母や浪路も襲うのは型通り。

この間、豊前一味を向こうに回しての勝の奮戦が三度もあるのは、やはり、幽霊や化け猫の跳梁だけでは保《も》たなくなってきたからだろう。もっとも、この立ち回りで物語が新たに進展するわけではない。改心した丹後守が閑斎追善のために催す能の舞台が最後のチャンチャンバラバラ。この乱戦で入江が久々に（？）化け猫メイクで登場。これで彼女の役割は終わった。四十六歳になっていた。

一九五八年に事実上、映画界と訣別し、銀座のバーの経営者に転じた由。

猫は魔性のものという。それに相当するか疑問だが、卑近な例を示せば、拙宅に十八年いた飼い猫が身罷った翌日、然るべき供養を終えたあと、それまでエサほしさと塒《ねぐら》のため玄関脇の小屋にちょくちょく出入りしていたものの、半年ほど行方不明になっていたノラ猫がヒョイと顔を出したのには驚いた。まさか「これからは私を可愛いがってネ」なんて気ではあるまいが（牝である）、状況が状況だっただけに偶然とは思えない。一瞬、立ちすくんだほどである。

猫好きの知人によれば、あちこちに寄宿（？）している〝まわり猫〟の由だが、以来、元の小屋を定宿としていた。それが二年ほどして、また姿を見せなくなった。『まあだだよ』の百閒先生ほど気を揉んでいたわけではないが、やがて隣家の家で大切に飼われていたことがわかった。聞けば、元々そのお宅の庭先で産まれたとのこと。里帰りか。

入江たか子には他の映画のスチルを見ても、昔はこういうタイプが美人と称せられたのかと思うだけだ。女優の顔も時代のものらしい。化け猫女優などというレッテルは不快だったろうが、それなりに稼いだ筈だし、落ち目のまま消えてしまうよりはましではなかったか。『椿三十郎』には監督に請われて特に出演。怒鳴る三船敏郎といきり立つ若侍たちを、さりげなくヤンワリ諌めるユーモア十分の台詞回しと演技は貫禄というやつである。娘の入江若葉は中村錦之助の「宮本武蔵」シリーズ（60〜65・東映＝五部作）で、お通を演じた。

戦前には鈴木澄子という女優が『佐賀怪猫伝』（37）で大当たりをとったという。それっとばかり、彼女主演で『有馬猫』（同）『怪猫五十三次』『怪猫赤壁大明神』（共に38）などが続々作られた。歴史は繰り返されるのだ。尾上栄五郎は『怪談津の国屋』（35）『三十三間堂由来・お柳怨霊』（39）で彼女と共演しているから古い俳優だ。もっとも、これらは怪猫ものではない。千葉敏郎はマスクよく、大映時代劇の脇役として印象深かった。いつの間にか消えたと思っていたら、六〇年代後半から東映映画で何度か見た。

怪猫ものは一九六四年以降しばらく途絶えた。かろうじて『怪猫呪いの沼』（68・東映＝石川義寛）と『秘録怪猫伝』（69・大映＝森一生）があるくらいだ。どちらも鍋島ものだった。この間あった現代怪談にも触れておく。

病院とオフィスの女幽霊

現代怪談といっても高度成長真っ盛り、一億総中流時代を迎えた六〇年代の大都会の東京にお化けが出る道理もないが、嘘は承知で怖いもの見たさに駆られる人間心理は変わらない。また、こういう好奇心がなくなったら、人間おしまいである。

『囁く死美人』（63・村山三男）――河田病院に勤める外科医、菅（川崎敬三）は、院長から娘の令子（浜田ゆう子）との結婚を持ちだされ、ゆくゆくは病院経営も任せるとの話に、かねてから結婚を執拗に迫っている看護婦の不二子（万里昌代）が邪魔になる。菅は彼女の妊娠を知り、関係を院長に話すと脅され、これを殺害。死体を古い用水プールに放り込む。しかし、楽しいハネムーンのあと、夜な夜な、不二子の亡霊や怨みの声に戦慄し、やがて死の報いを受ける。

『怪談おとし穴』（69・島耕二）——商社に勤める社長秘書の倉本（成田三樹夫）は、社長から娘のみどり（三条魔子）との結婚を持ちだされ、ゆくゆくは会社経営も任せるとの話に、かねてから結婚を執拗に迫っているOLの悦子（渚まゆみ）が邪魔になる。倉本は彼女の妊娠を知り、関係を社長に話すと脅され、これを殺害。死体をビルのパイプシャフトに放り込む。しかし、楽しいハネムーンのあと、夜な夜な、悦子の亡霊や怨みの声に戦慄し、やがて死の報いを受ける。

梗概がソックリなのは当たり前。前者の脚本、目白一夫と後者の舟橋和郎《かずお》は同一人物だからだ。つまり、「おとし穴」は焼き直し。ここだけ捉えれば、失礼ながら脚本家なんて楽な商売だなあと、つい思ってしまった。細部は無論変えてあるが大筋と因果応報のラストは変わらない。出来は当然ながら前者のほうがいい。完全犯罪のつもりが、偶然や些細なことに疑心暗鬼となり、錯乱していく外科医を川崎がうまく演じている。汚水が澱んでいるプールの描写、警察の捜査、手術シーンも緊迫感を持たせた。婦長の油断ならない視線も怖い。最後に生身の不二子が現れるのには当然裏がある。

後者は成田三樹夫がハマリ役だったが、途中から出てくる船越英二の扱いはぞんざいな気がした。もっとも、このキャラクターをあまり丁寧に描くと、物語の底が割れたかもしれない。脚本家は作家・舟橋聖一の実弟。

二本とも幽霊の出現と怨念の声が主人公の幻覚と幻聴で処理されているのは時代が時代だから仕

方がない。「夏は怪談！」が信条だった大蔵貢製作の新東宝『海女の化物屋敷』(59)や、『怪談海女幽霊』(60)における幽霊は人間の扮装という種明かしがあったが(笑)、同社を追われて立ち上げた大蔵映画では『怪談異人幽霊』[*](63)や、『怪談残酷幽霊』(64)などで本物の(?)幽霊を登場させた。後年のピンク映画『生首情痴事件』(67)や『怪談バラバラ幽霊』(68)も同じである。トリックなし。どうせやるなら、これくらい徹底したほうがいい。

もう一本、冬休みの子供向け番組『妖怪大戦争』との併映だった楳津かずおの少女漫画が原作の『蛇娘と白髪魔』(68・湯浅憲明)は面白かった。実の両親が判明して孤児院から大邸宅に引き取られた小百合が体験する不気味な出来事と怪奇現象の数々。

――動物の毒の研究をしている父(北原義郎)はアフリカへ旅立ってしまい、家には記憶を半ば喪失している母(浜田ゆう子)と、陰険そうな家政婦(目黒幸子)のみ。研究室には蛇が飼われており、母は夜な夜な誰かに残り物の食事を運んでいる。やがて、なぜか屋根裏部屋に隔離されていた少女が姉だと紹介され――あとは天井から蛇が落ちてきたり、ベッドや床に蜘蛛が這い回っていたり、ふと垣間見た姉の背中に蛇のような鱗があったり、遂には天窓から白髪を振り乱し、奇怪な仮面を付けた怪老婆が出現する。

このように次から次への怪事はいつ果てるとも知れないくらいで(笑)、夢の中の蛇の乱舞の特撮もお粗末だが、ヒロインを徹底的に怖がらせる手法は悪くない。どうして？　ひょっとしたら――という彼女の疑問と推測の頻繁な独白挿入は、脚本(長谷川公之)が想定した子供観客に配慮したからだろう。

白髪魔がヒロインをビルの工事現場に追い詰めて殺そうとするクライマックスは執拗にしてスリリングであり、年少者には刺激的過ぎると思ったほどの迫真さ。白髪魔の目的は、はたまたその正体は⁉――邸宅から孤児院へ逃げる小百合を乗せるタクシー運転手が原作者の先生だ。

本書は劇場映画を旨とするが、大映テレビ室制作の『(東京警備指令)ザ・ガードマン』(65～71＝TBS)における「怪談シリーズ」は評価したい。35ミリのキャリアがあるスタッフの功績であろうか。

同社の現代劇における怪奇趣向は一九四九年から発揮されていた。SF要素も採り入れた怪奇スリラーと呼ぶのがふさわしい諸作で、中には〝エイリアン〟と地球滅亡の危機を描いた一編もある。ここで再度時代を遡る。

(＊) 梅若正二が丸々と太った弁護士役で出た。大蔵映画では『海女の怪真珠』(63)もあった。

(3)

謎と戦慄の怪奇スリラー

タイトルの字面だけで、まあこんな映画だろうと想像していると、とんでもない違いに驚くことがある。例えば、『かくて神風は吹く』(44・大映)は太平洋戦争下におけるカミカゼ特攻隊を描いた戦意高揚の記録映画だろうと思っていたら、中身は大違いだったし、黒澤明の『静かなる決闘』（49・同）は暗黒街の活劇もの、『虎の尾を踏む男達』は現代コメディぐらいにしか考えてしかいなかった。まったく見当もつかなかった『ブルーバ』（55・同）は見てビックリ、和製ターザン映画だった（！）。タイトルは元祖の叫び声「アアア〜」の代わりである。

外国映画では『地上より永遠に』（53・米）をアメリカ南部の農民の苦難と希望を描いた感動の名作と踏んでいたら、これまた大外れ。そもそも、「地上」を「ちじょう」と読んでいたことからしてバカである。『博士の異常な愛情』（63・同）などはＡＩＰのマッド・サイエンティストものと信じていたのだから世話はない。今ではパソコンで大概のことはわかるからこんなことはないけれど、では、『虹男』（49・牛原虚彦・村山三男）とは——。

雨上がりの空に輝く七色の虹には誰もが明るく美しいイメージを抱くだろう。そこから、倒産寸前で嘆く社長や社員の前に突如、元気で陽気な青年が現れ、みんなを励まし、仕事もバリバリこなして、見事会社を立て直し、一部上場の優良企業にまで成長させ、社長の娘とも相思相愛の仲となって結ばれる——などという物語を連想していたのだが、豈図らんや、これが謎と怪奇のスリラー映画だったとは（！）。以下、東宝の変身ものとは一味違う大映の恐怖と戦慄の世界。

——蓼科にある摩耶博士の別荘で火災が起こり、現場から黒焦げの死体が発見される。遺品からホトケは博士の助手と推定されたが、頭部に傷があったことから殺人事件と判明。舞台は博士の大邸宅に移り、警部（大日向伝）や新聞記者ら（一人は小林桂樹）が博士と後妻と彼女の姪、長男の画家

（植村謙二郎）、五年前に家出しながら最近帰ってきた次男から事情を聴く。その間、何か秘密を知っていると見える婆やと後妻が何者かに殺される。博士は虹の研究をしており、凶行の際に犠牲者たちが虹の幻覚を見るのだが（ここのみパートカラー）その理由が判然とせず、そもそも肝心のこの研究がどんなものか具体的にわからないのが難。

容疑者として最初から疑われている姪が真相を知っているらしいが、それをすぐ話しては短編映画になってしまうから、何度もはぐらかされるのは仕方がないとしても、単に物語を引き伸ばしているとしか映じない。時折、顔を見せる女中も意味ありげで、犯人は誰かというミステリ味は十分も、ホンのちょっとした台詞で犯人が割れる脚本はいただけない。博士の実験と幻覚剤の関係も要領を得ず、妊娠ネタも最後は暗澹たる気持ちになるだけだ。原作は『風雲将棋谷』など、時代もので知られた角田喜久雄の珍しい現代ミステリ。村山三男の名は牛原より一段小さくクレジットされていた。

透明人間と獣化モンスター

同年のもう一本は透明人間もの——『透明人間現わる』（49・安達伸生＝一部資料にあるタイトル表記「現る」は誤記）。中里博士（月形龍之介）は体が透明になる薬の開発に成功する。動物実験は済ませたが、元に戻す還元薬は未開発だ。これを知った実業家の河辺は博士を誘拐、甘言を弄して助手の黒川（小柴幹治）（*1）に透明薬を飲ませ、姿なき人間にしてしまう。高価な宝石「アムールの涙」

を奪わせようという腹なのだ。

ソフト帽や上着にズボンといったスタイルはともかく、顔は包帯にサングラスという、誰が見たって異様で不気味な黒川が宝石店を襲うのが事件の発端。「怪奇透明人間現わる‼」「神出鬼没神戸市街を横行」といった新聞の見出しが楽しい。透明人間は博士と報道された黒川は思い余って、同僚の瀬木(夏川大二郎)に還元薬欲しさに河辺の命ずるまま行動していたと告白。しかし、かねてから好きだった博士の娘、真知子(喜多川千鶴)の心が瀬木に傾いていたと知るや逆上、河辺の別荘に向かい、そこへ警官隊も駆け付ける。

特撮は円谷英二。黒川が包帯を解いたり、服を脱いだりしていく場面、酔っ払いが服を脱がされていく場面は遜色なかった。首なし男に警官が「ワアッ!」と驚愕するサマも面白い。襲われた人間がバタバタもがいて〝一人芝居〟をするのはいかにもだが、これはやむを得ない。

脚本には難があって、還元薬が完成したと信じ切って黒川が行動するのは強引過ぎた。レビュー団の花形の龍子(水の江滝子)が彼の妹というキャラ設定もおざなりで、兄妹の絆などラスト寸前まで関係ないような展開を見せる。原案を推理作家の高木彬光が提供。

間違っていたらごめんなさいだが、これは日本初の透明人間ものではあるまいか。H・G・ウェルズの「透明人間」(一八九七年)を映画化したアメリカの『透明人間』(33)は昭和九年に公開されている。雪降りしきる田舎宿に、帽子を目深にかぶり、顔に繃帯とサングラス(原作は青い色眼鏡)、襟巻に外套姿の男がやってくる冒頭から不気味で興味をそそる。透明にはなったものの(その理論や実験は不詳だが)、還元薬が未完成で自暴自棄になったその男は警官を殺したことから追われる身となり、騒ぎが大きくなり——というもので、透明薬が精神に悪影響を及ぼし(銀行を襲い、列車を転覆させる)、最後は悲劇が待つ。人間たちが一人芝居をする趣向(?・)はここから始まったようである。

——と、ここで東宝の『透明人間』(55)に触れておく。戦争中に軍部が創設した〝透明部隊〟の生き残りが我が身の不幸を嘆いて自殺。その遺書から、もう一人別の透明人間がいると判明し、世上騒然となる。その男、南条(河津清三郎)が正体を隠すため白粉《おしろい》や紅を顔中に塗りたくってピエロの扮装をしているのは面白いが、新聞記者(土屋嘉男)の協力で、透明人間を騙って強盗を働き始める一味に挑戦する物語だったのには唖然とした。

しかも、その動機が悪事の片棒を担がんとしているクラブの歌手や、貧困の盲目の少女を救うためとはさすがは東宝映画というべきだろうが、そのためドラマが妙に湿っぽくなってしまった。オルゴールの贈り物のエピソードは、結局お涙頂戴の小道具になるだけだ。

透明になる理論も台詞だけの処理だし(全然わからない)、円谷英二の特撮もさしたることなく、ここでも頻出する俳優たちの一人芝居は失笑もの。本項で扱ったのは同じテーマでまとめたかったためと、『美女と液体人間』以降のセールス・ポイントだった怪奇性や恐怖味に乏しく、全体の作風から空想特撮科学映画の範疇に入れるには抵抗があったからである。先に下心などと書いたが、これが本音。

安達伸生には冒頭の字幕を要約すれば、「獣化妄想――狐憑き、犬憑きのような昔からある精神病の一種」に罹《かか》った男の悲劇を描くSFがかった怪奇もの『鉄の爪』(51)も記録されている。
――踊り子の雪江のパトロンが惨殺される。犯行は人間の仕業と思われない力によるものらしい。これは新聞の見出しの要約で、画面では家具・器物破損しかわからない。容疑者として戦死したと思われていたものの実は生きていて、今は教会の世話になっている田代(雪江の元・夫＝岡譲二[*2])が浮かび上がる。彼にはシスターの正代(関千恵子)が想いを寄せている。

やがて、田代は騒音を聴くと体調を崩すこと、南方の密林でゴリラに襲われたこと、東京の病院では時々発作を起こし、逃走していたことがわかる。その内、第二のパトロン(近衛敏明)も殺され、田代は雪江の幸せを願いながらも、彼女に近づく男たちに嫉妬していることもわかってくる。

キャバレーでの煽情的な踊りが頻繁にあり、濃厚な接吻場面や寝室の絡みもあるのは大人向けに作られたものか。灰田天心(斉藤達雄)なる怪しげな心霊学のドクターが登場、劇場でいかがわしい「透明美女」なる演し物をやっているのも面白い。こいつが田代を担ぎ出しての〝科学を超越した世紀の奇蹟！　日本ジキル博士とハイド実現！　霊魂か？　肉体化か？　人間分離の大実験！〟と銘打たれた大興行がクライマックスで、突如舞台に出現した〝獣人ゴリラ男〟に満員の場内は阿鼻叫喚の騒ぎとなる。獣人はキングコングさながら、雪江をかっさらって劇場のバルコニーへと逃走するのだが、その時、正代の打ち鳴らす教会の澄んだ鐘の音が夜空に響き渡り……。

獣化の決定的な要因が判然とせず、ゴリラ男を怖がる人間と逆に猛然と突っかかっていく人間が混在し、恐怖の対象と完全に成り得ていない演出が頼りなく、我ながら悪趣味ながら被害者が少ないのも物足りないけれど、製作年度を考えたら些細なことに過ぎまい。最後まで興味を持てた佳篇としておく。事件を担当する井上（小柴幹治）と、警察医（かつて田代を治療していた元軍医＝二本柳寛）がいい味を出していた。

（＊1＆2）　小柴は東映に移籍して三条雅也と、岡は新東宝に移籍して岡譲司と改名（共に一九五四年）。以後二人ともこちらで表記。

透明人間再び

さて、再び透明人間だ。『透明人間と蠅男』（57・村山三男）は正しくは〝透明人間VS蠅男〟である。

――都内に殺人事件が頻発する（三件は台詞だけ）。警察は若林（北原義郎）をリーダーに捜査に当たるが、犯人の見当は皆目つかないまま、宇宙線の研究をしている最中に透明光線を偶然発見した早川博士と娘の章子（叶順子）、研究員の月岡（品川隆二）が紹介される。やがて、キャバレーを経営している楠木（伊沢一郎）が戦争中に南方で軍部が製造した人間を縮小させる薬を秘かに持ち帰り、部下だった山田（中条静夫）に与え、自分を戦犯に仕立て上げた男たちに復讐をしていたと判明する。

『鉄の爪』や東宝の『透明人間』『電送人間』もそうだったが、この頃はまだ虚実取り混ぜた戦時中のネタが通用していたらしい。山田は縮みゆく人間となり、あたかも蠅のように空中を自在に飛び回り（羽根はない）、密室殺人や通り魔の犯行を繰り返していた――と、ここまでは面白く、ブーンブーンという蝿の飛ぶ効果音も不気味だった。

「赤胴鈴之助」の項で遠い記憶の断片のいくつかを記したが、本作にも長い間、その残像があった。機内サービスをしていたスチュワーデスが悲鳴をあげる冒頭、蝿男が何やら液体が入っているシャーレに落ちるショット、密室殺人の謎に通風孔を見上げて「蝿ならね」とつぶやく若林のアップなど。肝心なところ——例えば、透明化、縮小化の特撮場面や、乳房がこぼれそうなキャバレーの踊り子(毛利郁子)の肉体(ここだって肝心なところだ?)——より、そんな場面ばかり覚えているのは子供心によほど怖かったからだろう。

しかし、再見すると、理解に苦しむところが多過ぎる。山田の肉体の縮小と復元はともかく、衣服や靴まで一緒なのはどうにも解せない。あんな小さな体でどうやって踊り子を殺害できたのか。冒頭からの連続殺人の凶器についても一切触れられていない脚本は杜撰の一語に尽きる。そもそも、若林が透明光線の実用化及び還元装置完成を急がせ、透明人間をして蝿男に対抗するという考えに説得力などどない。

楠木が自ら蝿男になり、都合三人も透明人間になる(一人は半透明だが)後半からは、それまで新聞が「殺人鬼蝿男、都内に潜入か?」「あなたは狙われている!」と、煽っていた蝿男の恐怖が薄れていき、物語の焦点がずれてしまった。楠木がヘリコプターで逃走を図るラストの屋上シーンは締りのないダラダラ劇に堕している。監督は警官隊が待機している設定を忘れちゃったらしい。

事件解決に月岡と章子は博士が殺されたことなどなかったようなはしゃぎぶり。見終わってモヤモヤが残る怪奇SFだった。のちに時代劇の数々で蛇と絡むことから〝蛇女優〟と呼ばれた毛利郁子のデビュー作。私生活で服役した過去についてはもはや触れまい。

蠅男といえば、科学の要素を取り入れて日本の初期SF小説を開拓したといわれる海野十三の戦前（一九三七年）の作品『蠅男』を想起する。天才ドクターの奇想天外な手術によって造られた〝蠅男〟の謎にシャーロック・ホームズをもじった青年探偵、帆村壮六が挑むもので、お読みになった方はご存知と思うが、タイトルは形状の表現ではない。映画との共通点を強いてあげれば、人間の縮小化だろうが、その〝方法〟は詳述を控える。

アメリカ映画には『蠅男の恐怖』（58）があった。秘密裏に瞬間移動《テレポーテイション》を研究していた科学者が自ら実験台となる。『電送人間』における中丸忠雄は易々と移動して目的を遂げたが、ここでは実験装置の中に一匹の蠅が紛れ込み、頭と左手が蠅という怪人間が誕生する。続編『蠅男の逆襲』（59）では、頭がさらに巨大でグロテスクになっている（二本とも劇場未公開）。

東宝の空想特撮科学シリーズは今も名を残しているが、どちらかというと地味目な映画会社だった大映に、これだけの作品が存在したことは、記憶に留めるべきであろう。脇役では杉田康（『透明人間と蠅男』のバーテンダー＝一九六七年退社）が印象に残る。日活アクション向きのマスクだとずっと思っていた。後年、華道の師匠になったという。

エイリアン襲来と台風水難

『宇宙人東京に現わる』(56・島耕二)はタイトルから東宝の『地球防衛軍』(57)同様、SFでいう侵略ものと思い込んでいた。ここに出てくるパイラ星人は真ん中に巨大な目ン玉があるヒトデのようなスタイルで、今なら明らかに両腕を広げた人間が入っているとわかる失笑ものの造形だが、当時は何とも不気味な怪物に映じ、時の経過により物語は忘れても、その異形のみは長く記憶されていた。

東京上空に空飛ぶ円盤が頻繁に現れる事態に緊張する天文学者(見明凡太郎、川崎敬三ら)や物理学者松田(山形勲)たち。そのうち、電波が乱れ、民家や港や料亭の池などに一つ目怪人が出没するようになる。パイラ星人がやってきたのは侵略どころか、原水爆実験を繰り返す国々に警告を発し、天体R星が衝突する危機を伝えるためだった。彼らは地球人の味方だったのである(!)。学者たちの発表に、町のあちこちやビルの屋上から不安そうに空を見上げる人々の姿が嵐の前の静けさをよく表わしている。ラジオの臨時ニュースも効果的だ。

日本のSF映画は自然界の異変や異形のものへの対応がどうしても科学者や自衛隊中心になり(それは作劇上、基本的なことではあるが)、市民の狼狽や恐怖をおざなりにするきらいがある。『ゴジラ』はその被害惨状を蔑ろにしていなかったところに価値があるが、本当の怖さはそのパニックがくる前――例えば、現代なら地震や津波、台風襲来の緊急速報が流れる時なのだ。やや過多とも思われるほど描かれる本作における学者の家庭、酒場、幼稚園など市井の平穏な日常の情景もまた、やがてくるカタストロフの予兆なのである。このあたりの描写はうまい。

しかし、接近するR星を大国が核ミサイルで爆破、あるいはその軌道を変える作戦は失敗。頼みの綱である松田が開発した新型爆弾の完成には時間がかかり、衝突は避けられそうにない。その爆弾製造の機密を狙う核兵器産業スパイ団まで暗躍を始める。人々は戦争中の疎開さながら(?・)荷物を抱えて列車で遠くへ逃げ、あるいは地下鉄の構内へ避難する。両親と子供の別れあり、神仏にすがる祈祷あり。犬や猫、ネズミや金魚の生態も挿入しているところなど芸が細かい。

R星の接近に気象が激変し、強風が吹き、嵐が起こり、大浸水も。天変地異の余波でガス・タンクが爆発、ビルも崩れ落ちる大惨事。このパニック描写はとても一九五六年製作の——まして、大映映画とは思われない。よくぞここまで撮ったものだと感心した。しかも、カラーである。世界はパイラ星人の超科学力で救われるラスト。冒頭出てくる飲み屋の店名が〝宇宙軒〟とは(笑)。

大映にはここに描かれた天変地異とまではいわなくとも、大型台風が東京に上陸する『暴風圏』(59・渡辺邦男)と『風速七十五米』(63・田中重男)があった。

前者は台風十四号襲来のさなか、強風と豪雨で崩落の危険がある巨大な岩を爆破するため、ダム工事の現場までダイナマイトを積んだトラックが向かうスリリングな見せ場があった。運送会社乗っ取り事件が物語のバックにあり、それと並行して新社長となった娘(叶順子)をめぐって、秘書(菅原謙二)と乗っ取り屋(高松英郎)が対立する。

風雨の凄さはよく描かれており、叶の新社長ぶり、高松の非情さとその愛人の裏切り、トラック運転手たちの心意気など、ドラマも面白い。叶が社員食堂のラーメン(三十円)のしょっぱさに顔をしかめると、運転手たちが「俺たちゃ、塩っ気が必要なんでさあ」というのは労働のきつさをよく表わしている。ちなみに、壁のメニューにはカレーライス四十円、親子丼五十円とあった。

後者は建設会社を乗っ取って東京進出を窺う名古屋の企業ヤクザの暗躍を背景に、銀座のビル屋上の巨大なネオン広告建設をめぐって対立する新聞記者(宇津井健)と、企業ヤクザの傀儡経営者(田宮二郎)に二人と大学の同窓である娘(叶順子)が絡む。脚本家は違うが、叶が父の跡を継いで会社の後継者になる設定、宇津井が菅原に、田宮が高松にほぼなぞらえられるなど、前作との類似が目立つ。

ネオン広告の完成を前に上陸した風速七十五メートルという超大型台風による銀座周辺の強風や浸水描写に迫力があったが、それらが都民を襲う場面が少ないのは物足りなかった。人の不幸を喜ぶわけではないけれど、そこは映画だし、このあたり作るほうの身にもなれといわれそうだが、自然の猛威を表わすには〝人災〟を描くに如くはないのだ。

ちなみに、この二本の雛型は松浦健郎脚本による日活の『風速40米』(58)と思われる。ドラマはもちろん異なるが、会社乗っ取りのエレメンツやクライマックスでの台風襲来は同じ。愛人の裏切りによって悪玉の計画が挫折する逆転劇は『暴風圏』にもあった。

時代劇版は鎌倉時代の元寇《げんこう》をテーマにした『かくて神風は吹く』(丸根賛太郎)。敗色濃い太平洋戦争下、軍部指導によるプロパガンダ映画で、元(モンゴル帝国＝蒙古)をアメリ力に譬えて国難を乗り切ろうという劣勢挽回戦意高揚を謳っていた。

——武将たちを前に執権北条時宗（片岡千恵蔵）の「今こそ我ら苦難の道を歩もうぞ！」「勝つ！必ず勝つ！」といった檄凄まじく、また「その方らの後ろには幾千幾万の国民が昼夜を分かたず働きたることを忘れまい」とは、スクリーンを隔てた観客へのさらなる奮起を促すものであろう。銃後の守りというやつだ。「鬼畜の如き」（字幕）元軍撃滅を誓って「神州男子博多に集結」（同）して応酬しばし。そして、日蓮（市川右太衛門）の国難一掃を祈願する読経と台風の猛威——すなわち、〝神風〟に停泊中の敵軍船ことごとく壊滅沈没して海の藻屑と消える。かくて「神国を侵さんとした暴慢なる敵に今ぞ天譴下る」（字幕）ラストだ。

画質・音声不良で、各武将の知識乏しく、展開は想像力を若干必要としたが、何艘もの敵船が波風に翻弄されるサマは見応えがあり、船上の兵たちの混乱狼狽ぶりもよくわかったが、やはり人間の水難撮影は難しいことも了解できた。特撮は円谷英二というが、この時代からミニチュア（ここでは軍船）と波の比率のアンバランスは払拭できなかったようだ。カミカゼ特攻隊の映画と信じていたとは汗顔の至り。『日蓮と蒙古大襲来』（58）の先駆的作品。

永田雅一は日蓮宗の熱心な信者で、会社崩壊後はプロデューサーとして『日蓮』（79・永田プロ＝松竹）を作っている。

第四章　忍者忍法大合戦――闇に生き闇に死ぬ

何かのはずみで、ふと思い出し、二度、三度とビデオなりＤＶＤなりで見て、当然ストーリーもわかっているのに退屈することがない映画は確実に存在する。製作費や宣伝費を莫大にかけた映画ではない。監督も無名。人気スターも出ていない。さして批評の対象にもならない。それでも面白いものは面白い。そういう映画はある日ある時、忽然と我々の前に現れる。余命いくばくもない松山藩々主、蒲生忠和の跡継ぎを一子、種丸とする将軍家お墨付きをめぐる死闘を描いた東映の『忍者狩り』（64・山内《やまのうち》鉄也）はそんな稀有な一本だ。

本作は新宿昭和館で――昭和館地下だったか――偶然見た。高校の頃、ただの忍者ものではなさそうなポスターを見てから二年か三年後のことで、偶然と書いたが、見るべき映画はいずれ見る機会が必ずくると信じていた身には必然だったかもしれない。以下、これを枕に六〇年代初期から半ばにかけて東映と大映で作られた忍者ものについて述べたい。

昭和館といったって、今は五十代の人でもよほどの映画好きでなければ知らないだろう。新宿駅東口から徒歩で五分もかからない新宿三丁目（当時は角筈といった）にあって、戦後しばらくは新東宝の封切館だったが、やがて名画座になり、六〇年代半ば以降は主に東映の古いやくざ映画を中心に三本立てを上映していた。ポスターだけでなく、ハンドメイドの文字看板も掲げていたのが懐かしい。地下ではピンク映画をやっていた時期もある。二〇〇二年に閉館。新築されたビルの三階にケイズシネマがある。

（1）

『忍者狩り』の面白さ

——かつて豊臣家の恩顧を蒙《こうむ》った諸藩の一掃を図る老中、久世大和守（安部徹）は、その一つ、松山藩取り潰しを画策。種丸が正統な世継ぎとして家督相続を済ませる前に将軍家お墨付きを奪って反古とするよう子飼いの忍者、闇の蔵人《くらんど》（天津便）に命令。これを迎撃するのが城代家老、会沢土佐（田村高広＝高廣）に雇われた和田倉（近衛十四郎）以下、永倉（佐藤慶）、天野（河原崎長一郎）、筧（山城新伍）の四人の食い詰め浪人たち。

リーダー格の和田倉には蔵人のためお家断絶の憂き目にあった過去がある。藩士たちの侮蔑と反感の中、隠忍自重して黙々と警戒と探索を怠らない四人の動向が丁寧に描かれ、浪人雇用に不満な重鎮たちの苦言に耳を貸さない会沢の凛とした態度もいい（田村高広適役）。この間、蔵人配下の忍者たちの暗躍と城への侵入、撹乱と小競り合いがあり、謎めいた尼僧（高森和子）の登場など、興味を繋いでいく。高田宏治の脚本はよく練られており、山内鉄也の演出もまた緩急自在で澱みがない。特に、闇の中、火炎手裏剣でお墨付きが焼失すると（これは偽物とわかるが）、その場にいた不寝番六人の中に必ず犯人（忍者）がいると睨んだ和田倉が、拷問では埒が明かぬと抜刀するや、バッサバッサと情け無用に斬殺していく場面は圧巻だ。上がる血しぶきと絶叫。逃走した一人が常人とは思えぬ跳躍を見せると、彼奴《きゃつ》だ！　とばかり、地に降りた途端に屠る。

突如現出した凄惨酸鼻な大修羅場に「お、おのれ〜、無実の者まで手にかけるとは！」と、オタオタする重鎮たちに「忍者は一人一人斬っていくしかないのだ！」と吼える和田倉やよし。冷やかにコトを見守ったままの会沢もまたよし。和田倉には天野が蔵人の吹き鍼で盲《めしい》の身となり、自害した憤怒と無念もあるのだが、『忍者狩り』とは蓋し、卓抜した命題ではないか。

また、和田倉の策略で山中の間道に誘い出した忍者一党を藩士たちが挟み撃ちにして皆殺しにするシーンでは、敵の一人が一瞬にして首を切断され、血の噴出と共に胴体が案山子のように硬直して倒れゆくサマがよかった。張りボテ人形（?）を使った稚拙な撮影だが、ここはスタッフの心意気を買いたい。『逆襲大蛇丸』（55・新東宝＝萩原遼・加藤泰）(*)で、でっかい樽の中に隠れていた侍が顔を出した途端、いかなる特撮か、薙刀でスッパリ首を切断され、首なしのまま両腕がくねるショットに驚天し、「首が飛んでも動いてみせるわ」とはこのことだと思ったことがあるが、『忍者狩り』

のほうがいびつな分だけ妙に印象的で、再見するのは実はここを見たいためもある。忠和は逝去し、蔵人はお墨付きをあきらめ、種丸暗殺に方針変更。会沢は葬儀に種丸参列を決める。和田倉はこれといった策もないまま幼君に付き添い、石室（霊廟）に入るのだが……。

幕府と外様大名の確執、お抱え藩士と雇われ浪人の身分差、深讐綿々たる和田倉と不敵な蔵人の智略の攻防――『忍者狩り』は様々なコントラストを軸に多彩なアクションをちりばめた忍者ものの傑作である。地味な俳優ばかりだが、これがデビュー作とはとても思えない新人監督の堂に入った――時に静謐な、時に迫力ある画面作りが奏功した力作とも評価したい。忍者ものはモノクロに限るのだが――『忍者秘帖・梟の城』（63）はカラーというだけで損をした――最後、霊廟での和田倉と蔵人の死闘場面のみは逆にそれが祟って、両者の立ち位置、動きがわかりづらかったのが残念。これを「小品」とする評価には断然異議を唱えておく。

山城新伍が尼僧の色香に溺れるのは予想通りだが、そんな役柄とは関係なく、『十三人の刺客』（63）もそうだったが、どうしても一人だけ浮いてしまうのは時代劇にはまったくそぐわない顔（と発声）のせいだろう。映画は三本の卒塔婆に背を向けて夕陽を浴びつつ去っていく和田倉の孤影悄然としたシルエットで終わるのだが、これで思い出したのが、近衛十四郎が主役でこそないけれど、同じ忍者狩りを単独で行なう『十七人の忍者』（63・長谷川安人）だ。

（＊）『忍術児雷也』（55・萩原遼）の後篇（二部作）。馴染みのない足利時代が背景で、信越地方三家の合従連衡が複雑なのに加え、登場人物過多で、物語がさっぱりわからない。時代が時代だから巨大な蝦蟇《がま》や大蛇、蛞蝓《なめくじ》の造形や動きを笑うわけにはいかない。エキストラ大動員の乱戦は見応えあるも、ワーワーやっているだけで優劣判然とせず。

忍者対忍者

徳川三代目将軍は二代目秀忠の嫡子家光と決まっていたが、駿府の忠長（家光の弟——駿河大納言）に諸大名と結託して謀反の気あり、ついては動かぬ証拠となる連判状を奪い取れとの命を老中阿部豊後守（薄田研二）が公儀隠密伊賀三の組の組頭、甚伍左（大友柳太朗）に下すのが物語の発端。かくて、甚伍左以下、半四郎（里見浩太郎）、文蔵（東千代之介）ら十六人が駿府へ向かい、城中潜入を試みるも警護の城侍を指揮する才賀孫九郎（近衛）にことごとく察知され、早くも八人が返り討ちになる（タイトルの「十七人」の真意はあとでわかる）。

才賀は単なる悪役ではない。元々、紀州の根来流忍者であり、駿府で功を遂げれば新しい公儀お抱えの隠密に取り立てられ、根来忍法の名も天下に誇示できると必死なのだ。しかし、成田助八（原田甲子郎）ら重臣たちはいずれ使い捨てにする腹であり、城侍たちは城侍たちで、居丈高に叱咤する雇われ忍者を煙たく思っている。忍者は小説や映像の数々で主役になったが、実状はこんなものであったらしい。腹心の配下が一人もいない才賀が孤立感から苛立つ描写も効果的だ。

連判状は本丸に置いておけば主君にも危害が及ぶと懸念され、牢獄兼拷問部屋である鬼門櫓に移される（この件《くだり》はやや苦しい）。この間、寺男に化けていた甚伍左と、江戸から急遽やってきた妹の梢（三島ゆり子）が捕縛され、決死の城内突入を敢行する残った七人も一人、二人と倒されていくのだが、この映画には我々が「忍法」という言葉から連想する技や秘術は描かれない。せいぜい、手裏剣を投げ、濠を渡り、石垣を登るくらいで、攪乱戦法も大した効果はない。甚伍左が捕まるのは反間苦肉の策だが、これは忍法というより兵法だろう。忍者と城侍の攻防戦は見せ場もないまま終始するが、最後の半四郎と才賀の激突はハラハラさせた。してやられた才賀――近衛の憤怒の表情が凄い。

単純で面白い設定なのに、さて、映画特有のカタルシスが一向味わえなかったのはなぜかと考えたら、この忍者映画は情緒過多なのだ。特に、半四郎と甚伍左との師弟愛、梢との尽きせぬ恋情、ライバル文蔵との対立といった人間関係、その絆、心象風景に重きを置き過ぎた。里見浩太郎が主演だから、それだけ場面を設けたのだろうが、忍者は家も持てぬと慨嘆する甚伍左や、肉体の衰えを嘆く老忍者(花沢徳衛)も含め、そうしたセンチメンタリズムや悲哀は本来、非情をもってなる忍者映画に邪魔なだけで、これは彼らもまた人間であるという、おそらくは池上金男の脚本によるところが大きいと見るが、それらの描写が物語の展開に何度も水を差したことは否めない。

塩倉に潜んだ半四郎と文蔵とのやりとりが二度もあるのは映画の流れを停滞させただけでしかない。ラスト近く、歩行もままならぬ甚伍左を救出せんとする場面は新派劇さながらの愁嘆場と化した。大事なのは連判状でござるぞ、半四郎殿。ラストで成田をやりこめる老優薄田研二、貫禄の演技に感じ入った。うまい。

この姉妹編――と呼ぶには年月が経っているが――『十七人の忍者・大血戦』(66・鳥居元宏)は、

家光の病死に年端もいかぬ幼君（家綱）を立てた幕府の決定に不満な紀州大納言が謀反を企み、それを伊賀忍者が未然に防ぐという内容で、前作の駿府の忠長が紀州大納言頼宣（近衛）に、豊後守が松平伊豆守（大木実）に、甚伍左が服部半蔵（大友）に、半四郎が新三郎（松方弘樹）に、才賀が甲賀の甚左衛門（南原宏治）に、連判状奪取が鉄砲・火薬の爆破に置き換えられているだけだった。必然的にストーリーも同じであり、敵対する頭目同士の反目も、謀反の証の保管場所を秘かに移すのも、頭目（大友）が監禁されるのも一緒である。

脚本は同じ池上金男。鳥居との共同だが、甲賀の盲目の老忍者が実は新三郎の父であったとか、くノ一の小猿（三島ゆり子）が女郎に化けて城中に潜入するとか新味も加えてはいるが、前章で見た『怪談おとし穴』の如き二番煎じとの印象は免れない。あの『十三人の刺客』（63）を書いた人の仕事とは思えず、書くものみんな傑作ばかりなんて脚本家などいないにしても、秘かに注目していた人だっただけに残念である。(*)

情緒過多は前作にもまして色濃くなっており、新三郎は敵の新左衛門の娘（小川知子）と恋仲という設定で、身内の小猿にも惚れられ、懊悩する場面しばし。これでは、せっかくの「忍びの血を引くからには色恋よりもお役目が何より大事」という老忍者の台詞も意味がない。突撃する伊賀者十七人と迎撃する甲賀衆二九人の攻防は迫力ないまま終始し（草茫々の場所が悪い）、大血戦に程遠かった。

松方は主演扱いだが、何とも軽く、忍びの宗家たらんと知略をめぐらす大友と南原の前に影が薄いのは蓋し当然。この映画のクライマックスは伊賀か甲賀か——ルーツをたどれば、遠く鎌倉時代にまで遡る両派の技と誇りと面目を賭けた二人の頭目の死闘なのである。

（＊）池上の『大殺陣』（64・同）も『十三人の刺客』の同工同曲の感は免れなかった。池宮彰一郎として作家に転向後、数編が司馬遼太郎作品との類似を咎められ、断筆。

（2）

肩すかし風太郎忍法

東映には奇想天外、荒唐無稽な忍法の数々でベスト・セラーになった山田風太郎の忍法全集（「忍法帖シリーズ」（＊）講談社）からの映画化が数編あった。原作を夢中で読んだクチで、新書版でも二五〇円は乏しい小遣いの高校生には手軽に買える値段ではなかったから、やはり「面白い、実に面白い」と嬉々としていた級友と一巻ずつ交代で買い、貸し借りして当初の全十巻を読破した（のち全十五巻）。それゆえ、メイン・タイトルが初期の多羅尾伴内シリーズから拝借したような『江戸忍法帖・七つの影』（原作は前サブ儘）『月影忍法帖・二十一の眼』（原作「忍者月影抄」＝共に63・倉田準二）を勇んで見たのは当然の仕儀といえよう。

前者は五代将軍綱吉に世継ぎがいないのを幸い、愛妾（俗説では将軍の御手付き）が宿した息子を次期将軍にしようとする大老柳沢吉保（柳永二郎）の企みを、野にありながら正当な世継ぎである悠太郎（里見浩太郎）が阻止するまで――という原作の骨子に準じているが、内容は大幅に改変されている。その最たるものは吉保が悠太郎抹殺に雇った甲賀組に跡目争いから内紛が起こり、忍者たちが老体の頭目を殺し、その一子、小源太（原作には出てこない＝松方弘樹）まで幽閉し、敵に回してしまうことだ。

剣の達人と紹介される悠太郎もあまり強くなく、忍者を二人屠るのに四苦八苦。監督は忍者の技の凄さを描こうとしているらしいのだが、主人公のモタモタぶりばかり浮き上がっている。一人は悠太郎が暮らしていた長屋の娘の手にかかり、女忍者は仲間の一人に刺殺される。ピンチになると、父の野望を知った娘の鮎姫（北条きく子）に助けられる始末で、途中から小源太が味方にならなければ、どうなっていたかわからない。予告編では里見と松方をして〝世紀の共演〟と謳っていた。

原作の忍法で面白かったのは全身が鋼鉄と化す「肉鎧《にくよろい》」、凝視して相手の精神を我が物とする催眠術「幻五郎憑き」だが、映像では消化不良。あたかも蝉や蛇の脱皮の如く皮膚一枚を残して肉体を消滅させる「空蝉の術」はとても無理と判断されたか、省略されている。最後、生き残った忍者二人の始末をつけるのが数十人の下忍であるのも肩すかしを食った。

まだ高校生に小説と映画は別物という当たり前の認識が備わっている筈もなく、自分が思い描いていた通りでなかったことに腹を立てても仕方がない。我々はとにかく面白い映画を見られればいいから、改変脚色は一向構わないが、小源太の登場と忍者たちの内紛で悠太郎抹殺という物語の焦点がぼやけてしまい、将軍などになりたくないという悠太郎の心情、吉保の陰謀、鮎姫の腐心、忍者の暗躍――すべて中途半端なままだった。原作の水戸黄門は甲府宰相徳川綱豊(のち六代将軍)に置き換えられている。

後者は改変どころか、全く別の内容になっていた。原作は八代将軍吉宗の昔の愛称たちを公衆の面前に晒して揶揄嘲笑する尾張大納(徳川宗春)の嫌がらせを軸に、吉宗側の伊賀忍者・江戸柳生の剣士各々七人、尾張側の甲賀忍者・尾張柳生剣士これまた各々七人――総勢二八人の忍法剣法入り乱れる一大トーナメント大会の様相を呈するのだが、映画は江戸屋敷にいて幕府転覆を画策する尾張藩の知恵者・伊集院頼母(近衛)の陰謀劇になっている。そうはさせまいとするのが公儀隠密伊賀四の組の頭・新兵衛(松方)。二人とも原作にはないキャラだし、頼母の屋敷に三年も住み込んで動静を探る楓(新兵衛の姉＝北条)も、寺子屋を開いている浪人(中谷一郎)も同様だ。

甲賀忍者を巧みに使って放火、囚人脱走事件を起こし、江戸市中を混乱させる頼母に、謀反の動かぬ証拠を掴むべく行動する新兵衛はしてやられてばかり。窮余の一策に「こうなっては頼母を殺すしかありませぬ」と、吉宗(里見)に進言し、五人の忍者と共に決死の潜入をする――。忍法帖に名を借りたオリジナル脚本。ただし、有体にいって一流ならざる――。

忍法らしい忍法はここでも描かれない。もっとも、全身が蠟状と化す「涙蠟鬼」、女の恥毛を縒り合わせて通信手段とする「髪飛脚」、腸を体外から出して自在に操る「足八本」など、原作に出てくるのは映画ではまず描写不能としか思われない奇想天外な術ばかり。といって、飛んだり跳ねたり、火薬玉や吹矢とか手裏剣、マキビシを使うくらいでは断然物足りない。甲賀衆の頭目たる水無瀬竜斎を隻眼にして登場させたのはタイトル合わせと思われるが（原作では真っ先に殺される尾張側の忍者だ）、十一人という人数はどこから割り出したのか（文字資料に〝甲賀十一人衆〟などとあるが、ハテ、そんなにいたかしらん）。

中谷一郎の登場と役割もまったく解せない。近衛・松方の親子共演作の一本。親父は貫禄十分だが、最後の脆さはあっけないくらいだ。妖かしの風太郎忍法の映像化は至難の業らしく、二本とも忍者映画というより、変格時代劇の色合いが濃かった。

（＊）「山田風太郎忍法全集」は一九六三年十月から刊行開始。第一巻「甲賀忍法帖」から第八巻「信玄忍法帖」（「八陣忍法帖」改題）までは一九五八年から六二年まで雑誌連載されていたもの。本項の「江戸忍法帖」は「漫画サンデー」（59）、「忍者月影抄」は「講談倶楽部」（61〜62）連載。「甲賀忍法帖」「飛騨忍法帖」（第二巻）「くノ一忍法帖」（第四巻）は全集収録以前に単行本化されている。

東映くノ一物語

これで終わらず、翌年、お色気をまぶした「くノ一」ものを続けざまに製作したのはさすが娯楽本位の東映だ。『くノ一忍法』（64・原作「くノ一忍法帖」）は中島貞夫の監督デビュー作。徳川秀頼の子を宿した五人の女忍者と、彼女らの抹殺を家康公に命じられた五人の伊賀忍者が忍法合戦を繰り広げるもので、大木実、待田京介、吉田義夫、山城新伍、小沢昭一の伊賀者はともかく、肝心の（?・）芳村真理、中原早苗、葵三津子、三島ゆり子ら女忍者がさっぱりらしくない。

女優で生え抜きは三島ゆり子だけなのは、東映の女優不足をもろに露呈した陣容といわざるを得ず、もう一人の金子勝美に至っては聞いたこともない。『二十一の眼』で愛妾晒しをカットしたのも頷ける。そもそも、芳村真理の第一声「信濃忍法まぼろし菩薩」からして時代劇のエロキューションではない。これだけでドッチラケだった。忍者たちはトーナメントよろしく、斃し斃されていくが、千姫（野川由美子）を妻にせんとする坂崎出羽守（露口茂）の存在がまったく邪魔だ。ついでながら、この二人の俳優の風貌も時代劇にまったくそぐわない。

忍法で秀逸なのは胎児を移し代える「やどかり」だろう。しかし、特撮なしの映像は原作を読んでいない人にスンナリ理解できたかどうか。他の忍法や忍者たちについても、大阪城で落命した真田幸村と猿飛佐助が天上にゼウスや神々を配する欧米の神話映画さながら、下界の様子を窺って〝説明〟しているのも苦しい。セットは舞台劇のように簡略した場面が多く（これは意図したものと思う）、何も本格時代劇ではないからいいが、安っぽく映じたのは否めない。

千姫に惚れた頭目格の大木実の恋情は台詞だけの安易さで、おまけにラスト、「俺は嬰児《やや》を守る女の強さに負けたのだ」と、彼女とお由井（中原）を見逃すのは非情をもって鳴る忍者にまったくあるまじき振る舞いではないか。予告編のコピーの一つ〝原始をむき出しにする母性本能のエネルギー〟とは何のことやら。おまけにクライマックスに、お由井の出産の苦しみ（絶叫、悲鳴、悶絶）をこれでもかとばかり執拗に描き、挙句に女の強さなど持ち出されては……。何だ、この映画は。

こうした作劇法は原作のテーマとは趣きを著しく異にする。これも改変に近い中島貞夫と倉本聰による脚本は忍法帖のファンも東映の観客層も把握していない――というより、無視している。

『くノ一忍法帖』の映画化などでは断じてなく、東京大学美学科卒の同期生二人によるマスターベーション映画だ。それは一人でやってほしいし、そもそも人（観客）に見せるものではない。もっとも、これは小説を面白がって読んだ人間の感想なので、単純に楽しんだ観客もいただろう。千姫とお由井を庇う大木実に鉄砲を向けた服部半蔵（品川隆二）の「一歩でも動いてみろ、貴様の命はないぞ」という台詞には失笑した。まるで少年漫画の台詞《ネーム》だ。

名のみの桃色忍法勝負

再び中島が監督した二作目『くノ一化粧』（同・原作「外道忍法帖」）の脚色はさらにエスカレートした（脚本は中島、倉本ら三人）。天草四郎が遺した財宝の隠し場所の鍵となる鈴を子宮に秘めた大友女忍者五人と、これを奪わんとする伊賀忍者五人のセックス合戦は原作の骨子としても、愚かにもコメディ調に仕上げたのである。

原作には確かに所々、えもいわれぬユーモアがあって、特に忍者たちの生態にニヤニヤさせる箇所がある。医学用語を駆使した奇怪な忍法の数々同様、これもまた作家の文章力によるものであることはいうまでもない。ただ、そのユーモア、笑いの要素を仕種や台詞でなく、彼らの性格（キャラクター性）に置き過ぎたのは失敗だ。演じた小沢昭一、芦屋雁之助、西村晃、加藤武はいずれも芸達者なメンバーなのに、そのコメディ・タッチが奏功しなかったのは演出が未熟とか下手クソなのではなく、おそらく監督の資質が素材に向いていないのだ。西の太秦や東の大泉にゴロゴロいた東映のバイプレーヤーたちはかなり知っているつもりだが、もう一人の忍者役の脇中昭夫はまったく知らない。どう見ても現代劇の顔で、鬘《づら》がまったく似合わない。真っ先に画面から消えたのも宜《むべ》なるかな。

前作に輪をかけたくノ一たちの貧弱ぶりは目を覆わんばかり。緑魔子、三島ゆり子はともかく、あとは関西喜劇から西岡慶子、ピンク映画から松井康子、経歴不明の岬瑛子。彼女らを統率する天姫に大映育ちの弓恵子。こんなメンバーになったのは女優不足に加え、東映にはまだそんなに簡単に(?)脱いでくれる専属女優がいなかったせいもある。なに、脱ぐといったって、当時は映倫規定で乳房露出すらNOだったから、せいぜい胸のふくらみと太腿を見せるくらいで、ここでは松井康子が本領発揮(?)で一番肌を露出しているが、今の目で見れば、どうということはない。

一作目ではOSミュージック(ストリップ劇場)の踊り子が乳房を見せたが、それも仕種の際の一瞬だった。これで二本とも成人映画だったのだから隔世の感がする。もっとも、彼女らの中で容貌と尼僧姿から一番色気があったのが知名度ゼロの岬瑛子だったのは皮肉である。

松井康子は「忍法稚児《ややこ》返り」で乳房を吸わせた雁之助を赤ん坊に化しせしめる——と、ここまではいいが、途端に『こんにちは赤ちゃん』などが流れる。生憎、こういうおふざけに素直に笑うことができない性質《たち》である。音楽は山本直純で、クレジット・タイトルからしてテレビのお色気番組もどきで、正直、ここから早くも、あ、こりゃダメだと不吉な予感がしたのだが。

並行する形で描かれる伊賀忍者のリーダー、扇千代(露口茂)と遊女の伽羅(春川ますみ)との恋模様は忍法合戦と水と油。天姫の忍法で盲目の身となった扇千代が伽羅と思って抱いたのは実は天姫。術が解けて「おお、何と美しい!」と感激する彼の前にホントウの伽羅が出現。びっくり仰天してのラストは本作の前に二人が共演した『赤い殺意』(64・日活)の裏パロディとも思えたが、笑えもしない。幕府転覆を画策する由井正雪(原健策)は冒頭に登場するだけで、財宝話もそっちのけ。眼目不明のまま終わる中島貞夫の大失敗作。

「忠臣蔵」異聞

以来、中島貞夫という監督の映画を色眼鏡で見てしまうのは、この二本の不出来ぶりが尾を引いているからかもしれない。東映の監督としては最長と思われる三十年以上のキャリアを持つことになるが、どこか、作品あるいは主人公に政治や社会に対する自己のイデオロギーを託している臭いがして、娯楽に徹し切れない姿勢をずっと感じていた。事実、観客や興行者を喜ばせた作品はそんなにない筈である。

一九六七年には『あゝ同期の桜』と『大奥㊙物語』が「トップ10」に記録されているが(九、十位)。前者は戦中派を、後者はエロを期待した男性層を狙った会社の企画がおそらく奏功したのであり(成人映画)、当時圧倒的に多かった任侠映画にシビれていた東映ファンの支持を受けてのヒットではないと見ている。

思いつくままだが、エピソード集『日本暗殺秘録』(69)で血盟団事件が詳細に描かれるのは、それがメイン・テーマだったにしても一番退屈だった。冒頭、雪の桜田門外での若山富三郎の迫真の殺陣に息を呑み、相沢三郎（高倉健）が永田鉄山を一刀のもとにバッサリやる場面に唸ったあとだから、若きテロリスト（千葉真一）の懊悩ぶりなど退屈にしか映じないのである。時流に乗って手掛けた任侠映画も、いざ作品は？――となると、例えば、マキノ雅弘、小沢茂弘、山下耕作らと違い、タイトルがスンナリ出てこない。『驚異のドキュメント・日本浴場物語』（71）などの一連のセックス・ドキュメントものはイタリアの三流記録映画よりつまらなかった。何本かは途中でコヤを出た。東映の監督にはそれぞれカラー（個性、持ち味というべきか）があって、作風のイメージも何となくではあるが湧くのだが、この監督は捉えどころがないままだった。

原作と同名の『忍法忠臣蔵』（65・長谷川安人）は伊賀の忍法者、無明綱太郎（丹波哲郎）が上杉藩の切れ者たる千坂兵部（西村晃）の命《めい》で能登のくノ一たちを使い、彼女らのセックス忍法で赤穂の浪人たちを骨抜きにし、討ち入りを阻止せんとする忠臣蔵外伝。背景には例の松の廊下での刃傷沙汰に浅野内匠頭は切腹、吉良上野介は御咎めなしという幕府の裁定に不満な庶民たちが浪士たちの報復を心待ちにしている世情がある。

主君上杉綱憲（上野介の息子）は父をむざむざ討たれてなるものかと大石内蔵助と浪士抹殺のため能登忍者（こちらは男衆）を派遣。かくて女忍者と男忍者の戦いが始まるという物語だが、浪士抹殺は天下に上杉家の仕業と公言するようなもの、却って御家安泰の妨げになるという兵部の〝論理〟が脚本では明快でない（ここは原作も妙に回りくどい）。

この点は『赤穂浪士』(61・松田定次)における、討ち入りを知って家来と共に吉良邸へ向かわんとする綱憲(里見)を「行くなら我が屍を超えて」と、一命を賭して思い留まらせる兵部(市川右太衛門)の説明がわかりやすかった。天下の大勢は赤穂浪士の仇討成就にあり――その説得に、綱憲は無念の涙を流すのである。

これは余談としても、途中で腑抜けになる浪士たちは四十七士ほど有名ではないし、演じた俳優たちも地味なのが痛い。くノ一役の女優連(ピンク映画から内田高子、扇町京子)も同じで、お色気もののようなポスター仕様とは裏腹に、初期の倉田準二スタイルに戻ってリアルにした分、奇想天外の面白さもない。原作では一番秀逸な「忍法歓喜天」(男と女が性交により入れ替わる)も暗いモノクロの画調では何がどうなっているか判然としない。脚本に仇討ち是か非か、忠義とは何かといった理屈が多いのも困りもの。忍法の数々もさしたることなく、意気上がらない低調な一編だった。大体、丹波哲郎が偉丈夫で、日陰の身の忍法者らしくないのが痛かった。

元々、活字による面白さで売れた本だし、商魂逞しい東映が便乗した企画だから、その映像化にさしたる作品がなかったのは当然といえば当然の仕儀。だが、巻物をくわえ、印を結んでドロンパッと消える従来の忍術を忍法として捉え直した山田風太郎の功績は大きい。講談社の忍法全集からは東宝の『風来忍法帖』(65)『同・八方破れ』(68)があるが、渥美清主演のコメディ仕立てと知ってパスした。ソフトが未発売のままなのは(二〇一九年現在)却って幸せかもしれない。

（3）

市川雷蔵「忍びの者」シリーズ

忍者ものといえば、市川雷蔵主演の「忍びの者」シリーズを外すわけにはいかない（大映・62〜66）。主人公を石川五右衛門と霧隠才蔵にした作品が各三本、スピンオフ、単発もの各一本の全八本。東映の集団戦と違って、主人公は時に仲間の協力を得こそすれ、基本的には個人として行動する。

「五右衛門」シリーズ（こんな呼称はないが）一作目『忍びの者』（62・山本薩夫）では忍者撲滅を果たさんとする織田信長（城健三朗＝若山富三郎・以下若山名義とする）に反抗する忍者たちの戦いが描かれる。

伊賀百地砦の領袖三太夫（伊藤雄之助）は巧みな変装で、藤林砦の頭目長門守としても君臨、技と勢力を競わせている。頭の良さと腕前を買われ、三太夫に重用された五右衛門は、ある夜、三太夫との夜の営みが一度とてない妻イノネ（岸田今日子）に迫られ、抱いたことが発覚、密通の罰として信長暗殺の使命を背負わされて——という物語で、この間、火薬の調合をしていた五右衛門の父の惨死、捕まった忍者が両耳を削がれる残酷場面、五右衛門の泥棒ぶりや、遊女マキ（藤村志保）との恋模様、藤林党との死闘などが次々に展開して飽きさせない。砦の構え、神社仏閣、安土城の威容など、背景もいい。

父やイノネの死の真相を知った五右衛門が三太夫のため人質にされたマキを救うため、安土城に潜入し、天井裏から寂滅《じゃくめつ》なる毒液を糸に伝わらせて就寝中の信長を殺そうとする趣向は、江戸川乱歩の「屋根裏の散歩者」(大正十四年発表)を彷彿させた。一滴、二滴と毒液は口に入るが、ここで信長が死んでは日本史がグチャグチャになる。ラスト、押し寄せる織田軍と迎撃する藤林及び百地勢の攻防戦は鉄砲、大砲まで繰り出される大激戦で、見応え十分。駆け付けた五右衛門は瓦解した百地砦で長門守——すなわち三太夫の死体を発見する。

原作(村山知義・同名小説)が「赤旗」に連載されたことや(60〜62)、監督が戦後、レッド・パージを受け、その諸作の社会性などから本作を左翼思想で論じる人もいるが、これは一級の娯楽映画として仕上がっており、忍者映画の嚆矢となった。

岸田今日子は不思議で妖しい色香を漂わせていた女優で、『武士道残酷物語』(63・東映)における小姓の中村錦之助を誘惑するシーンが忘れられない。藩主が男色のため、これも性に渇望している側室役だった。あの声がたまらんという知人がいる。

五右衛門は『続忍びの者』(63・山本薩夫)で本気になって信長(若山再び)殺しに躍起となる。信長の苛烈な忍者狩りは続いており、妻となったマキとの間にできた幼子を家に押し掛けた織田の探索兵に殺されてしまうからだ。それも燃える囲炉裏に叩きつけられて——。この場面はロングで撮っているが、むごい。五右衛門は復讐の念に燃え、マキの故郷、紀州雑賀の里で信長打倒を宿願とする雑賀党に加わり、やがて、都を荒らし、信長を執拗に狙う。縦横無尽の画策はかつて百地砦の仲間で、今は徳川家康（永井智雄）の間諜となった服部半蔵（伊達三郎）の情報提供による。単純な信長をヨイショしつつ、次の天下取りを狙う秀吉（東野英次郎）と家康の深謀遠慮の腹の探り合いも興味深い。特に、信長に疎んじられてクサクサしている明智光秀（山村聡）が謀反気をジワジワ起こしていくサマが面白い。とかく、いいイメージはない光秀だが、この映画では演じた俳優の個性もあって（信長は完全な悪玉だ）、謀反やむなしの仕儀になっている。かくて起こる本能寺の変。炎と混乱の中、五右衛門は逃げ惑う信長に肉薄、右腕を切り落とし、さらには左足を膝から切断する凄絶さ。

新たに天下統一をめざす秀吉は雑賀に大軍を派遣、砦を包囲し、兵糧攻めと大砲の攻撃で応援に駆け付けた根来寺の僧兵たちもろとも皆殺しにする。瓦礫の中に妻の死体を見た五右衛門は聚楽第に忍び込むが、廊下の鶯張りの仕掛けに気が付かず捕縛されて……。クレジットには共同監督として西沢鋭治の名が出る。

それまで大泥棒とか、「絶景かな、絶景かな」という台詞（歌舞伎の演目から）や、釜茹でのイメージしかなかった石川五右衛門を忍者に仕立てた設定と解釈は面白い。戦国時代の信長、秀吉、家康の思惑、駆け引きのエピソードについては通り一遍の知識しかないけれど、五右衛門という出自定かでない人物に史実を巧みに噛み合わせていて、ほほう、なるほどなるほどと納得できる高岩肇の脚本には感心した。

歴史上の人物の動向に主人公を自由自在に絡ませる作劇法は『新忍びの者』(同・森一生)で、さらに色濃くなる。前作のラストで釜茹でにされたと思われた五右衛門は実は生きていて(この身代わりのトリックは判然としない)、今度は妻を死に至らしめた秀吉(東野)の首を狙うのみか、豊臣一族の崩壊まで画策する。家康の意向を汲んだ半蔵の他に、今回は昔の仲間の犬八(杉田康)も協力する。

五右衛門は城中で腰元たちの寝所にネズミを何匹も放って大騒ぎさせ、公卿に化けて秀吉の側室淀殿(若尾文子)に会い、二人の愛息である秀頼に「かわいい顔をして……なるほど、猿そっくりじゃ」と揶揄《からか》い、「連れ帰って芸など仕込んでとらそう」と拉致せんとする場面には笑ってしまった。秀次(秀吉の養子)には後継者を秀頼にするという秀吉の腹を伝えて動揺させ、酒色とご乱行に誘う。止めとばかり、御金蔵から金をごっそり盗み出し、切腹斬首に追い込む。あわやのピンチにも合わず、もうやりたい放題の痛快さである。

今回は家康に三島雅夫を配したのも大正解だ。胸に一物手に土産、慇懃丁寧な表情と態度の裏に秘めた野望を知ってか知らずか——秀吉もまた強引さを婉曲のオブラートに包んで渡り合い——東野英次郎と三島のやり取りはまさに猿と狸の化かし合いと見た。そして、五右衛門は病に伏した秀吉に忍者刀を突き付けるのだが——。

人知れず、闇から闇を徘徊する黒装束の忍者は一種の透明人間だろう。天井裏からの「覗き」も妙に心をワクワクさせる要素を持っている。続いて作られたのが「霧隠才蔵」シリーズだ。

忍者、ヒューマニズムに目覚める

霧隠才蔵については真田十勇士の一人くらいの知識しかない。知識といったって子供の頃に読んだ杉浦茂の漫画でしかないのだから情けないが、『忍びの者・霧隠才蔵』(64・田中徳三)ではその通り、豊臣側の軍師真田幸村(若山富三郎)の配下になっている。

背景は慶長十九年、大阪城に立て籠る豊臣秀頼と、包囲する徳川家康(中村鴈治郎)による大阪冬の陣。両軍が一旦和議を結んでいる間、幸村の密命を受けた才蔵は家康の本拠地である駿府に潜入、敵の忍者与藤次(須賀不二男)の追及を受けつつ、動静を探り、家康殺害を目論むという新シリーズ一作目の主人公は、しかし、闇に生き、闇に死に、他人に心を許してはならぬという忍者の掟など忘れたようである。

典型的なのは、かつては恋仲だった(らしい)腰元で、今は遊女に身を落としている茜(磯村みどり)に邂逅するや、憐れみ、同情し、恋情再びの展開になることだ。才蔵はヒシとすがる彼女に対し、非情に徹し切れない。作り手側には五右衛門とは違うキャラクターに――忍者に人間味を加えようとした目論見があったとしたら、これは失敗だ。そもそも茜との仲がどの程度のものだったのか観客にはわからない。茜が、持て余した才蔵の眠り薬で寝入り、これで出番は終わりと思っていたら、才蔵恋しやとばかり、ラストの豊臣と徳川の決戦――翌年の大阪夏の陣の戦場まで追いかけてくるのには驚いた。

脚本も今回はぎくしゃくしている。駿府の動静を探る才蔵の目的が、いつの間にか家康殺害にすり替わっている。茜が捕まり、二人の仲間(十勇士の穴山小助と筧十蔵)が死ぬプロセスも要領を得ない(*1)。才蔵が「わしは影武者じゃ」という家康の言葉を真に受けるのは噴飯ものだし、幸村は九度山から姿をくらます設定になっていて、中盤まったく出番がない。ようやく居場所を突き止めた与藤次が障子のシルエットと声だけで幸村と判断、短銃で倒すものの、それが本人と確かめないまま逃走するのも間が抜けている。

　さらに、大阪城落城に死を覚悟した幸村を才蔵が励まし、必死で徳川打倒に翻意を促すのは立場が逆だ。戦意喪失した軍師への叱咤激励と侍並みの忠義ぶりは忍者としての立場をいささか逸脱している。続編を予定していたとしても、何とも消化不良の一編だった。

　才蔵は『忍びの者・続霧隠才蔵』(同・池広一夫)で捲土重来を期す幸村(若山)と共に反徳川の薩摩藩に落ちのびる。種子島では新式(三連発)の鉄砲を大量に製造し、各藩に高値で売りつけていると知った幸村は様子を探るよう才蔵に命じる。幸村の反撃を恐れる家康(小沢栄太郎)は半蔵(伊達三郎)を薩摩に差し向ける——と、ここまではいいが、キャラクターのぞんざいな扱いにより、これも雑な仕上がりになった。

　才蔵の心優しいヒューマニズムは増すばかりで、徳川に内通していた剣術師範の娘が自害するところを「生きて女の幸せをつかめ」などと説諭し、旅人に化けて赴いた種子島の酒楼では会ったばかりの酌婦あけみ(藤由紀子)の境遇を聞くと、後日、路銀を与えたりする。彼女は半蔵配下のくノ一とわかるが、互いの正体をまだ知らない二人のやり取りはまったく不自然だ。さらに、あけみには妹がいて、才蔵は二人が前作で爆死した与藤次の娘たちと知って驚くのだが、[*2]前作を見ていない人は首をかしげるしかない。半蔵が怪老人に変装している理由も定かでない。

この間、幸村は指宿に身を隠すことになり、またしても中盤の出番はほとんどなく、終盤、家康からの召喚状に駿府行きを覚悟。薩摩藩に迷惑がかかるとの配慮もあるが、才蔵がせっかく掴んだ新式銃密造の証拠にも「もう遅い」と、つれない返事。挙句は護送途中、才蔵が救出にきても駕籠の中で自害とは。捲土重来もクソもない。アンタ、薩摩くんだりまで一体何しに行ったの。粗探しではない。そんなことしか印象に残らないのである。

才蔵は駿府に舞い戻り、家康の足の古傷に毒針を吹矢で打ち込み、その死期を早めるラストだが、それまでの種子島の孤軍奮闘は何だったのか。『忍びの者』からずっと脚本を担当してきた高岩肇は東映などでも盛んに仕事をしていた多作派だが、同ジャンルとて、さすがに疲弊してきたものか。駿府、薩摩、種子島の距離感にも意識がなかったらしい。

（＊1&2） 役名の字面を確認しようと『キネマ旬報』の略筋を読んだら、茜たち三人は花見の宴の際中に家康を襲って失敗云々とあるが、映画にこんなシーンはない。また、姉妹のキャラクター設定も映画とは違う。同誌の略筋は脚本を要約したものというが、決定稿からではないのだろう。

死んで生き返る才蔵

霧隠才蔵の息子才助が父の名を名乗るのがスピンオフ『忍びの者・伊賀屋敷』（65・森一生）。慶安四年に起こった由井正雪の乱（慶安の変）に虚実皮膜を交えた一編で、それまでの戦国時代とは違う背景にして目先を変えた物語は面白かった。

——島原の乱に勝利して江戸に凱旋する幕府の重鎮松平伊豆守（山形勲）を鉄砲で狙って失敗した才蔵は包囲され、自ら命を絶つ。その直前に忍者の心得を託されたのが幼い息子の才助と真田幸村の忘れ形見百合姫。やがて才助は伊賀の里で修業を積み（以後才蔵と書く）、百合姫（八千草薫）は伊豆守の侍女になっていた。「七度生まれ変わって徳川を討て」——才蔵は父の無念を晴らすため、紀州大納言頼宣を後ろ盾に幕府転覆を企む軍学者由井正雪（鈴木瑞穂）に接近、その信頼を得て蹶起の機会を伺い、頼宣を焚きつける。

以下、甲賀衆を使い、権力と策謀で幕府安泰を図る伊豆守の智略（史上「知恵伊豆」の異名がある）、紀州から軍資金一万両を獲得する正雪のしたたかさ、毒針を駆使する甲賀のくノ一の思いもかけぬ正体、万が一を考えて謀《はかりごと》の責任一切を重臣（香川良介）に負わせる頼宣の狡猾さがよく描かれている。あたかも時の二代目将軍家光が病死。伊豆守は薨去《こうきょ》を固く秘すよう重臣たちに厳命するが、これを知った才蔵、市中あちこちに「将軍家御他界紀州家御謀叛」の張り紙をばらまく。これぞ人心撹乱の術。忍者はアジテーターでもあったのだ。そして、この謀反劇の裏にあった大からくり——最後まで興味を繋いだ一編として提供されたのは、シリーズ中唯一高岩肇の手を離れたシナリオ（直居欽也&服部佳）の功績だろう。

時代背景も変わり、配役も東映時代劇で見慣れた山形、香川、東宝からの八千草薫が加わると、こうも新鮮になるものか。紀州家謀反劇のネタは『十七人の忍者・大血戦』と同じながら、これだけまとまっていれば些細なこと。ただし、伊賀屋敷など出てこないのは大疑問。

『忍びの者 新・霧隠才蔵』(66・森一生)は豊臣家が滅んだ大阪夏の陣のあと、天下を取った家康(小沢)が江戸城を秀忠に任せる一方、なお駿府に留まって天下に睨みを利かせている頃の物語。『続霧隠才蔵』で幸村が死んだことは踏襲され、家康に一矢報いんとする才蔵の執念も引き継がれている。ただ、怨敵家康が老衰甚だしく、余命いくばくもないことは映画で十分描かれているし、徳川家が十五代二六〇余年も続くことは周知のことだから、才蔵がこんな寝たきり老人を殺すことにさほど意味はないと感得できる。

――で、今回は家康警護と伊賀忍者根絶やしに雇われた風魔一族との戦いになるのだが(領袖に田村高廣)、才蔵とかろうじて生き残っていた数人の伊賀者たちの劣勢は目に見えている。意外な裏切者や、くノ一(藤村志保)のピンチも配してはいるが、仲間たちは次々に倒れ、才蔵は孤立無援となるも風魔の本拠地に乗り込み、三十数人を相手に奮戦。敵をことごとく屠っていく。だが、家康の死に才蔵は徳川家そのものの打倒をめざすラストにも、忍者一人でそこまではとても…という空虚さは残る。シリーズの手詰まり感は明々白々だった。ストーリー展開からDVDで再見の向きは『伊賀屋敷』を後回しにしたほうが、よろしいかもしれない。

忍者、お役御免となる

「霧隠才蔵」シリーズが今一つ盛り上がらなかったのは、マキビシや火炎手裏剣の小道具、堀を潜り、石垣や綱を伝い、天井に錐で穴をあけたりといった忍びの技や（筒からの催眠煙が下になびくのは理屈に合わないが）、宙に舞い地に這うアクションが毎度お馴染みになってしまい、新味がないからだろう。忍者たちが斬られ、刺されたあとにバッタリいくリアクションの多くが端折られているのもマイナスだ。すべてモノクロ作品だから闇の中の戦いのわかりにくさは仕方ないとしても、白昼に行なわれる『新・霧隠才蔵』のクライマックスの剣戟も平凡極まるもので、雪の背景がよかっただけに残念至極。

東映の忍者もので情緒過多について書いたが、このシリーズでも才蔵と女性との絡みが目立つ。女優は必要だし、ロマンス挿入は娯楽映画の要素の一つとはわかるが、忍者という特異なキャラクターが主人公の本ジャンルではどうしても展開が鈍ることは否めないようだ。

『新書・忍びの者』（66・池広一夫）の背景は甲斐の武田信玄と、まだ信長と同盟関係だった家康が対峙していた戦国時代初期に逆戻り。戦国大名に密偵あるいはゲリラとして雇われた忍者がまだ「透波《すっぱい》」あるいは「乱波《らっぱ》」と呼ばれていた頃で、父を惨殺した三人の男たちへの復讐を誓った遺児、霞《かすみ》小次郎の奮闘が描かれる。

小次郎は黒戸左太夫（伊藤雄之助）を師として腕を磨き、武田側の忍者として仕えながら仇を一人、二人と倒していくのだが、最後の一人の驚愕の正体を知って——という物語は眼目が主人公の復讐譚か、戦国の世の武将たちの勢力争いか、焦点がぼやけてくる。織田軍が詰める二俣城攻めで小次郎たちが地下の抜け穴からトンネルを掘って井戸を涸らすそうとする作戦は面白かったが、個人の私怨が天下の戦乱にマッチしていない傾向は霧隠才蔵ものから見られ、年に一本か二本の封切りとはいえ、こうも続くとさすがにまたか、という気になってくる。

キャラクターに一貫性がないのも難点で、例えば最初はミステリアスで、エラそうだった左太夫が信玄に犬のように忠実で、トンネル掘りでは老体に鞭打って(?)自ら泥まみれ汗まみれで気息奄々になる。彼に仕える茜(安田道代)の出番は序盤のみで、小次郎との恋愛に発展しないのにはホッとしたが、こうなると何のために出てきたのかわからない。小次郎とそう深い関係にあったとも見えない千歳(富士真奈美)がやたら出てきて身代わりに死ぬのも解せない。仇の一人の目印である左足の傷が途中で左手になっているのは失笑ものだ。攻城シーンは旧作数編からの流用。シリーズ最終作。忍者ブームが下火になっていたこともあり、終焉は致し方ない。

特に集客があった二本立ては『続忍びの者』『座頭市兇状旅』が一億七千万円(63・お盆興行)、『続霧隠才蔵』『座頭市関所破り』が一億五千六百万円(64・正月映画)。雷蔵は一九六五年から「若親分」シリーズ(〜67＝全八本)が、一九六六年から忍びの者〝大日本帝国陸軍版〟とでもいうべき「陸軍中野学校」シリーズ(〜68＝全五本)』も始まっていて、フル回転。病を得て一九六九年に逝去した。

第五章　歌って暴れるマイト・ガイ――歩く日活映画・小林旭

　第一章で触れた小林旭は日活映画の「顔」だった。東宝、松竹、大映と並ぶ戦前からの会社――どころか、一九一二年（明治四十五）創業という大老舗日活は戦後の製作再開が一番遅れて一九五四年[*1]（昭和二十九）。以来、五社協定[*2]もあって俳優集めに苦慮し、ヒット作に恵まれないでいた同社にとって干天の滋雨――どころか、救世主にまでなった石原裕次郎の存在は忘れてはならないところだが、『嵐を呼ぶ男』（57）『風速40米』（58）などで一世を風靡した頃、小学生はアンチャンたちが行列を作っていた日活の映画館に入りづらかった。

　デビュー作『太陽の季節』（56・主演は長門裕之）や初の主演作『狂った果実』（同）などの太陽族映画は〝不良が見る映画〟といわれ、ポスターもまともに見れず、未知の世界もいいところだったのである。それでも一九六〇年までに『紅の翼』（58）『世界を駆ける恋』（59）『天下を取る』『やくざ先生』『闘牛に賭ける男』（以上60）を母か姉との〝同伴〟で見ている。

一九六二年までに「トップ10」入りした日活映画は二十一本あるが、そのうち十九本が裕次郎主演作だったことは、人気が如何に凄まじかったかの証明である。やがて、石原プロモーションを設立(一九六三年一月)、プロデューサー兼代表取締役としての顔も持つようになるが、六〇年代も半ばになると映画スターとしての人気は下降していき、ヒット作は『赤いハンカチ』(64)くらいなもの。一九六九年、出演契約を一旦破棄するなどして日活との関係はぎくしゃくしていき、結局『男の世界』(71)で袂を分かつ。

一方、一九七一年のダイニチ映配(*3)時代を含め、アクション映画を中心に文字通り挺身したのが小林旭である。思い起こせば、東映のチャンバラ映画や東宝の怪獣映画をそろそろ卒業しようかという時期に待っていたのが「渡り鳥」シリーズ(59~62=全八本)だった。並行して作られたのが「銀座旋風児」シリーズ(59~63=全六本)と「流れ者」シリーズ(60~61=全五本)。加えて銀座の洋食屋の若旦那、清水次郎に扮した明朗現代劇「暴れん坊」シリーズ(60~63=全五本・通称「銀座の次郎長」もの)。

単発ものも含めて、この五年で五十五本。「トップ10」にランクされたのは『波濤を越える渡り鳥』(61・シリーズ六作目)一本に過ぎないが、この本数はどうして尋常でない。明けても暮れても小林旭の時代があったのである。さらに、名うてのギャンブラーたる氷室浩次を主人公にした「さすらいの賭博師《ギャンブラー》」シリーズ(64~66=全八本)、東京ぼん太とのコンビによる「あいつ」シリーズ(66~67=全四本)があり、この間、着流し任侠ものや暴力団ものも数知れず。裕次郎ファンというのは団塊世代より少し上で、年齢差はせいぜい四つか五つと思うが、この差は小さくない。日活映画を支えたのは裕ちゃん世代とアキラ世代に大別できる。

小林旭の活劇世界はその質と量から日活アクションの歴史そのものだ。高橋英樹の「男の紋章」シリーズ(63〜67＝全十一本)、渡哲也の「無頼」シリーズ(68〜69＝全六本)などもあったが、鉄拳とコルトと匕首《ドス》で銀幕街道を突っ走った小林旭の実績と栄光とは比較にならない。冒頭、あえて日活映画の顔としたのは、それまで縁遠かった同社の映画をようやく見始めた時代と、小林旭がスターとしての地位を作品の質より、圧倒的な量で——数で確立した時期がピタリ重なっていたからだ。そうしたタイミングに加え、浜田光夫や吉永小百合など眼中になかった身からも、その存在は、ことアクション映画という範疇にのみ留まらず、「日活」という映画会社を代表するそれになったのである。

(＊1)　スタートは辰巳柳太郎主演『国定忠治』と小林桂樹主演『かくて夢あり』。新聞広告《アド》に〝満都日活映画に感激爆発〟〝製作再開特別披露二本立《ママ》!〟とある。

(＊2)　自社の専属俳優や監督の他社での仕事を禁止、制約した制度(一九五三年成立)。既存の五社による新興日活潰しともいわれた。一九五八年、日活の参加が決まり、六社協定に。一九六一年、新東宝崩壊で再び五社協定に。各社の減産とスター・プロ設立、大映の破産などで一九七一年消滅。

(＊3)　一九七〇年六月に発足した日活と大映の共同配給組織。一九七一年九月に解消。

（1）

渡り鳥と流れ者

「渡り鳥」シリーズ（全作・斉藤武市）は小林旭の代表的なシリーズものだ。その落し子が「流れ者」シリーズ（同・山崎徳次郎）である。前者は元神戸署刑事の滝伸次が、後者は横浜の麻薬取締官だった野村浩次が各地を渡り歩き、私利私欲（もっぱら土地の権利書強奪）に走るボスと一味を叩きのめして去っていくという物語で、両シリーズにはヒロインの浅丘ルリ子、最初は敵対するものの最後は味方となる拳銃遣いの宍戸錠、主にキャバレーの踊り子役で白木マリがほぼ毎回のように登場（浅丘は皆勤賞）。判で押したようなストーリーと固定化したキャスティング、時に西部劇ごっこのようなスタイルを取ったことから無国籍アクションなどと蔑称された。しかし、それゆえにこそ、この二つのシリーズものは今もその名を残している。

主人公のキャラクター性も酷似しており、滝伸次は一作目から革のダイス・カップや拳銃を左手で操り、左利きとして登場するが、流れ者の野村も場面によって同じ仕種をし（これはポスターにも見られる）、「渡り鳥ってやつは一つ所に居られないんだ」なんて台詞を吐くせいもあって（三作目（『南海の狼火《のろし》』）、両シリーズは同工同曲、違うのは主人公の名前と監督だけと揶揄された。二人は双子の兄弟だったなんて映画ができるのではないかと思ったこともある。『渡り鳥いつまた帰る』の予告編には「おけさの島にギターを持った流れ者が渡ってきた」なんてナレーションが入るから、よけいこんがらかるのである。

時に大川久男との共同がありこそすれ、両方で十三本を受け持ったのは専属脚本家（当時）の山崎巌（クレジット上は「原作」と「構成」が一本ずつある）。番組替わりが原則一週間だった当時、一九六〇年から六一年には別に二十本もの仕事をしているからジックリ吟味する余裕などなかったのではないか。『さすらい』（前出）によれば、それ行けやれ行けの矢継ぎ早の製作は、ギャラが高騰し、そろそろエラそうになってきた裕次郎より、子飼い（一九五六年第三期ニューフェイス出身）のアキラで稼げるうちに稼いでおこうという会社の方針もあったらしい。

「渡り鳥」が小林旭の代名詞ともなったことは周知のことだから、ここでは二番煎じとしての役割しか持てなかった「流れ者」のほうに少しく触れておく。先行した「渡り鳥」との違いを出そうとした気配は垣間見え、例えば、滝伸次は正義感と義侠心から降りかかる火の粉は払わねばならないと、もっぱら受け身で応戦するのに対し、野村浩次は敵に積極的に仕掛け、殴打も荒っぽい。二作目『海を渡る波止場の風』ではキャバレーで一度ダウンした野呂圭介を表へ連れ出し、グロッキーになるまで打ちのめす（滝は優しいから、ダメ押しはしない）。

麻薬取締官だったことは一作目『海から来た流れ者』（60＝四作目まで同）に描かれ、「自由に動きたい」と退職願を出すシーンがあるが、実際に職を退いたかは不明だ。警察・公安の人間が身分を偽って敵のグループに潜り込んでいて秘かに支援する設定が三本もあるのは[*1]偶然とは思われない。

ただ、野村がそれを最初から知って行動していたかは曖昧なままだ。身分が明確にわかるのは浅丘ルリ子が刑事と呼んでいる四作目の『大暴れ風来坊』で、手錠を高品格にかける場面もある。時にスーツにネクタイ姿で、キッチリ決めて登場することもあるが、全編を通しての立振舞は渡り鳥そのものだ。

「渡り鳥」シリーズではあこぎな事業欲一辺倒だった悪役もだいぶ好色になっていて、一作目で珍しく悪役で通した宍戸錠は筑波久子(*2)とディープキスをするばかりか、二作目『海を渡る波止場の風』では浅丘ルリ子を二度も犯そうとする。三作目『南海の狼火』では金子信雄が、五作目(最終作)『風に逆らう流れ者』(61)では山内明が情欲に燃え、抵抗するルリ子をソファに押し倒し、その唇を奪おうとするのである。残念ながら(?)、ことごとく野村に邪魔されるが。

「流れ者」が「渡り鳥」ほどの知名度と普遍性を持てなかったのは、本数も少ないし、それがタイトルに組み入れられたのは二本だけというせいもあった。『大暴れ風来坊』のあとに公開された『でかんしょ風来坊』(61)が「暴れん坊」シリーズの一本だったとは映画館の前でポスターを見るまでわからなかった。

二つのシリーズについては西脇英夫氏や渡辺武信氏により書き尽くされた感があり、この期に及んで「恐れながら……」と提唱したい〝新説〟もないけれど、共通する楽しさとして小林旭が歌うシーンにあったことだけは述べておきたい。歌といっても主題歌(*3)ではない。巻中やラスト・シーンで歌われた挿入歌だ。舞台となった地方都市の民謡や俗謡をアレンジした歌の数々で、特に、キャバレーでギターを弾きながら一曲披露するシーンは語り草とさえなっている。物語には全然関係ない場面ながら、浅丘ルリ子や宍戸錠とのやり取り、賭博シーンやガンプレイの数々とは違った意味で見せ場となり、シリーズを大いに盛り上げた。滝は一貫して流しのギター弾きとして登場するからともかく、野村は別にそれを生業にしているわけではないものの、これは巻中の定番、恒例となった。

以下、俗に〝アキラ節(*4)〟といわれたこれらの歌を中心に両シリーズを振り返る。ひょっとしたら、先例があって、重複していたらご容赦を願うとして、まず、北は北海道から南は鹿児島までギター片手に全国を縦断した「渡り鳥」から。

(*1) 刑事に葉山良二(一作目)と神山繁(最終作)。海難保険調査員に内田良平(三作目)。

(*2) 小林旭と同じ第三期ニューフェイス。グラマー女優として売り出され、一九五七年の『肉体の反抗』『肉体の悪夢』など一連の作品は他社に〝肉カツ映画〟と皮肉られた。一九六〇年フリー。のちに渡米してプロデューサーに転身。

(*3) 「渡り鳥」シリーズは「ギターを持った渡り鳥」(映画タイトルと同名)。「流れ者」シリーズは「さすらい」(『南海の狼火』から)。

(*4) その歌唱ぶりから小林旭の歌全般を指す場合があるが、本章では民謡などをアレンジした挿入歌に適用する。

アキラ節ヒット・パレード(1)

――造船所の敷地にアミューズメントセンターを建設せんとするボスを叩きのめした函館(59・一作目『ギターを持った渡り鳥』)から佐渡へ飛ぼうとしていた(そういう台詞がある)渡り鳥が予定

を変更して(?・)向かったのは南国宮崎(二作目『口笛が流れる港町』60＝五作目まで同。これには同名の主題歌がある)。

ここで温泉ホテル建設のため、鉱山の権利書入手に躍起となる暴力団を壊滅させたあとは、ポスターに〝おけさ歌えばコルトが唸る！ ギター片手に流し射ち！〟とあった新潟は佐渡に向かい、廃鉱に秘匿された旧日本軍の金塊を掘り出そうと画策する悪党に待ったをかける(三作目『渡り鳥いつまた帰る』)。一件落着のあと、折しも祭りの日とて「♪一にイチジク、二にニンジンよ～」と櫓の上で高らかに(?・)歌い上げたのが「おけさ数え唄」。

レコードでは哀調を帯びたメロディになっているが、映画は大団円を象徴するかのようにこまどり姉妹を従え、歌も演奏も陽気でにぎやか。画面いっぱいに広がるおけさ踊りの群舞と取り囲む群衆の中、歌い終わって人知れず去る滝伸次を懸命に探す浅丘ルリ子。ロケ地の祭りの喧騒からヒーローとヒロインの別れのエンディングに持っていく手法は「流れ者」にも見られ、ラスト・シーンを印象的なものにした。男はああいう惜別を人生の途上で一度はしたいと思うのではないか。ロケ地では祭りの季節でもないのに、市長や役所の観光課が大ハッスル、地元民を総動員して撮影用に臨時のお祭りを開催したというのだから、小林旭とシリーズの人気が如何に凄かったかがわかるというものだ。これは「流れ者」でも同様だったという。

〝暮れる磐梯 夕陽に赤く 啼くか山鳥 想い唄〟――四作目『赤い夕陽の渡り鳥』ではキャバレー「レッドキャッツ」で踊り子に絡むチンピラたちを撃退、カウンターでマダムの楠侑子にウィスキーを勧められると、「おごりの酒は性に合わないんでね」というと、「一曲歌ってくだされば、おごりにはなりませんわ」とヤンワリ返され、苦笑いして止まり木から立つか立たないうちに楽団の伴奏が始まり、ステージのマイクに向かって歌うのが、「♪エンヤー 小原庄助どんは でっかいこ〜とが 好ゥきィで〜(＊1)」で始まる「アキラの会津磐梯山」。見守る楠侑子のショットがよくて見入っていると、一番も歌い終わらないうちに白木マリが〝乱入〟してきてブチこわし。レコードかCDで存分聴けるではないかと思うのはシロウトのあさはかさ(？)。映画館の大音量によるサウンドトラックに勝るものはない。

この四作目で孤児となった少年を連れて再び北海道に渡った滝伸次が、釧路のアイヌ集落を守ろうと立ちあがる『大草原の渡り鳥』(五作目)で歌われるのが「アキラのソーラン節」。白木マリをキャバレーに拉致したチンピラどもが宍戸錠にとっちめられて退散しようとするところへ立ち塞がるように現れた滝伸次、ギターで威嚇しつつ、「♪ヤーレン泣くのはおよしよ 涙は苦手だ」と勝手に(？)歌い始めると楽団が呼応して演奏スタート。この間、チンピラどもはアホのように立ちすくみ、歌い終わるまで手を出さないのは「多羅尾伴内」シリーズのラストで、居並ぶ悪党どもがあの名台詞に呆然としながら聞き入っているのと同じで、いわばここもお約束。客やホステスたちの中には手拍子を取るのもいて、こういう情景は確かに見せ場になっていた。独壇場というやつである。

頭のテッペンから声が出るともいわれた小林旭の高音はつとに有名だが、特に、この「ソーラン節」は通常より一段とハイ・オクターブで(ご本人も吹き込みはキツそうだったことがレコードで窺える）、カラオケに入っているとしたら、普通の人は音程をよほど下げないとまず歌えまい。アイヌの祭りでは同じコロンビアR《レコード》の御大、伊藤久男が『イヨマンテの夜』を朗々と歌うおまけつきだった。

日活歌謡映画の系譜

日活では石原裕次郎が一九五六年にテイチクRから映画と同名の「狂った果実」で歌手としてもデビュー。レコードは封切りから一か月後の発売だったが、あとはレコード発売が先行し、「俺は待ってるぜ」は十か月後に、「錆びたナイフ」は半年後に、「嵐を呼ぶ男」は四か月後に封切られた同名映画の主題歌になった。歌の挿入は東映や東宝の現代活劇とは違った印象を与えたばかりでなく、見終わったあとに余韻を残した。赤木圭一郎の『霧笛が俺を呼んでいる』（60）の同名主題歌も立派に流行歌として通用する[*2]（ポリドールR）。

石原裕次郎の歌はレコードも売れて彼に莫大な印税をもたらした。〝歌う映画スター〟というやつで、これに相当する俳優としてすぐ思い浮かぶのは、他に鶴田浩二と小林旭くらいだろう。主演俳優が半ばご愛敬で主題歌を吹き込む例もあるが、レコードが売れた例はそう多くはない筈だ。加山雄三は歌唱より、作曲家としての才能を評価したい。ちなみに、映画俳優として初のレコード会社専属となったことで、その第一号とされるのは昭和十年、『大江戸出世小唄』（35・松竹）に主演して同名歌を歌った高田浩吉[*3]である。

ヒット曲をいただいて映画のタイトル及び主題歌とした、俗にいう「歌謡映画」は戦前からあって、戦後しばらくも各社で時代劇、現代劇を問わず作られた。歌の内容に適《あ》ったドラマもあれば、単に挿入しただけの場合もあるが、いずれにしろ、効果的に使われていたことに変わりはない。日活は昭和三十年代、とりわけ熱心だった。

一九五五年『月がとっても青いから』(菅原都々子)、一九五六年『三橋美智也のおんな船頭歌』(三橋美智也)『若いお巡りさん』(若原一郎)、一九五七年『おばこ船頭さん』(野村雪子)、一九五八年『どうせ拾った恋だもの』(コロムビア・ローズ)『チャンチキおけさ』(三波春夫)『西銀座駅前』(フランク永井)『星は何でも知っている』(平尾昌章=当時)、一九五九年『赤いランプの終列車』(春日八郎)――懐メロ番組でお馴染みの曲ばかりだが、これらは『日活五十年史』(日活、一九六二年)によれば、二本立てが増えてきた各社に後れを取るまいと企画された低コストによる添え物映画だった。まだ経営が完全に軌道に乗っていなかった状況は同書に詳しい。

歌手本人がゲストのような形で主題歌や挿入歌を披露するのがミソで、それが彼らの人気のバロメーターにもなった。鈴木清順の監督デビュー作『港の乾杯・勝利をわが手に』(56・鈴木清太郎名義)は、暗い過去を持つ元船員の兄と競馬の騎手の弟の物語で、八百長レースが絡む当時としては珍しい素材だったが、前サブ「港の乾杯」は流しの役で出ていた青木光一のあまりヒットしなかった歌である。

さかのぼれば、映画会社とレコード会社がタイ・アップした映画主題歌が誕生したのは一九二九年(昭和四)。その嚆矢となった『東京行進曲』を製作したのは日活だった(『日本流行歌史』社会思想社、一九七〇年)。同社の映画と歌のドッキングは守屋浩の『僕は泣いちっち』(60)『有難や節あゝ有難や有難や』(61)などを挟み、六〇年代半ばの舟木一夫や西郷輝彦らの青春歌謡映画に受け継がれた。

(＊1) 歌詞はレコードと異なる場合がある。本章では映画用吹き込みを踏襲する。

(＊2) 宍戸錠ですら(聴くに堪えなかったが)数曲を吹き込んでいる。和製西部劇『早射ち野郎』(61)の主題歌は「黒い馬に跨る男」。「トニーとジョー」は赤木圭一郎との台詞(掛け合い)入りデュエットという珍品(ポリドールR)。

(＊3) 戦後は「伊豆の佐太郎」(映画化題『晴れ姿・伊豆の佐太郎』53・新東宝)、「白鷺三味線」(同『八州侠客伝・白鷺三味線』55・松竹)など。高田は一九六〇年、東映(第二東映)に転じた。

アキラ節ヒット・パレード(2)

小林旭もまた歌と切り離せない。初期の佳編『女を忘れろ』(59・舛田利雄)には初のレコーディング曲[＊1](同名＝コロンビアR・前年九月発売)が使われた。愛する女(浅丘ルリ子)の屈託ない声を公衆電話で聴いて「手紙、読んだよ。ありがとう」とだけ告げて電話を切って煙草を吸おうとする小林旭に、海外での決してまっとうではない仕事を依頼した金子信雄が火をつけてやるシーンにグッときたあと、二人を乗せた車が小雪舞い散る夜の道を行く時に「♪ダイス転がせ ドラムを叩け」と、澄み切った高音がかぶさるラスト・シーンには今でも見る度に危うく落涙しそうになる。舛田の演出もさることながら、山崎巌との脚本も秀逸だ。この一本で、この一曲で小林旭は俳優として歌手としての確固たる第一歩を踏み出したのである。

次の「ダイナマイトが百五十屯《トン》」はラッコの密漁と死んだ恋人の妹との愛を描いた『二連銃の鉄』(同・阿部豊)に使われた。船員たちの溜り場になっている酒場でギター演奏に合わせ、止まり木に座ったまま歌うシーンがある。内容とは関係ない歌で、無理矢理挿入した感じがする(二曲とも船村徹作曲)。この映画では他に「地獄船」と「泣かせやがるな」が挿入歌として記録されている。

出世作となった映画『南国土佐を後にして』(同・斎藤武市)は会社がペギー葉山の同名ヒット曲に便乗、(*2)予定していた『赤いダイス』を改題したものだ。これはテレビ番組で語った彼女のコメントから(放送日、番組名失念)。映画にも実名で出演、刑務所を慰問して小林旭ら服役中の男たちに一曲披露するシーンがある。

香港とバンコクでの海外ロケ作品——戦時中に生き別れになった兄との再会と旧日本軍のお宝探し『波濤を越える渡り鳥』(61・六作目)での「ブンガワンソロ」はインドネシアの民謡と思っていたが、作曲家がちゃんといたそうである。

長崎、佐世保で新規の観光事業に血道をあげるボスを倒す『大海原を行く渡り鳥』(同・七作目)に挿入された「五ツ木の子守唄」はアキラ節に編曲されると、こうも変わるものかと驚く。赤ん坊が逆に泣き出しそうだが、ちゃんと自分の歌にしているのはさすがだ。

その歌手がうまいか下手かは別の歌手の持ち歌を歌わせるとよくわかる。いつぞや、三浦洸一の

「弁天小僧」を歌った美空ひばりには舌を巻いた。〝ひばりの弁天小僧〟になっていたからである。好感の持てる歌手ではなかったが、歌のうまさは天下一品と認めざるを得ない。歌番組で往年の大ヒット曲を歌っている若い歌手の歌など聴いちゃいられない。あれは歌も歌手も殺している。

再び函館を舞台にした最終作(＊3)『「北帰行」より・渡り鳥北へ帰る』(62)の前サブは歌声喫茶で火が付いた歌。落ち目の造船所を倉庫にしようとする一味の策謀を潰すまでだが、それよりも作曲家をめざしていた親友の未亡人(小園蓉子)の逆境をいやにシリアスに描いていたのはどうにも解せない。キャバレーで掃除婦をして病に倒れる彼女の薄幸ぶりは悲惨を通り越している。従来の背景から一転、北国の暗く重い冬空がのしかかってくるような、やるせないフィナーレとなった。

（＊1）　B面「地獄のキラー」は一作目、麻薬を海上で受け取るため向かう船上、ギターの弾き語りで歌われた。
（＊2）　これより先に二人の女性歌手が吹き込んでいるが、不発だった。
（＊3）　本作後の『渡り鳥故郷へ帰る』(62・牛原陽一)はシリーズ外。予告編に〝渡り鳥シリーズ第十弾〟などと出る。小林旭の役名は滝浩(!)。作品のスタイルは踏襲しているが、中身はやくざもの。主題歌「俺も行くから君も行け」も不自然。

歌もタップリ聴かせるぜ

アキラ節はむしろ「流れ者」シリーズのほうで多く歌われた。殺人犯追跡のため伊豆大島にやってきた一作目から「アキラのダンチョネ節」(＊1)がクレジット・シーンと、巻中、ラストに三度も流れる。「♪逢いはせなんだか小島の鴎《かもめ》　可愛いアンコの泣き顔に」——シンミリした中に恋人との別れを悲しみ、未練をふっ切る男の絶唱は何度聴いてもいい。無数のヒット曲を放った遠藤実の傑作の一つと思っている。「おけさ数え唄」が歌われた『渡り鳥いつまた帰る』の前に封切られているからアキラ節の嚆矢といえようか。

桜島に墜落したセスナ機の謎を追う『海を渡る波止場の風』では、白の上下にネクタイ姿でビシッとキメてキャバレーにフラリと入ってきて「♪街のみんながふりかえる　青い夜風もふりかえる」と「アキラのズンドコ節」を披露する。例によって客は聴き入り、ゴロツキどもも制止するでもなく、歌い終わるまで待っている。それを尻目に二番まで歌ったところで、ようやく「何だ、テメエは！」と突っかかってくる高品格を軽くいなすと、ギターで頭をドカン。

この曲には「海軍小唄」など兵隊さんたちの愛唱歌にもなった元唄が存在し、ドリフターズや氷川きよしのアレンジ・ソングもあったけれど、〝正調ズンドコ節〟は誰が何といおうと、これである。昭和二十二年、田端義夫が「街の伊達男」なる別題（副題？）のある「ズンドコ節」を吹き込んでいて、テレビで聴いたことがあるが、あまり流行らなかった。メロディもだいぶ異なるようである。この映画にはもう一曲「鹿児島おはら節」が挿入され、軽快なメロディと調子の良さにこっちも一緒に歌いたくなる。レコードには同時収録され、B面はつまらない歌が収録されるのが常だった当時にあって贅沢なカップリングだった。

宇和島にロケし、養殖真珠独占を狙う連中を一掃する『南海の狼火』では「♪喧嘩するほど仲がいい〜」と、「アキラのツーレロ節」をやはりキャバレーで熱唱。[*2]歌い終わるとニヤニヤしながら客に投げキッスまでする。ラストの和霊祭りでは声を張り上げ、「♪情けナ〜かけた情けは浮気じャ咲かぬ〜」と地元の「宇和島音頭」を披露する大サービス。浅丘ルリ子や白木マリ、堀恭子が地元の女性たちと一緒に楽しそうに踊っているのがいい。「さすらい」も再三流れて、それこそ歌謡アクション映画の趣きで、いや、実に楽しい。その昔、日活映画はかくあったのだ。宇和島では年に何度か定期的に開かれている闘牛大会のシーンも挿入されているが、これには後年も後年、東映の「トラック野郎」シリーズ四作目『天下御免』(76)で再見することになる。

同じ四国は松山を東洋のモナコにしようと画策する怪三国人(藤村有弘)とやくざ一味を倒す『大暴れ風来坊』で冒頭流れる「アキラの炭坑節」は場違いな気がするが、ユーモラスな曲で聴かせる。キャバレーではギターをつま弾きながら歌い、ここではバックの楽団員までボーッと突っ立ったままなのが惜しい。演奏付きは再び「アキラのズンドコ節」で、これはもう小林旭ワンマン・ショウ。俳優は主役にならねば絶対損だと感じ入った。

主演者はでかい顔をしていいのである。スターはふんぞり返っていいのである。この映画は「渡り鳥」にも散見するようになっていたダレたシーンがなく、素早いカットの切り替えで、快テンポのまま見せた。賭博にはどう見ても縁のなさそうな運送屋の社長(北沢彪)がイカサマでスッテンテンになるのはパターンの踏襲で、さすがにまたかと思うが、藤村有弘が珍しく最後までよかった。

両シリーズのキャバレー・シーンに文字通り〝前座〟で出ていた水上早苗が、ここでも歌っているのはコロンビアRの売り出し作戦だったらしいが、つまらない歌ばかりでは話にならない。却って哀れである。豊橋を舞台にした最終作『風に逆らう流れ者』(61)に特に書くべき歌はない。物語も悪党の目的が造船所乗っ取りか強力な火薬の強奪か曖昧なままだから、アクションもさっぱり盛り上がらない。シリーズ末期を象徴する大凡作である。

（＊1）「さすらいの賭博師」シリーズ二作目『黒いダイスが俺を呼ぶ』(64)で「さすらい」「アキラのソーラン節」と共に挿入歌としても。こういう重複例は多い。

（＊2）クレジットされた「アキラのホイホイ節」は歌われない(レコードは「さすらい」のB面)。なお、「ダンチョネ節」や「ズンドコ節」などのレコード・ジャケットの曲名には「アキラの」がついていない。本章では後年のCD集に準拠した。

歌があっての渡り鳥

こうした挿入歌に功あったのはコロンビアR名うてのプロデューサー、馬渕哲三。ここに記した「アキラの○○節」などアキラ節の大半は西沢爽作詞、遠藤実作曲による。

何もアキラ節に限ったことではないが、我々が過去のヒット曲の一番あるいは一小節くらい歌えるのは耳が記憶しているからである。映像は忘れても何十年も前のCMソングをつい口ずさむのもその例だ。赤ん坊が徐々に言葉を覚えていくのだって耳からなのである。

いささか手前味噌になるが、筆者が今でも大昔に流行したニール・セダカの「恋の片道切符」やデル・シャノンの「悲しき街角」を英語で歌えるのは毎日、兄のレコードを聴いていたからだ。ジャケットの英詞を暗記したのではない。今は小学校から英語の授業があるそうだが、愚案を呈せば、テキストの代わりにアメリカの幼児向けアニメ番組を毎日見せればいい。簡単な日本語の字幕をつければ、発音はもちろん、挨拶や日常会話くらいはすぐ覚えられるハズだ。もっとも、英語を話すガキなんぞ可愛くも何ともない気がするが。

「渡り鳥」に戻れば、小林信彦氏は「小林旭の映画を見るのは、二十代半ばの男にとっては、恥ずかしいことであった。（中略）とくに〈渡り鳥〉映画を見るのは、具合の悪いことでもあった」と述懐し、その諸作を「ゲテモノともいえる作品群」とまで書いている。(*1) 前後の文章は勝手ながら省略したが、要は、そのデタラメさやバカバカしさを衝きながらヒーローとしての渡り鳥＝滝伸次と小林旭のスター性を論じているのだが、二十代にはまだ程遠かった身には恥ずかしいことでも具合の悪いことでも、況や、ゲテモノなどでは断然なかった。リアル・タイムで見た時の彼我の年齢と映画体験の差である。小林旭は、ただひたすらカッコよかったのだ。

滝伸次は馬に乗り、ギターをつまびき、歌を歌い、悪党を手練の早撃ちで倒し、想いを寄せる女の慕情を知っていながら接吻一つせず去っていく――通俗娯楽映画のヒーローはそれでいいのだ。そうあらねばならない。本シリーズがヒットした背景には経済の高度成長と安保反対運動の世相があったとする論があるが、それで全国の日活系映画館に観客が詰めかけたわけではあるまい。〝映画界の王者、大日活のみがなし得る痛快娯楽巨編〟（『渡り鳥はいつまた帰る』予告編）の数々を心底楽しんだ日々こそ貴重である。

見知らぬ土地にきた男が窮地に陥った家族を悪党から救い、去っていくという大筋から「あれは『シェーン』の焼き直し」という人がいる。似たような話は日本の股旅ものにもいくつかあるかもしれない。「渡り鳥は三味線で歌った高田浩吉の現代版さ」とアッサリいい放った知人もいる。

なるほど、三味線こそ弾かなかったが、密書を携えた若衆姿の娘(久保菜穂子)を庇護する『晴れ姿・伊豆の佐太郎』では主題歌が二回も流れ、旅回り一座の芝居小屋で俄か役者に扮して踊りを交えて二曲を披露(追跡者たちは気付かずに舞台を見ている)。道中、ご落胤をめぐるお家騒動に巻き込まれる『名月佐太郎笠』(新東宝・55＝役名は浅間の佐太郎)にも主題歌・挿入歌がふんだんに流れ、あたかも股旅歌謡映画の観を呈する。案外、的を射た表現かもしれない。

両シリーズを再見すると、パターンの繰り返しにさすがにウンザリしてくる。一か月か二か月のインターバルがあった公開時と違い、ソフトでまとめて見る弊害に他ならないが、その上でいえるのは「渡り鳥」で内容的に遜色がないのは『波濤を越える渡り鳥』まで。最終作は、なぜこんなに作風が変わったのかと驚くくらいの暗欝なドラマだった。「流れ者」も最終作はネタ詰まりか、ひどい仕上がりで、アキラとルリ子が出ていればいいという会社の安易な方針が見え見えだ。末期的症状というやつで、二つとも終わるべくして終わったといえる。

それでもＤＶＤで滝や野村がキャバレーで歌うシーンになると、いいトシこいて「待ってました！」と、一人で手を叩いて嬉々としたこと幾度か。早送りで、そこだけ何度も見たこともある。つまるところ、この両シリーズはアキラ節があってこそだと断言できるのだ。テレビに〝偽装渡り鳥シリーズ〟(＊2)があったことを付記しておく。

なお、シリーズ外になるが、西部劇調の『高原児』(61・斎藤武市)のラスト――去り行くアキラと丘の上で見送るルリ子が大分民謡「宇目の歌げんか」を交互に歌うシーンは泣けた。二人が平成二十六年に吹き込んだデュエット・タイトル「いとしいとしというこころ」（愛し愛しという心）は『東京の暴れん坊』（60）の挿入歌——「♪戀という字をヤッコラヤノヤー」で始まる「アキラのノーチヨサン節」の一部である。また、「さすらいの賭博師」シリーズで歌われた「自動車ショー歌」の替え歌「賭博唱歌」（作詞者ノン・クレジット）はレコードやCDに収録されていないと思うので映画用歌詞を採録しておく。聴き取りなので表記が正しいかは保証の限りでない。元唄の作詞は星野哲郎。

（一）　スマートボールでハンサムで　チョボイチ喧嘩に双六で
コイコイ嫌いの色嫌い　サイコロリングとしゃれこんで
大好きダイスのひとり旅　これぞ男の手本引き

（二）　ブリッジヒップはグラマーで　ペースはスロットと遅いけど
コイコイ狂いの色狂い　オイチョカブって猫かぶり
バッタバッカラ男狩り　これぞ女の手本引き

（＊1）『小さい巨像』（朝日新聞社・一九七四）所載「ギターを持った渡り鳥」。

（＊2）藤竜也が特命捜査官〝滝信次〟に扮し、各地で事件を解決する『特捜シリーズ』（CX＝64・全十三話）。宍戸錠の弟、郷鍈二が兄と同じような役で登場。番宣広告に〝渡り鳥シリーズ登場！〟とある。スタッフ＆キャストは日活勢。

（2）

「銀座旋風児」シリーズは地方都市を背景にした「渡り鳥」や「流れ者」と対照的に、大東京のど真ん中、銀座にオフィスを構える二階堂卓也が様々な犯罪グループに敢然と挑戦する都会調アクションで、小林旭初のシリーズものになったが、結論を先に述べると話題的にも興行的にも今一つで、後続した二つのシリーズものの前に霞んでしまった。以下、タイトル表記は一作目からある前サブ「二階堂卓也・銀座無頼帖」を省略。クレジット通りに表記した場合は（長くなるが）メインタイトルを〈　〉で括った。監督はすべて野口博志。

正体不明の快男児

その一作目――〝花の銀座の雑踏で 粋なダスターなびかせて 決然立った快男子《ママ》〟〝躍進大日活が放つ娯楽超特作！〟（予告編コピー）と謳われた『銀座旋風児《ギンザマイトガイ》』（59）は、戦時中に国民から徴収した宝石類を戦後のどさくさにまぎれて着服した四人の男の犯罪を暴くまで。

ボスの堀田（芦田伸介）は王徳宝という中国人名を持つ二重国籍者。情報屋の政（宍戸錠）や、新聞記者の荒木（青山恭二）の協力もあって証拠を集めた卓也は死んだと思わせ、堀田のキャバレー新開店パーティに颯爽と現れ、衆人環視の中、その罪の数々を明らかにする――というのがあらましだが、この主人公、捉えどころがない。

時代劇、現代劇を問わず、通俗娯楽映画のヒーローはキャラクターが立っていなければならない。キャラクターとは他の誰でもない、そのヒーローのみが持つ個性のことであり、それは強ければ強いほど存在感を増し、観客を魅了する。然るに、装飾美術業界の〝麒麟児〟とされるインテリア・デザイナーとして登場する本編の主人公は実に様々な顔を持ち、「センセー」と呼ばれるのはともかく、〝銀座退屈男〟とも称され、貴族の出とか、やくざの血を引いているとか(「等外《トーガイ》」という隠語を説明したりする)、一方では老練の検事(菅井一郎)とも親交があって、私立探偵もどきの行動を取る。もちろん、〝旋風児〟の通り名もある。

主題歌に「♪俺の昔を聞かれても　誰も知らない　忘れたぜ[*1]」と歌われているよう、正体不明の快男児といったところなのだが、若い女たちにキャーキャー追いかけ回される理由もさっぱりわからず、と思えば、おでん屋の年増女将お春[*2](南風夕子)と夜の雨の道を相合傘で歩くシーンは場違いなほどのロマンス・ムードにあふれ、主題歌が流れるに及んでは、それこそ歌謡映画の趣きすらある。

これは、おそらく企画や脚本の段階で、どんなヒーロー像にすべきか決めかね、結局は曖昧なままになってしまったからではないか。変装までして、最後に詩歌らしき文言を書いた紙片を残して去っていくのは誰の受売りか、いうまでもないが、その変装は七変化どころか申し訳程度で、御本尊にせせら笑われるのがオチ。要するに、下手な馬券買いのように、あれもこれもと欲張り過ぎたのだ。

加えて、展開が安易に過ぎる。卓也は堀田が香港に行くという情報を政から得るや、次のシーンでは同じ便の座席を確保している。当地では(ロケなどしていないが)堀田に父を殺された明子(浅丘ルリ子)を保護し、いとも簡単に日本に連れ帰り、助手にする。これは超法規的処置としか考えられない。母にも死なれた明子は「孤児」だけで済まされ、どうして異国の地で生きてきたのか。施設にでもいたのだろうか。ピストルはどこで入手したのだろう。すぐ露見しそうな男装などまったく意味がない。

政とアル中仲間の一人を監禁した堀田に子分から「旋風児は吉野ビルにいる」という電話が入る。敵をおびき出す卓也の作戦なのだが、ボスは凄い直感力で「奴はもうきている」と窓を開けると、果たしてそこに卓也が(!)。しかも、とっくに政たちを救出している(!!)。電光石火の早業だ。排水孔に落下、あわや海の藻屑となるピンチ脱出シーンは描かれない。一体どうして助かったのか。我々は想像力を働かせなければならない。観客置き去りの映画なのである。一作目から早くも暗雲漂い、それが晴れることはなかった。

偽造紙幣でひと儲けを企む公団理事長(安部徹)や経済団体の黒幕(植村謙二郎)を追い詰める二作目『黒幕は誰だ』(同)からは私立探偵の色合いが濃くなっていく。卓也は冒頭から一味に追われている偽札の印刷工を救出し、早くも犯罪を嗅ぎ付けていた――どころか、知っていたとしか思えない神出鬼没ぶりを見せ(場所は三宮だ!)、留置場に差し入れされた弁当に毒が混入されていることも察知する。多羅尾伴内にも異常なまでの直感力があったが、これはもはや超能力だ。

金融業界の理事長射殺事件の瞞着を暴き、真のボスと狙撃手(二本柳寛)一味を一網打尽にする三作目『二階堂卓也・銀座無頼帖　銀座旋風児〈目撃者は彼奴だ〉』(60)でも開巻から、とっくに内偵調査をしていたかのように事件現場にいる唐突さは変わらない。

四作目『二階堂卓也 銀座無頼帖 ギンザマイトガイ 銀座旋風児〈嵐が俺を呼んでいる〉』(61)では税関勤めの男が何者かに殺される。遺品となったカメラからはフィルムが抜き取られている。上司の税関長は頑なに口を閉ざす。外車の不正輸入一味の暗躍を知った卓也は逃走するボスたちを追って名古屋までクルマをぶっ飛ばす。追跡はスリルも緊張感もなく、ガサ入れを食ったヤクザたちが慌てふためく賭場のシーンのみ秀逸だった。

五作目『帰って来た旋風児』(62)は卓也の欧州帰朝新作発表会(何の発表会か不明)が殺人現場と化す冒頭から、ダルマ船や快速艇を使った海洋アクションを挟んで、邦人女性たちに売春を強いる香港のコールガール組織一掃まで焦点が合わないまま。エピソードのバラバラぶりは日本人グループと外国人一味のダイヤ争奪戦を描く最終作『風が呼んでる旋風児〈銀座無頼帖〉』(63)に至ってますます顕著になり、警察が容疑者捜査のため旅客機の乗客をホテルに軟禁状態にしたり、何でも呑み込む〝人間ポンプ〟が登場したり、子供の誘拐があったり、支離滅裂。観客の戸惑いなど、知ったこっちゃない案配だ。

このように、事件の一つ一つはヴァラエティに富んでいるものの、どれもこれも印象散漫なのはエピソードの羅列で、その場その場をしのいでいるだけで物語に芯がないからだ。表向きは「♪テクニカラーの人生を　今日も明日も突っ走る」(＊3)（主題歌）ヒーローが悪党どもの策略と陰謀を次々に打ち砕いたと見える「銀座旋風児」シリーズは、なぜ、こんなテイタラクになったのか。これは偏《ひとえ》に御座なりな脚本に帰する。

（＊1&3）サウンドトラックの一節。レコード、CD未収録（?）。作詞の吉沢ひかるはテイチクR専属の水木かおるがコロンビアRの仕事のため使った変名。

（＊2）セミ・レギュラーとして一、二、四作目に出演。二作目を渡辺美佐子としているデータは誤記。

雑な脚本の弊害

御座なりとは、その場しのぎで物事を取り繕い、いい加減に処理することをいう。一作目にはそれらが早くも出ているが、他にも例えば、偽札を香港ドルに替えて本物の円に換金する計画を立てるボスは、それが贋造と露見する心配などテンからしていない。ダイナマイトで木端微塵という卓也の危機突破の種明かしは噴飯ものだ（2＝話数・以下同）。主人公顔負けの神出鬼没ぶりで至るところに姿を現わすヤクザの内田良平が逮捕されたかは定かでないし、二本柳寛が伊豆の猟場で卓也を射殺するチャンスはいくらでもあったのに無駄話ばかりで果たさないのは（3）、フィート稼ぎとしか思われない。

しばらく画面に登場しなかった明子が税関課長宅にお手伝いとして住み込んでいたのには空いた

口が塞がらず(4)、負傷して卓也の事務所に担ぎ込まれた身元不明の女がそのまま居座る設定は大疑問で、卓也が舞台演出を受け持つミス・インターナショナル・コンテストは忘れられる(5)。子供救出のため悪党の無線による指示で、あちこち引っ張り回されるのは『ダーティ・ハリー』(米・72)の先取りと思わせたが、ストーリーの焦点がダイヤ争奪から子供救出にすり替わっている(6)。

　こうした不自然さ、ちぐはぐさは全作に見られる。各場面に興味は持たせるものの、関連性は脆弱なままラストに持っていくという杜撰な作劇法である。シリーズを通しての脚本は川内康範(3作目から織田清司名義。最終作のみ川内・織田連名)。

　映画を反芻して、粗《アラ》を突いたのではない。些細なことをほじくり出したのでもない。これらは誰だって鑑賞中に感ずる疑問だろう。それを日活の映画製作再開以来、コンスタントに仕事をこなしていた職人肌の監督が脚本《ホン》を読んだ段階で気がついていない筈はない。卓也がハワイの日系二世の実業家に化けて料亭で日本酒を飲む場面に、お、これは面白そうだと期待していると、やる気がないのではないかと勘繰りたくなるほど凡庸な演出に終始し、座もこちらもシラけるだけだった(3)。4作目の賭場のガサ入れシーンが光ったのは本来活劇畑の監督の鬱憤晴らしだったとも思われる。主人公の毒物混入察知は全シリーズ中、三回(2、3、5)、婦女子の拉致監禁は5回もある(2、3、4、5、6)。

　あれこれ事件を起こすのはいいが、細部にまで神経が行き届いていないのだ。雑なのである。大まかなプロットから主要キャラを何人か決め、事件や犯罪の大筋だけを掴んで、細かい経緯は省略するか、その場その場で台詞を追加して辻褄を合わせていく作劇法は、当時のテレビの子供向けヒーロー番組と似ている。ここで我々は川内康範が『月光仮面』や『七色仮面』などの原作者だったことを思い起こさねばならない。

すなわち、このシリーズはそれらの〝日活版〟——二階堂卓也はマスクをしない祝十郎、仮面をかぶらない蘭光太郎であり、そう解釈すれば、すべてお見通しのような行動は蓋し当然のことになる。一作目のクライマックスで期待された銃撃戦がお預けになり、卓也が堀田の右腕を撃つだけに留めていたのは、月光仮面の信条「憎まず、殺さず」を彷彿させるではないか。

かくて、一味のアジトと料亭を繋ぐ秘密の地下道があり、料亭の床の間に時代劇さながらの隠し戸があるのも(2)、高品格がわざわざ天井裏から出現するのも(4)、松尾嘉代の妹が「誘拐された」の一言で処理されるのも(同)、卓也の香港における売春婦救出や一味との関わりも台詞だけなのも(5)、どう見ても手術室など完備してなさそうな古ぼけた医院でダイヤを太腿に埋め込むオペが行なわれるのも(6)すべて納得できる。逆にいえば、本シリーズはちょっと気のきいた脚本家なら〝旋風仮面〟とでもして、子供ものTVシリーズに容易に改変できただろう。売春組織は身代金目当ての誘拐団にでもすればいい。

いちいち書かないが、台詞には耳にすると、不自然な表現や言い回しがあるのも気になった。一つだけ書いておくなら、卓也が新聞記者の売春婦取材を拒否する理由の「基本的人権の確立」だ。彼女らを庇っての発言だろうが、主人公がこんな台詞を吐くのは日活アクション、いや日本の現代活劇史上初だろう(5)。作詞家としても知られる川内康範という人には公になっているデータだけでは全貌が窺い知れない面がある。『怪談累が淵』(57・新東宝)や『南国土佐を後にして』などはきっちり仕上げた脚本と思っているが、本シリーズはかくの如し。私事になるが、筆名の勝手な拝借もあって心苦しいけれど、正直なところだ。

キャスティングの不備

シリーズものには欠かせないレギュラー陣の固定がなされなかったことも災いした。柴又に帰ってきた香具師《テキヤ》があれこれ騒ぎを起こし、最後はまた旅に出るというパターンを飽きもせず繰り返した「男はつらいよ」シリーズ(69~95・松竹)という、毒にも薬にもならない映画が四十八本も続いたのは、マドンナ役はともかくとして助演者のキャスティングをほぼ変えなかったこともある。純真無垢な〝寅さんファン〟はそれに安心して客席にゆったりと身を委ねていたのである。「渡り鳥」シリーズだって、浅丘ルリ子や宍戸錠がいたからこそではなかったか。しかし、このシリーズは、その配慮が足りなかった。

助手役は浅丘ルリ子から松原智恵子に交代(5、6)。宍戸錠(1・2)から引き継がれた情報屋は小沢昭一(3)、近藤宏(4)、藤村有弘(5)とコロコロ変わった。最後が悪役で出ていた(1、4)高品格だったのは駒が尽きたのか。小林旭との掛け合いは、さすが宍戸錠がソツなくこなしていただけで、あとは呼吸《いき》が全然合っておらず、三流のお笑いコンビよりひどい。三作目から検事に代わって毎回出てくる中村捜査係(課)長も浜村純以下、山内明、芦田伸介、梅野泰靖らバラバラであり、一貫していたのは荒木記者役の青山恭二だけだ。このあたり、日活の俳優陣の手薄さを暴露したようでもある[*]。

これは悪役陣も同様で、主役をタジタジとさせるくらいの人を得なかった。梗概中にボス役の俳優名を省略した例が多いのは、顔がすぐ浮かぶまいとの独断による。名前を出した芦田伸介だって本来の持ち味は別だ。安部徹は貫禄からして植村謙二郎より上だし、大体、内田良平如きにたやすく殺されるようなタマではない(2)。渋く、貫禄もある二本柳寛がナンバー2なのは明らかに役不足(3)。

シリーズものといってもほぼ一年に一本の割合だったし、俳優個々の都合を考慮しても(そんなに忙しそうな俳優は見当たらない)、キャスティング自体、ヘンなのだ。そういうところに映画ファンは敏感であり、会社は小林旭の一枚看板で押せば何とかなるというハラだったかもしれないが、観客はヒーローの活躍と同時に悪玉の跳梁跋扈も期待しているのだ。監督は本シリーズ後に「晴康」と改名した。

どこを取ってもシックリこないシリーズもので、こんな調子でよく六本も作られたものだ。リアル・タイムでは二本か三本しか多分見ておらず、これは最初に接した作品(三作目だと思う)に面白かったという印象が薄かったからではないか。「俺は渡り鳥より、こっちが楽しみだった」という友人もいるから、これは好き好きだというしかない。キャバレーのセミ・ヌードも妙に控えめだった気がする。
――と、ここまで書いて、ふと気がついた。「銀座旋風児」シリーズがつまらなかったのは主人公が歌うシーンがなかったからではないか、と。ラストに記憶があるのは卓也が名古屋城と和服姿の女性たちの踊りをバックに滝伸次さながら「中京祇園音頭」(画面からの勝手な命名)を歌った四作目だけだ。銀座は日本一の盛り場だし、主演者は持ち歌ふんだん。旋風児が事件解決を祝って、バーかクラブで一曲披露するのには絶好の舞台ではないか。そして、それこそが歌って暴れるマイト・ガイの真骨頂ではなかったか。

(＊) 俳優が手薄な日活は民芸、俳優座など複数の劇団に人材を求めた。離反、参入があるので各劇団名は省略するが、本章分では金子信雄、小沢昭一、西村晃、山内明、芦田伸介、梅野泰靖(『幕末太陽傳』では「泰清」)、北沢彪、垂水悟郎(『大草原の渡り鳥』など)、渡辺美佐子、楠侑子、南風洋子ら。

(3)

日活が任侠映画――いわゆる着流しやくざ映画に乗り出したのが一九六三年から。このジャンルが鶴田浩二と高倉健を擁した東映が終始リードしていったことは周知の事実だが、日活では高橋英樹主演の『男の紋章』(63・松尾昭典)が好評でシリーズ化された。一九六一年二月、裕次郎、アキラに続く〝第の三の男〟赤木圭一郎が事故死した三か月後に入社(第五期ニューフェイス)、主に純愛・青春ものなどに出たものの、会社の売り出しと期待になかなか応えられなかった高橋英樹はようやく〝第三の男〟になった。このシリーズ以外にも会社がポルノにシフトする一九七一年までの着流しもの三十本余(助演・外部提携作品を含む)があったことは誇っていい。

小林旭の主演作十三本中にはポスターやクレジット序列はトップながら、ドラマの実質的な主人公は高橋英樹になっている『対決』や『血斗』、冒頭しばらくとラスト近くにしか出てこない(!)『地獄の破門状』などがあることは考慮したい。本数がそう多くないのは先の三つのシリーズもの終了後に「さすらいの賭博師」と「あいつ」シリーズが始まり、夜の銀座を背景にした「女の警察」シリーズ(69〜70＝四本)や、その姉妹編とでもいうべき「ネオン警察」シリーズ(70＝二本)、それに単発のアクションものや、現代暴力団もののもあったからである。まず、着流し姿の渡世人ぶりを見てみよう。

小林旭・やくざの横顔

初めて見た小林旭の任侠ものは『関東無宿』(63・鈴木清順)。このジャンルはまだ珍しく、一般的にはまだ認知されていなかった頃で、まして、高校一年生に花札賭博や任侠道のことなど、理解できるはずもないから内容はろくすっぽ覚えておらず(当たり前だ、何年前じゃ)、主人公の殴り込みも子分を一人射殺するだけで、最後は独房でおとなしく座ったままのラストに変な映画だなあという印象しか持てなかった。ただ、小林旭に斬られたテキヤ(河野弘)が襖にぶつかると、それがスローモーションで倒れ、バックが赤一色になるシーンと、どういうものか、ペテン師（台詞より）辰子役の伊藤弘子という女優が、ずっと脳裏に焼き付いていた。再見した際の感想を述べておくと、これは男を謳う東映の諸作とは極めて異質な内容だった。

――古い博徒である伊豆組の代貸、鶴田光雄（小林）と、各地の賭場を渡り歩いていた辰子との道ならぬ恋模様。着物が似合う伊藤弘子は決して美人タイプではないが、しっとりとした落ち着きの中に妖しいような女の情念を秘めている臈《ろう》たけた風情。旅先の旅館で初めて会った光雄の「任侠の道も野心も捨て、この女と旅から旅へ流行歌のように流れてみたい」というモノローグがいい。光雄は彼女が敵対する吉田組の若い衆、ダイヤモンドの冬（平田大三郎）の姉と知るが、激情に駆られ、抱く。辰子は辰子で、それを予期していたように抗いもせず体を開く。だが、彼女には名うてのいかさま博奕打ち（伊藤雄之助）がいて――。

川が流れ、三本立ての映画館がある東京の下町や湯煙あがる温泉地の情景がよく、賭場のシーンも丁寧に撮っている。キリリとした物腰で、清潔感すらある小林旭の渡世人ぶりも見ていて気持ちがいい。しかし、任侠道と他人の花の二者択一に揺れる主人公の苦悩はストレートに伝わらず、どっちつかずの印象は拭えない。やくざに憧れる女学生（中原早苗）は途中から蒸発したようにしばらく出てこないし、光雄を慕う松原智恵子も中途半端な存在のまま。吉田組への単身殴り込みは斬り合い抜きだ。

任侠ものと書いたが、背景は現代である。原作は『地底の歌』（平林たい子）で、日活はタイトルをそのままに一九五六年に映画化している。光雄役は名和宏(*)。平田が演じた役は石原裕次郎。河野弘は六〇年代以降の日活任侠映画で俳優に刺青と彩色を施した人で、時折、河野光揚の名がクレジットされた。

「♪やくざ嫌って畚《もっこ》を担ぐ 土方稼業は 稼業は意地さ」(主題歌「花と怒濤」)――青山光二の小説『修羅の人』(一九六〇年)を原作とした『花と怒濤』(64・同)は、土地の親分に嫁入りを強要された婚約者おしげ(松原智恵子)を救って潮来から浅草に逃げた尾形菊治(小林)の苦難の日々。飯場暮らしで汗を流しながら男を上げ、その気風《きっぷ》の良さと度胸を政財界の偉物に気に入られ、村田組の組頭にまでなる菊治だが、二人を抹殺すべく刺客(川地民夫)が付け狙い、さらに蛇のように執拗な刑事(玉川伊佐男)が居酒屋で働くおしげにまとわりついて――。

　怪傑ゾロを彷彿させる鍔広の帽子と黒マントを羽織って出てくる川地が断然異彩を放つ。一見、場違いのようだが、浅草オペラ華やかなりし頃の大正期を背景にした映画にはふさわしい扮装《いでたち》だ。追われる者の不安と焦燥、鍬入れ式での土方とやくざの大乱闘、お手を拝借の手打ち式、緊迫の賭場シーン。顔面への折檻に怪談並みのメイクまでする小林旭、健気な松原、背中の刺青を披露する元馬賊芸者の万竜(久保菜穂子)――。見せ場と登場人物の多彩さで、物語は満州へ渡ろうと二人が秘かに向かう新潟港でのクライマックスへと雪崩れ込む。

　ここでは菊治、おしげ、万竜、刺客、刑事の主要キャラが勢揃い。それぞれの思惑と縺《もつ》れから一人死に、二人死に――出航の銅羅が鳴る中、おしげが身重であると知った刑事の温情と言葉が泣かせる終幕となる。前半は若い二人の難儀をジックリと、後半は浅草からの脱出行をスリングに見せ、最後まで飽きさせなかった。これはスピーディな展開と適度の遊び感覚を交えた宍戸錠主演の『野獣の青春』(63)と並ぶ鈴木清順出色の娯楽編といっていい。この監督はカラー作品で独特の色彩感覚を見せ、『刺青一代』(65)で歌舞伎の所作を取り込むなど、ユニークな作風と演出で映画青年や一部の批評家を喜ばせていくものの、度が過ぎた『殺しの烙印』(67)が社長の逆鱗に触れ、解雇された。会社資本で作られる商業映画の範疇を明らかに逸脱したからである。

(＊) 一九五四年の日活ニューフェイス一期生。一九五八年松竹に移り、一九六四年からフリー。

任侠版アキラとジョー

小林旭の任侠もの一作目は『男の紋章』のほぼ一か月後に公開された『関東遊侠伝』(63・松尾昭典)。元は渡世人で、賭場のいざこざで三次という若い渡世人を殺した過去を持つ車夫の外岡に扮し、堅気の身ながら恩義ある高遠組のために尽力するもの。その縄張りを狙う千羽組に身を寄せ、外岡をつけ狙うのが三次の兄の関東政(＊)(宍戸錠)。二つの組はめでたく(?)手打ちになり、クライマックスの外岡と政との対決は痛み分け。双方傷つきながらも、外岡が政を担いで砂浜を歩いていくラスト・シーン。封切りから十一年(!)を閲した一九七四年に新宿昭和館で上映されていたのは僥倖だった。

小林旭と宍戸錠は姉妹編のような『東海遊侠伝』(64・井田探《もとむ》)でも共演。ここでは同じ女に惚れた二人が再び対決。宍戸は女の心情を慮ってわざと刺されるラストが待つ。二本とも瀬戸口寅雄（といっても知名度はないだろうが）の原作で、前者は「小説倶楽部」、後者は「小説の泉」所載という。ちなみに、宍戸錠は日活初期の任侠ものの一本、兄弟分を殺した男を追う『遊侠無頼』（63・松尾昭典）に主演している。

宍戸錠には遠い昔に見たデビュー作『警察日記』（55・久松静児）で、ほっそりした爽やかな好青年といった印象を持った。(＊3)『川上哲治物語・背番号16』（57）では川上の投手時代の女房役――捕手の安原を演じていたのを思い出す。〝エースのジョー〟と呼ばれ、『早射ち野郎』（61）に始まる〝和製ウエスタン〟など、主演作も多々あるが、小林旭との共演作では脇に甘んじた。敵対はするが、最後まで憎めない助演者という彼のポジションは「渡り鳥」や「流れ者」シリーズから受け継がれている如くであり、その役割は以後も変わらない。

日活アクション史において〝アキラとジョー〟は長く名コンビとして知られたが、それは一流の漫才師と違って同格の意味を持つものではなかった。宍戸が格下という意味ではない。ただ、主演作の観客動員力は歴然たるものがあり、宍戸はそうした事実を認め、会社での自己の立場を理解し――元々、主演への格上げは石原裕次郎の長期入院と赤木圭一郎の死による会社のローテーション変更があった――自ら控えていたようなところがある。小林旭より年上でもあり、ニューフェイス組の先輩でもあるが（一期生）、大人だったのであろう。日活を離れた二人が『仁義なき戦い・完結篇』（74・東映）で対立する構図には昔日の〝アキラとジョー〟の関係は微塵もない。当たり前の話には違いないが、そこに歳月が流れたことを認識した観客は少なくないだろう。

記憶に間違いなければ、二人の対決を初めて見たのはユニフォーム姿だった。マウンドに立った小林旭の投球に打席に立った宍戸錠は凡打に終わり、グラウンドに這いつくばって悔しがる――こしか覚えていない映画は『東京の孤独』（59・井上梅次）。

それにしても、この頃の小林旭の輝くばかりの精悍な顔付きと折り目正しい身のこなし、贅肉のない引き締まった肉体はどうだ。若かったんだなあと嘆息する一方で、ここにはかつての――とはいっても、ホンの少し前のことだが――渡り鳥や銀座旋風児の面影は全然ない。ヘア・スタイルとメイクと衣装で、これだけ化けるのはさすが役者というべきであろう。

あまり評価されていないことだと思うが、台詞回しのうまさは並みでない。『花と怒濤』で、生活苦から継ぎの当たった足袋を出した松原智恵子に「それでも渡世人の女房か」と叱責するシーンは怖いくらいだ。成り切っているのである。キャバレーでアキラ節の数々を歌っていたのが信じられないほどだ。

（＊）この役名は石原裕次郎主演『鉄火場破り』（64）に主人公として、『殴り込み関東政』（65）では主人公（高橋英樹）の通称としても使われた。

型破りの渡世人、満州常

折り目筋目をキッチリつけて任侠道に生きるタイプから一変、親分なしの子分なし、腕も度胸も満点で、酒も女も大好きという風来坊——その名も満州常として登場したのが『対決』と『血斗』（共に67・舛田利雄＝脚本は二本とも舛田&池上金男）。前者は暗闇での乱闘の中、親分が殺され、代貸しの銭山亀吉（青木義郎）が後釜に収まった真相を知った若い衆、直次郎（高橋英樹）が報復する内容。金で親分殺しを請け負った満州常は銭山の腹黒さに陰ながら直次郎に協力していく役どころで、その飄々さと太々しさは以下の台詞が証明している。

（再会した芸者の小吉に六年も放っておいたことを詰問されると）「惚れてるからこそ女を捨てる。ここがヤクザのつれえところだ。ところで風呂へ入れてくれ。それから飯だ。あ、贅沢いわねえから一本つけてくれ」——小吉（三条泰子(*)）は苦笑するしかない。

（翌日、銭山の子分が押し掛けてくると、のっそり奥から出てきて）「バカに騒々しいなあ、大掃除か」「銭亀は達者か。挨拶に行くつもりが昔のイロにとっつかまって一晩中責められっぱなしだ。おてんと様が黄色く見えらあ」——こうして畳みかけ、グイグイと子分たちを廊下から外へ押し戻すのが小気味いい。

（悪の一人、女郎屋の益子健の葬式に顔を出し）「益健さんは如才のねえお方だ。今頃は三途の川で女郎屋開いてますぜ」（通夜の席で盛んに飲みながら）「お通夜ってなあ、派手に飲み食いして騒ぐのが仏の供養ってもンだ。この仏さんならドンチャン騒ぎしていいぜ。女郎屋から女連れてきたらどうだ」——苦虫を噛む銭山や子分たちなど、知らぬげの図々しさは痛快極まる。

（小吉の家に戻ると、彼女を捕まえた銭山がいて）「こりゃあ親分、近頃は縄張りを拡げて、押し込み強盗までなさってるんで？」——動ぜず、不敵なのがいい（シナリオより一部改）。

親分の七回忌法要の賭場に乗り込んだ直次郎は居並ぶ親分衆に仁義を切って銭山に挑んでいく。そして、雨上がりの境内で満州常と〝対決〟するが——。

後者は姉妹編で、福吉組が仕切っている宿場に乗り込んで無法の限りを尽くす安倍徹と四人の息子たちを高橋英樹と共に叩きのめすもの。火の見櫓がある街並みや、サロン風の女郎屋、鍛冶屋などがある背景は当時大流行していたマカロニウェスタンのムードありありで、その一本『さすらいのガンマン』を真似たか、手斧が頭に食い込む残酷描写がある。音楽まで真似ている。

前半に山高帽に煙管を咥え、長靴を履いた恰好で、後半に女旅役者・菊枝（三條泰子）の番頭として出てくる満州常がピストルを得物にしているのもそのせいかもしれない。ただ、実質的な主人公が高橋英樹で、そのフォロー役が小林旭というバランスがうまく取れていた前回と違い、今回はその比重が均等になっていて、どちらが主人公か判然としない。

堅気になって船大工をしていた高橋が、あっさり組に復帰するのは安易だし、途中で行方をくらますのはいいが、三年間も（！）どこで何をしていたのか一切説明がない。福吉組の親分の娘（松尾嘉代）は売春婦にまで身を落とし、挙句殺され、船大工の棟梁は廃人と化す。周囲の人間たちの非業の数々が主人公の怒りのエネルギーとなるのはやくざ映画の常道にしても、あまりに短絡に過ぎる。菊枝に次の子を産ませて立派な極道に育てるという安倍の〝極道教育親父〟ぶりにも素直に笑えないのは、俳優がそんなふざけた役に断然不向きだからだ。しかも、息子たちは全員惨殺されるのに、自分はアタフタ逃げ出すだけのちぐはぐさ。

池上金男には『十三人の刺客』からずっと注目していて、今回の舛田との共同作業の分担の度合いはわからないし、誰にも好不調の波はあるとしても、これはいただけない。満州常というユニークなキャラクターにも注目していたのだが、今回は引用したい気の利いた台詞もないまま。剽軽《ひょうきん》さばかり目立ち、太々しさと凄味が消えた。福吉組長を金の切れ目が縁の切れ目と見殺しにするのも後味がよくない。そういうキャラではなかった筈だ。一九六五年にデビューしたものの芽が出なかった太田雅子(一九六九年から梶芽衣子)が座員の一人で顔を出していた。アップも台詞もなし。


(＊) 日活への俳優供給が多かった劇団民芸出身。演技は達者だった。

片目の一本松罷り通る

石原裕次郎主演のオールスター映画『遊侠三国志・鉄火の花道』(68・松尾昭典＝以下同)にはやはり殺しを金で請け負う旅人《たびにん》——右目が潰れた片目の一本松として登場。『花と怒濤』さながら、婚約が決まった大寺親分の娘おりん(浅丘ルリ子)と駆け落ちした代貸の裕次郎を渡世の義理で殺しに出向く弟分の高橋英樹に同道するも、最後は悪辣な親分の仕打ちに三人で殴り込むまで。

主演者の出番が少ないのと、高橋が義理と人情の板挟みで自由に動けない分、小林旭が勝手気ままに(?)行動して物語を引っ張っていく。大寺組と敵対する一家に乗り込んで、親分と代貸を殺し、旅の途中では女に淫売をやらせている落ちぶれやくざを情け無用に射殺する。その昔、おりんに一目惚れして追いかけてきたという設定はあってないようなもので、裕次郎の存在を知ると、あっさり身を引く潔さ。巻中、大河内傳次郎の無声映画『血煙高田の馬場』（28・日活太秦）上映中の小屋《こや》に入って、フィルムと音楽をバックに三下たちを次々に血祭りにあげるシーンが面白い。

ただ、死闘の末、主演者が「やくざの喧嘩は勝てば監獄、負ければ地獄」と呟いたり、一人で出頭しようとする一本松に「旅人が粋《いき》がるんじゃねえ」と一喝したりする場面に、やくざの空しさや男気が感じられないのは、この代貸が都合のいい時だけ出てきてドラマの中心になっていないからである。悪玉がヒロインの父というのも引っ掛かる。黒幕みたいな柳永二郎もほったらかしだ。東映はこんな間の抜けた任侠映画は作らない。

この頃、石原裕次郎は肥満が目立つようになっていて、ラスト、去っていく後ろ姿は白刃と鮮血の修羅場をくぐったばかりの侠客のそれにはとても映じない。体も重そうだった。殴り込みの際、雪駄に足袋を履いたままなのも滑りゃしませんかと気になった。季節は冬にしても、商家の旦那じゃあるまいし。

片目の一本松は『三匹の悪党』（68）で主役に昇格。仁義無用を看板にする不敵なキャラクター性はそのままに、主題歌「旅がらす」まで作られた。賭場の上がりの大金を舟留屋一家からかっぱらって逃走した高橋英樹と相棒の田中邦衛の殺しを引き受けて旅に出る一本松を舟留屋一家とその縄張りを狙う鳥羽田組の連中が追走してきて血の雨が降るという物語は、しかし、田中の実家の貧困ぶりが強烈で（?・）長過ぎた。

年老いた母親の愚痴やら苦労話がエンエンと語られ、おまけに演じるのが芸達者の浪花千栄子だから、よけい滅入ってくる。高橋がその昔、父を殺した男と知った旅芸人の松尾嘉代の動揺と懊悩もお涙頂戴で絡んでくるから、一本松が「上(二階)も下も愁嘆場か。俺はこんなのは大っ嫌いなんでえ!」というのは十分頷ける。

大金をめぐる男三人の争いは義理と人情を謳う東映任侠映画とはおよそ異質な内容で、それが型にはまらない日活映画といえば日活映画なのだが、何とも悲惨な貧乏母子に重きを置き過ぎた。鳥羽田組の姉御役の町田祥子《ようこ》(*)にはゾクリときた。

高橋英樹主演の『代紋・男で死にたい』(69)の姉妹編『同・地獄の盃』(同)はゲスト出演みたいなもの。気まぐれ渡世の一本松は酒場で高橋と喧嘩をするシーンと、彼が女郎屋で襲われた際に手助けするくらいで、あとは消えてしまうのにポスターに大きく扱われているのは高橋一人では集客が不安な営業上からと思われる。

本作でもやくざ志望の浜田光夫の実家の悲惨さがこれでもかと描かれた。父は飲んだくれ、母は病に臥してこれまた愚痴と怨嗟のオン・パレード。姉は女郎屋に買われて、幼い弟までいる。『三匹の悪党』と同じように貧困家庭のドン底生活をまたしても執拗に見せた星川清司の脚本には疑問を感じざるを得ない。観客を不愉快にさせるだけだ。

それに、郷鍈二が親分をドスで刺しただけでは足りず、日本刀で止めを刺すばかりか、そこに居合わせた娘と孫まで斬殺するのはむご過ぎる。さすがに画面には出ないが、だったら最初からカットすべきだ。親分の死だけでストーリーに支障はきたさないのだから。前作に出てきた流れ女賭博師、揚羽のお蝶(野川由美子)と、お供の内田良平が再登場。内田が高橋の助っ人として一本松のピンチ・ヒッターのような役割を果たした。長門裕之がワン・シーンに特別出演(?)。

殊更に悪い例を出すこともないが、石原裕次郎抜きの〝準オールスター映画〟『地獄の破門状』(69・舛田利雄)に触れておく。やくざの姦計で水銀を飲まされて喉を潰された浅草の新内謡《うた》いの小林旭は浅草を追われたあと、バッタリ出てこない。本当に出てこない。見事なまでに出てこない。再登場するのは父の供養に帰ってくる終盤のみという有様で、『鉄火の花道』で駆け落ちした代貸よりひどい。

その間、高橋英樹、渡哲也、宍戸錠らによって織りなされていくドラマもテーマ不明だから退屈極まりない。悪党どもの盛り場乗っ取りも長屋の取り壊しも中途半端なままだ。こんなムチャクチャな映画は初めてだ。一番ひどいのは、小林旭と恋仲だった浅丘ルリ子が大阪の女芸人の「あの人は死んだわ」という言葉を疑いもせずに真に受けるバカ正直ぶりで、誤解(思い込み)がドラマを引っ張っていく手法は劇映画全般に見られ、それが観客をハラハラさせ、同時にイライラさせてもいくのだが、この場合は明らかに度が過ぎている。

大半が息苦しさを感じるセット撮影で、全員が芝居小屋や、狭い和室で窮屈そうに演《や》っている。最後の乱闘の場はこれまたせせこましい長屋の通路でのちゃちな立ち回り。定番の殴り込みが悪党どもによって行なわれる任侠映画は初めてだ。

この年の劈頭、日活は経営不振から撮影所の売却を発表。セット撮影はテレビ映画を作っている国際放映のスタジオでもレンタルしたかと勘繰りたくなる。

（＊）一九五六年、ミス松竹から翌年入社し、脇役で三十本余。一九六八年、福田恆存主宰の劇団「欅」へ転じた。映画出演は少ない。惜しい。

任侠映画における裕次郎とアキラ

小林旭は何かと石原裕次郎と比較されるが、渡世人という役柄だけ捉えれば、これは断然小林旭が上だ。石原裕次郎がそれを演じた作品は北九州の侠勇一代、玉井金五郎に扮した『花と竜』（62・舛田）、賭場荒らしと異名を持つ博奕打ち〝関東政〟を演じた『鉄火場破り』（64・斎藤武市＝敵役の山茶花究がよかった）、商売道具の包丁で殴り込む元やくざの板前役『嵐来たり去る』（67・舛田）、先の『鉄火の花道』と、わずかなものだ。

『花と竜』は正月映画となり、三億六千万円を稼いで「トップ10」の三位（日活作品では一位＝併映は小林旭の『歌う暴れん坊』）になったが、単発に終わったのは任侠映画というジャンルが確立していない時代ということもあるが、総じて本数が少ないのはデビュー当時から湘南の潮風と海の匂いが染みついているようなイメージと、いかにも現代的なマスクと立振舞が仁義と義理を何より重んじる渡世人や博徒の古い世界にそぐわないものだったからだろう。会社はそんなことは百も承知だったろうし、本人もやくざ役にはあまり乗り気でなく、本数契約上仕方なしに演じたのではないか。この俳優はやはり都会を舞台にしたムード・アクションが似つかわしい。大体、着流し姿が似合っていない。

これが『太陽の季節』に遊び半分で出て一躍時代の寵児ともてはやされ、請われる形で入社して、偶然のようにスターになった慶應義塾大学法学部中退の石原裕次郎と、俳優になると決めてニューフェイスに合格後（それ以前にエキストラ出演がある）、三年と義務付けられていた大部屋（仕出し＝端役）からスタートし、おそらくあったであろう先輩たちの意地悪（？）にも耐えた目黒高校（現・目黒学院高等学校）卒業の小林旭との差だ。しかし、これは人が皆背負っている運命というものだ。誰もが様々な星の下に生まれ、それぞれの道を歩んでいくのである。こういう目で二人が共演した『幕末太陽傳』や『錆びたナイフ』（58）を見ると、一段と興趣が増す。

石原裕次郎には世代的なこともあり、さして思い入れはないから、やがて、その稼ぎ場をテレビに移してしまったことを残念には思っていないし、その死にも特段の感慨はない。ただ、歌番組を見るたび、頬や顎の肉付きの良さにイヤな予感はしていた。あれは運動不足と飲酒過多ではないかとも思っていた。ヘビースモーカーだったともいわれ、いつぞや、歌っていたのがムード歌謡というやつだから演出だったたかもしれないが、間奏の間も煙草を手放さないでいたのには呆れた。

日活任侠映画における三下役たちの動き、斬られ方は東映と比べると見劣りがする。あくまで印象だが、俳優が斬りかかるのはともかく、斬られると画面から消えてしまう例が目立つ。カット数が多いからジックリ殺陣を楽しめない。東映なら何人かをバッタリいくまで映す。時代劇が伝統だった会社と、それを一九五七年に放棄して拳と拳銃の現代活劇と青春映画に切り替えた会社の差かもしれない。

血飛沫《しぶき》噴出と流血も頻繁だった。とりわけ、『血斗』では日本刀が肩から深々と胸にまで斬り込まれたり、腕がバッサリ切断されたりする。東映との違いを出そうとしたとしても、肝心なのは血糊の量より、擬斗師の腕とキャリアではないか。本章の範囲内でいえば、『地獄の盃』の立ち回りに迫力があったのは七曜会(久世竜主宰・殺陣のプロ集団)の協力以外考えられない。

小林旭の歌はこの分野でも既述以外に用意されたが、アキラ節ほどヒットしなかった。『対決』や『血斗』で使われた「落日」はシンミリした、いい歌なのだが。

匕首《あいくち》閃くニューアクション

一九六八年から一九七一年にかけては俗に日活ニューアクションと呼ばれた一群が製作された。主として一九六六年以降に監督デビューした長谷部安春、小沢啓一、澤田幸弘によるハードな現代やくざもので、渡哲也主演の「無頼」シリーズや「関東」シリーズ(71・=全三本)などが日活活劇史の最後を飾ることになるのだが、小林旭には長谷部安春による二本があった。ちょっぴり顔がふっくらしてきた頃だが、九寸五分を振るう身のこなしは健在だった。

潰れた一家の看板をもう一度揚《あ》げるため、出所まもない寒河江次郎(小林)が手勢と共に古い博徒一家と新興の暴力団が工場の土地買収をめぐって争う地方都市へ乗り込む集団抗争劇が『縄張《シマ》はもらった』(68)。引き連れていくのは弟分、役者崩れ、二人の流し、いかさま博奕打ち(藤竜也)。途中から加わるのが次郎を弟の仇として狙う一匹狼の宍戸錠。このメンバーが個性的で、特に、仁義口上でワン・シーンをかっさらった藤竜也がいい。

次郎は犠牲者を出しながらも冷静沈着、時に非情なまでの決断で撹乱と奇襲に成功するが、支援していた大組織狭間組の策略に気づき、怒りを爆発させるまで。二組の敵グループの動向や、土地を奪われる農民たちの苦悩も随所に描かれる。宍戸が事務所でカツ丼を頬張り、やくざたちがラーメンを啜る〝生活感〟もさりげなく出しているところなど、長谷部の演出は芸が細かい。とりわけ、小林旭の歩きっぷりには注目されたい。

冒頭、肩を揺らしながら出所するシーンを初め、挨拶のため狭間組の本拠に向かう際の歩を進めるカッコ良さ。サングラスをかけ、雪駄履きで新宿駅の地下通路から出てくるシーンでは右手をズボンのポケットに突っ込んだまま肩で風切り、突っかかってくる三下を軽くあしらい、再びスタスタと。ロング、俯瞰で捉えたカメラ・ワークの秀逸さもあるが(撮影・上田宗男)、スクリーンを見ながら、ああ、歩く日活映画がここにいると感じ入った。美人の古い形容に歩く姿は百合の花なんてのがあるが、この時の小林旭の形儀《かたぎ》、歩様は日活の現代やくざ映画のヒーローそのものの具現、象徴と表現しても差し支えない。顔と肉体から発散される主役ならではの貫禄の一挙手一投足。こんな仕種はどんな演技指導をしても、そんじょそこらの俳優にはまず無理だ。

生き残った三人と共に狭間組に斬り込んでの乱闘シーンもシャープでリアル、鮮烈極まるものだった。主演に小林旭を迎えながら、エキセントリックな演出で空回りした感のあるデビュー作『俺にさわると危ないぜ』(66)の失敗を補って余りある長谷部安春の会心作である。

傘下の各組を解散させ、暴力団の肩書を外して商事会社へ転身するという桜会会長藤岡の方針に反対して孤立した大野木一家――組長に加藤嘉、代貸・矢頭に中丸忠雄、幹部・小松に小林旭――の抵抗を描いたのが『広域暴力・流血の縄張《しま》』(69・同)。子分たちを引き連れ、「新宿そだち」が流れる夜の盛り場を闊歩する小林旭がカッコいい。

藤岡は裏で関西連合と結託し、大野木の縄張りである新宿を奪おうと画策。小松は金策のため、クラブのマダム、道代(姫ゆり子)に男と寝てくれと頼む。「バカにしないでよ」と突っ張る彼女は「徒や疎かでいってるんじゃねえ」と、その場で指を詰めた小松にほだされ、承諾する。だが、道代は関西連合会長、陣野の弟の政吉(名和宏)の女だった。政吉は激怒する一方で、組を思う小松の男気と度胸に心を打たれたか、小競り合いで負傷した彼を匿う。

兄弟分だった板倉(葉山良二)と敵同士になったことで懊悩していた矢頭は、藤岡に直談判をしに行った親分が刺されたため、ドスを抜くが、逆に子分たちにメッタ刺しにされる。抱き起す板倉に息も絶え絶えに自らの胸を指す矢頭。友情と渡世の義理の相克の末に板倉が止めを刺すところが泣かせる。親分と矢頭の死を知った小松は決着をつけるべく傷ついた体のまま藤岡の元へ向かう――。

この映画は血気盛んな〝武闘派〟小林旭より、中丸や名和、葉山がいい味を出していた。特に、東映のやくざ映画の悪役や、エロものの好色男ばかり目立っていた名和はいつにない役どころで、台詞回しは相変わらず下手だが、殴り込みに出かけた小林旭に「バカな野郎だ」といいながら、捨ててはおけぬとあとを追い、迎撃する葉山に刺されると「あいつに望みを叶えさせてやれ」と頼むあたり、役得でもあった。

自分の店を持ちたい一心だけで一緒にいる名和と、一家のために自分の眼前でエンコ詰めをした小林旭との間で揺れる女を演じた姫ゆり子もよかった。松竹育ちで、年齢を重ねていくうちに色香と魅力を発揮する女優というものは確かに存在するようで、こういうタイプは日活には確かに欠けていた。劇団から三条泰子や町田祥子を借りたのもそうした事情からだろう。古巣の日活を離れていた名和や、元東宝の中丸の出演も俳優不足を補うためであったが、役割が代わり映えしない日活映画では新鮮なキャスティングになった。長谷部とのコンビ作『あらくれ』(*)(69)は作風からニューアクションの範疇に入れない。

(*) 一匹狼の極道者、鬼頭善吉(小林旭)が暴力団相手に金儲けを企むコミカルな『やくざ渡り鳥・悪党稼業』(69・江崎実生)を引き継いだもの。町田祥子が出ている。

日活時代の終わり

一九六九年初頭、日活が赤字を埋めるため調布の撮影所売却を決定したニュースは邦画全体の斜陽化を象徴する〝激震〟として大々的に報道された(一九七七年に買い戻した)。一九七〇年五月にはやはり赤字続きだった大映と提携してダイニチ映配が設立された。一社一本ずつの二本立てという興行形態は翌年三月から崩れて、交互に一社二本立てになるというフラフラぶりは系統館の混乱を招いた。製作本数の減少は製作スタッフ、専属・契約俳優たちの退社に繋がった。そんな会社の暗雲ムードのためでもあるまいが、小林旭のアクション映画に見るべきものはない。

『日本最大の顔役』（70・松尾昭典）は、戦後の混乱期、神戸は大矢根組の若き三代目に扮し、三国人や駐留軍を相手に奮戦、追われる身となって立ち寄った福岡や北海道でも男を上げ、銃弾を見舞われながらも大親分になるまでの出世物語だが、エピソードの羅列で、ドラマは平板なまま流れる。悪役が多かった深江章喜と榎木兵衛が忠実な子分役になっているのも俳優四散のせいだろう。この〝配置転換〟は目先が変わったものの、肝心の小林旭に親分としての貫禄が感じられないのは、命令するより自分で行動する場面が多いからである。

インパール作戦で非情な命令を下し、自分はスタコラ〝撤退〟した上官（岡田英次）に敵前逃亡の罪を着せられた部下野尻（小林）の悲運を描いたのが『鮮血の記録』（同・野村孝）。戦後釈放された野尻は母を、婚約者を、友を、弟分を次々に失い、政財界に打って出ようとの野望を持つ元上官に執念の報復を遂げるまでだが、こんな素材を映画化したのにはまったく理解に苦しみ（原作がある）、ああも悲惨で深刻な内容ではこちらも暗くなるだけだった。岡田、田村高廣、中村竹弥、水野久美といった共演陣は、とてもじゃないが日活映画とは呼べない陣容である。末期だったのだ。

野外パーティ席上で野尻がガード役の暴力団員を次々に刺殺していくのに、客たちが誰一人騒がないのは不自然極まる。地味ながら、確かな演出をしてきて、『昭和やくざ系図・長崎の顔』[*1]（69）という秀作もあった監督なのだが、こんな演出に特別な意味合いがあるとは思えない。最後の日活映画主演作は消えた五千万円をめぐる暴力団同士の暗躍に割って入る流れ者を演じた『暴力団・乗り込み』（71・江崎実生）。そして、くるべき時がくる。

ダイニチ映配は一九七一年十月に消滅。日活は十一月に小林旭の謂《いい》である「最悪中の最悪のエロ映画」（前出『さすらい』）――ロマンポルノ製作にシフトした。口の悪い向きにいわせると〝肉活映画〟になったのである。専門館は一気に減り、ロマンポルノは関東地区でたった十三館でのスタートだった。大映は同年十二月に倒産した。（＊2）

♪忘れろ忘れろ　何も言わずにヨーと小林旭は歌い、肩を揺すって東映京都へ乗り込んでいくのである。

＊

東映での主演作は「多羅尾伴内」シリーズのあと、共に和泉聖治監督による集団抗争劇『修羅の伝説』（92）と『民暴の帝王』（93）の二本。前者は組の陣頭指揮を執る貫禄十分にして行動的な若頭に扮し、子分たちを叱咤激励。孤立無援に陥るも、敵の黒幕を親分の遺品である備前長船で血祭りにあげる。その直前に主題歌「雪散華」が流れるのがいい（バックは雪の夜である）。

後者は殴り込み《カチコミ》を幹部や若い衆に任せ、もっぱら策を練る大組織の理事長役。年齢に応じたような役柄で、犬を連れての朝の散歩、居間や応接間やクラブ、料亭に座りっぱなし。移動は車での送迎、ゴルフにも興じる。敵に回る九頭龍会本部長役に菅原文太（特別出演）。『仁義なき戦い・代理戦争』での初共演から二十年――二人の俳優の顔貌と挙動の緩さに時の流れを否応なしに思い知らされた。

しかしながら、六〇年代に輩出した多くの俳優が逝去、リタイアした中、新世紀以降も現役としてリサイタルや舞台公演を続けていた小林旭のエネルギーとヴァイタリティは驚異的だ。さすがに肥満は隠せないが、テレビの歌番組で常にステージの中央に両脚を突っ張ってデンと構える姿を見ると、居並ぶ中堅、ヴェテラン歌手すら前座同然。露払いだ。これは押しも押されぬ〝スター〟の貫禄というものである。そこのけそこのけ、アキラが通る。

（＊1） 興行の世界を背景にした現代やくざもの。原爆症で時折めまいがする長崎大学中退の高間組三代目（渡哲也）の物語で、渡の抑えた演技が光った。主人公と堂々と渡り合う悪役・青木義郎と、控えめな安藤昇のキャラクターもよかった。恋人との切ない別れ、日本刀がビュンビュン唸る効果音もよし。忘れ難い。
（＊2） 一九七四年に徳間書店傘下に入り、二〇〇二年に角川書店に営業権が移った。

第六章　国民映画VSゲテモノ映画——松竹の異色怪奇映画二本立て特集

一九六九年から一九九五年まで続いた松竹の「男はつらいよ」シリーズは国民的映画などと称され、お盆と暮れからの正月映画として興行成績がずっとよかったことは素直に認めるものであり、満員の客席に映画館はこうあらねばならないと得心する一方、七〇年代半ばから——それまで全部見ていたわけではないが——上映が終わって、ニコニコ満足そうに席を立つおじさんおばさんたちを見やりつつ、一体、この会社はいつまで渥美清をコキ使う気だという疑問と不満を常に抱いていた。ドリフターズの「全員集合！」シリーズや漫画が原作の「釣りバカ日誌」シリーズとの二本立ては邦画として異例のロング興行になっていて、これでは当たるかどうか、蓋を開けるまでわからない映画を作るより、よほど効率がいいし、安心できる。

年二本が崩れ、正月興行だけになったのが一九九〇年から。既に肝臓癌に冒されていた渥美清の体調の悪さは尋常でなかったと聞く。会社が出演を強いたのか、俳優が律儀の大塊だったのか、監督はさてどちらの立場にいたのか詳しい事情は知らないけれど、結果として渥美清が六十八歳で逝った事実は重く残る。晩年の撮影はヨタヨタの状態で行なわれたという。あと一本、もう一本が命取り。これぞ〝俳優残酷物語〟。

門外漢の繰り言になるが、蛮勇をふるって出演を思い留まらせる人間が周囲にいなかったのかと残念でならない。京成柴又駅にある銅像に懐旧より憐憫を覚えるのは、渥美清は病魔に斃れたのではない、映画に殺されたのだという気がしてならないからである。しかしながら、『紀の川』(66)以来、久しく「トップ10」入り作品がなく、シリーズ八作目『寅次郎恋歌』が一九七一年にトップに躍り出てから毎年のように億単位の金を稼ぐドル箱シリーズを会社がおいそれと手放すわけがない。敗戦の年に中学を卒業し、名もない軽演劇一座の幕引きから人生をスタートさせた田所康雄(本名)は幸せであったか。満面に笑みを浮かべて天国への階段を昇ったか。

(1)

不作の松竹映画

松竹は五社のなかでは――新東宝を入れて六社としてもいいが――一番縁遠い会社だった。大船撮影所で作られた現代劇は〝大船調〟といわれ、矢島翠氏の解説を引用させていただくならば、それは「日本映画のひとつの代表的な流れ」であり、「痛烈な現状告発や暗い挫折感とは縁がない」「女性や家庭を中心にした小市民喜劇、ホーム・ドラマ、女性向けメロドラマ」が中心で、「日活や東映に代表される男性アクションとは対照的なカラー」を持つということらしい（『日本映画戦後黄金時代』第三巻＝日本ブックライブラリー、一九七八年）。異論を差し挟むほどの鑑賞歴も持論もない。なるほど、これでは縁遠かったわけだと得心した。

振り返ってみるに、この会社の映画は伴淳（伴淳三郎）＆アチャコ（花菱アチャコ）コンビの「二等兵物語」シリーズ（55〜61・全十本＝福田晴一が九本監督）に尽きる。何本かには映画館でゲラゲラ笑った記憶があるが、笑いはあくまでその時代の世情、雰囲気があってこそだし、伴淳のオトボケぶりはともかく、アチャコの観客に媚びるようなわざとらしさは好きになれなかった。懐かしさはあるものの、今、見たらおそらく幻滅するだろうとの気持ちが強く、再見する気はまったく起こらない。天の声は聴こえないのである。ただ、石黒達也、天王寺虎之介、山路義人、関千恵子らの顔と名は、このシリーズで覚えた。

伴淳の単独主演作では『快人黄色い手袋』（61・市村泰一）に接したことがある。川内康範原作・脚本で、世の不正を暴き、社会正義を守るというお得意のメッセージ臭が強く（冒頭ご本人が一席ぶつ）、そもそも、安アパート暮らしの女房持ちのトップ屋（伴淳）がマスクにマント姿で悪党どもに立ち向かう動機が脆弱だから理屈抜きの喜活劇としては楽しめなかった。『月光仮面』などの流れを汲む一編と捉えてもいいのだろうが、純粋に子供を観客層にした企画とも思えない。監督のデビュー作でもあり、まだ自己の演出スタイルが確立されておらず、今一つ決め手がないまま終始したような作品だった。同年、「週刊少年マガジン」でほぼ一年に亘り、『黄色い手袋X』（脚色・大野景範）として、映画とは別内容の桑田次郎の漫画が連載されていたる。

伴淳は東宝に招かれ、「駅前」シリーズ（61〜63＝全二十四本）でもレギュラーだった。たまにしか見なかったが、あの土臭い田舎顔と方言の台詞は上品で都会調の、いわゆる東宝カラーとは水と油だったような気がしてならない。その対比を狙っての起用だったかもしれないが、BS放送で何本かを見てもこの印象は変わらない。出てくるたびに、またかと役柄が鼻に付くようにさえなった。ただ、『飢餓海峡』（64・東映）における老刑事役はそうしたイメージを払拭する演技だった。役者は化けてこそ、である。

ピンク映画を見始めた頃、何本かクレジットに出た「監督・福田晴一」は同名異人ではない。時代劇を作っていた京都撮影所（太秦堀ケ内）に長くいた人で（「二等兵物語」シリーズは京都作品）、一九六六年から六九年まで『寝がえり』（66）『後家ごろし』（67）など二十本余を放っている。この分野には『怪談色ざんげ・狂恋女師匠』（57）などを放った倉橋良介（*）も手を染めた。

（*）一九六四年に木俣堯喬と組んでピンク映画製作会社「プロ（ダクション）鷹」を設立。前章『修羅の伝説』などの和泉聖治は木俣の長男・堯美のメガフォン・ネーム。

ヌーベル・バーグって何だ

その時代劇もほとんど見ていない。時代劇は東映の天下だったのである。かすかに覚えているのは『紀の国屋文左衛門・荒海に挑む男一匹』(59)の嵐にもまれる船のショットと主演者(高田浩吉)の必死の形相。あとは『高丸菊丸』(同)のラスト・シーンで松本錦四郎と花ノ本寿が舞うシーンくらいだ。ここでは満員の客席(筆者を含め、子供が大半だった)から歓声があがった。小学生が舞踊に感じ入るわけはないから、ホントは歓声などではなく、子供心に何となくいやらしく映じた――科《しな》を作る二人の女形のような仕種への反応であったろう。

松竹は一九六五年に撮影所の一元化を決めて大船のみとし、集客力のなくなっていた時代劇を放棄、京撮を閉鎖した。最後の作品は橋幸夫主演の歌謡股旅映画『すっ飛び野郎』(市村泰一)。先の福田と倉橋はそれ以前に退社している。

伝統の〝大船調〟に反発したような大島渚や篠田正浩らのヌーベル・バーグと呼ばれた一群の映画に興味を持つどころではなかったのも世代的なズレである。日活の太陽族映画のようなイメージを抱いたらしい。後年、脚本が寺山修司と知って『夕陽に赤い俺の顔』(61・篠田)を見たら、何じゃ、これはで終始した。あまり利口でない殺し屋たちを描いたコメディ・アクションは、さっぱり笑えなかった。これも映画は時代のものと思う一方、果たしてそれだけだろうかとの疑問はある。まだ映画を自由に作れた良き時代だったのだろう。

蓮っ葉な言動で何かとマスコミを騒がせていた炎加世子の演技と台詞は映画女優としてのそれではない。消えるべくして消えた。でなければ、登場が早過ぎたのだ。あとは一風変わった素材の『パイナップル部隊』(59・内川清一郎)、陰惨なムードの『笛吹川』(60・木下恵介)を見た記憶がうっすらあるばかりだ。

代表的な女優とされる岡田茉莉子、小山明子、岩下志麻らにスクリーンでまともに接したのは東映やくざ映画においてである。忘れられないのはこの会社には珍しいセクシーなグラマータイプだった泉京子だ。同社にはこれも珍しい裸映画（といっても俗に海女ものといわれたジャンルだが）「禁男の砂」シリーズ（57〜60＝全四本）のポスターの前を何度も行きつ戻りつしたのは、その顔と肉体を見るためであった。成人映画でもないし、スチル写真を見ただけでは露出度も大したことはないが、あの美貌と肉体だけは何年たっても消えることはない。

マスクがマスクだから時代劇の衣装はお世辞にも似合っていなかった『高丸菊丸』にも見惚れていた。遠い記憶だが、テレビでストリップまがいの衣装で踊っているのを隣の部屋からこっそり見ていたら、酔っぱらった父が「ハイ、そこでクルッと回ってお尻を見せて」などと、掛け声を発したのに思わず笑ってしまい、覗いていたのがバレたことがある。

二本立て封切りへの布石

以上のように、「日活や東映に代表される男性アクションとは対照的なカラー」の通りで、まじめで、地味で、硬い映画が圧倒的に多いという印象しか持てないままきたわけだが、この会社がフィルムの欠乏や撮影所の不備、スタッフ不足などから一本立て封切りがまだ当たり前だった日本映画に二本立ての配給と興行体制の布石を打ったことは書き逃せない。

「松竹シスター映画」と銘打って『黄色い鞄』『新婚の夢』『息子の青春』など、いずれも四十分台の中編を本編(メイン作品)と併映したのは一九五二年(昭和二十七)から。シスターとは「(本編の)姉妹編」といった意味合いを持ち、当時の城戸四郎社長の発案にして命名で、全プロ館(一社のみの年間全番組《プログラム》を上映する映画館)を増やすためと――併映が他社作品だと配収が半減する――新人監督の腕試しの場とするのが目的だった。いわば添え物だが、ここで西河克巳(＊1)、小林正樹、堀内真直、野村芳太郎らがデビューした。SP《エスピー》とも呼ばれたのは"sister picture"(和製英語)の略称という。それより以前(昭和二十一年)に『破られた手風琴』と『女の幽霊』を本編に添えたことがある。二十数分程度の短編だったが、これが二本立てのはしりといえないこともない。

東宝は一九五三年にシスター映画に対抗してか、「ブラザー映画」(笑)なる名称で傍系の東京映画『びっくり六兵衛』『親分の青春』(共に三十分台)などを配給したものの、基本はあくまで一本立てで、ほどなくシスター映画、ブラザー映画の名称は消滅したが、「SP」は各社で製作され始めた中編の通称として業界内でしばらく使われた。

二本立てを本格的に開始したのは新興・東映で、皮切りは一九五三年十二月二十九日封切りの正月映画第一弾『忠治旅日記・喧嘩太鼓』(片岡千恵蔵主演)『べらんめえ獅子』(市川右太衛門主演)、第二弾が『曲馬団の魔王』(千恵蔵)『旗本退屈男・どくろ屋敷』(右太衛門)の長編二番組。ただ、東映はかねてから「前年(一九五三年)に欧米映画界を視察した大川社長があちらでは二本立て興行が常識になっていると知り、千恵蔵、右太衛門の本編作品と若手スターによる中編の併映作品を組み合わせて配給する方針を打ち出していた」（『クロニクル東映Ⅱ』[*2]要約）。この文中の「中編の併映作品」が「（東映）娯楽版」といわれる連続時代活劇だった。

スタートは一九五四年一月四週目からの大友柳太朗主演『真田十勇士』三部作一挙上映。続いて『謎の黄金島』（堀雄二主演）『雪之丞変化』（東千代之介主演・共に三部作）。三部作は長編一本分のコストで、まとめて撮影され、以後も続々と製作されていき、とりわけ、「新諸国物語」シリーズの『笛吹童子』と『紅孔雀』は本編（千恵蔵や右太衛門主演作など）顔負けの大ヒットになる。この「娯楽版」と、それに刺激されたかのような松竹の「名作娯楽版」については各々章を改める。

（＊1）一九五四年、製作を再開した日活へ。同年には助監督だった斎藤武市、松尾昭典、今村昌平、鈴木清順、中平康も移り、監督デビューした。

（＊2）正式書名「クロニクル東映1947―1991」。全三巻の社史（東映株式会社、一九九二年）。

長編と中編の二本立て

戦後の混乱も収まり、経済も上向いてくると映画産業も活発化、映画は人々の慰安、娯楽の恰好な対象となり、一九五〇年に二六〇〇館だった映画館は一九五二年に四〇〇〇館、一九五五年に五〇〇〇館、一九五六年に六〇〇〇館を超えた。こうした中で東映が一歩抜きん出たのは「娯楽版」を添えた二本立てを毎週毎週これでもかと東映系映画館に送り込んだことにある。太秦のスタジオは早朝から深夜まで労務規定など無視同然で（?）フル回転し、この量産によって各地に全プロ館を増やしていく東映の躍進は他社に競争意識をもたらした。

　ダブル・フィーチャー（長編劇映画二本立て）が当たり前になっていく日本映画の二本立て興行は、長編に低コストの中編を添えた形で始まったのである。

　まず、一九五五年から松竹と東宝が毎週というわけにはいかなかったが、二本立て体制を整えていく。原則一本立てを堅持していた大映も一九五六年から追随した（大映と松竹は一九五七年までに一時期ながら一本立てに戻したことがある）。新東宝は経営が苦しく、一九五五年末に新社長に就任した大蔵貢が大衆娯楽路線に舵を切ったのはいいが、創業時からの一本立て方針は変わらなかった。『明治天皇と日露大戦争』[*1]（57）のバカ当たり以後もサッパリで、長編一本がやっとこさという状況が続いていた。

　日活は一九五四年の製作再開の際は景気づけもあってダブル・フィーチャーを二番組《プロ》続けたものの、その後は一本立てにしている。一九五六年から強気に長編二本立て興行を開始したものの資金が続かず、一九五七年三月から再び一本立てに戻すというプロセスを経て、一九五八年六月二十九日封切り『踏み外した春』『あん時やどしゃぶり』から二本立てを再スタートさせた。「東映が二本立てを止めない限り日活も中止しない」という社長・堀久作の力強い（?）言葉が残っているが（前出「日活五十年史」）、今度は他社同様に併映の大半は中編に切り替えた。

　ここで各社の主だった添え物中編をざっと見ていくならば、東宝は一九五六年から新たに「ダイヤモンド・シリーズ」を開始、傍系の東京映画作品は「パールシリーズ」と銘打たれた。前者には

『好人物の夫婦』(56)『新しい背広』(57)など、後者には『浮気旅行』(56)『幽霊タクシー』(同・天津敏が巡査役で出ている)などがあったが、ダイヤも真珠も紛い物だったらしく、シリーズ自体は長続きしなかった。

大映には一九五六年、前年長編だったNHKのラジオドラマ原作の『お父さんはお人好し』を五十分台でシリーズ化(花菱アチャコ主演＝四本)。他に高垣眸原作の冒険活劇『豹の眼』続編『青竜の洞窟』(北原義郎主演＝共に四十分台)など。既述分では『夜間中学』『怪猫有馬御殿』「赤胴鈴之助」シリーズ(四作目まで)がある。

日活には水島道太郎主演「トップ屋取材帖」シリーズ五本、NHKテレビの人気番組に便乗した映画版「事件記者」シリーズ十本があった(*2)(共に四十〜五十分台・59〜60)。これらに先行していたのが前章の歌謡映画の数々である。

苦闘続ける新東宝にようやく生まれたのが今もその名を残す宇津井健主演の「スーパージャイアンツ・シリーズ」(57〜59・石井輝男他＝全九本)だ。「怪星人の魔城」(三作目)「毒蛾王国」(九作目)といった刺激的なタイトルが特徴で、少年向きSF活劇といいながら、毒々しく怪奇ムードに彩られたポスターは何やら見世物小屋のような感覚で、涎垂れ小僧においでおいでをしているようでもあった。他に、各社では文化映画や観光・記録映画、歌謡・ストリップショウ映画、レヴュー、プロレス、大相撲の実写などを併映したこともあるが、いずれも短編で、添え物というより「おまけ」程度のものだった。

（＊1）配収五億四千万円（「トップ10」一位）は記録映画『東京オリンピック』（64・東宝＝十二億円）登場まで戦後最高記録。劇映画でこれを抜くの七億九千万円『黒部の太陽』（68＝日活）。
（＊2）「事件記者」シリーズは一九六二年以降長編になった。

ダブル・フィーチャーの時代へ

一九五八年（昭和三十三）は日本映画がダブル・フィーチャーにシフトしていく年だったといっていい。中編が長編に格上げされていったのである。中編は松竹、東宝、大映、東映四社で二十三本。翌年は松竹四本、東映二本に過ぎない。日活が一九五八年に二十二本、一九五九年に二十八本あるのは裕次郎一人の稼ぎで長編二本はまだ苦しかったのだろう。裕次郎のヒット作をロング・ランにして、中編を週替わりで同時上映したこともある。

他社との兼合いから足並み揃えていたものの、以前から「映画は一本立て」を持論にしていた永田雅一の大映は一九五九年に通称〝レンガ積み〟配給を試みたことがある。例えば、作品Aを封切り、二週目から作品Bを添えて二本立てとし、次にBを続映、Cを同時上映するという方式だったが、このレンガは脆くも崩れ、結局フィーチャー二本立てに戻した経緯がある（のちに——一九六八年九月からしばらく東映が行なった）。

新東宝は窮余の一策、旧作の新版を添えることしばし。経営の苦しさを象徴するような番組編成であり、しかも旧作を改題するという念の入れ様。[＊1] これを「変則二本立て」と称した。珍アイディアには違いないが、観客がますます離れていく一因になった。

とまれ、ここに各社の全プロ二本立ての配給体制が常態化し、いわゆるプログラム・ピクチャー——ここでは番組の総体及び個々の作品の意——の時代が確立した。それは同時に日本の映画興行のブロック・ブッキング(*2)がいよいよ堅固になっていくことにも繋がったのである。

長編二本立てとはいえ、本編と添え物の色分けはあって、看板俳優を押し立てたお盆や正月興行の〝豪華二本立て〟のように区別が明確でない場合もあるが、おおむね添え物はコストが安く、監督や主演者の知名度が低かった。ランニング・タイムも短いのが通例だった。アドはスペースが小さく、「同時上映」とされている例もある。「トップ10」で二本立てなのにタイトル表記が一本なのは併映作品を添え物と見做したからだろう(併記は一九七五年以降)。素人目にもすぐわかったのは一本がカラーで、一本がモノクロという場合だった。映画会社は営業上、公にこの二つを区別することはなかったと思うが、古い興行者によれば、映画館では添え物(とされる)作品が先に上映されるのが慣習になっていたという。

製作費が倍かかる配給体制についていけなくなって、苦しまぎれの変則二本立て以外に、本編に独立プロの中編や短編を組み合わせた三本立てで凌いでいた新東宝は一九六一年、資金難と大蔵貢の経営方針に対する労組の反発もあって消滅する憂き目を見た。競争、すなわち弱肉強食が淘汰を生むのである。新東宝が潰れたのはスター不在、番組の低劣さもあるが、一番のネックはスタート時から配給網が脆弱だったことだ。とりわけ、大蔵新東宝になってからのエロ・グロあるいは怪奇映画の何本かは今ではカルト化さえして偏奇なファンを取り込んでいるほどだが、それと興行は別である。

当たり前の話だが、映画は映画館あってこそ。現在、肝心の映画製作と興行に往時のような勢いと稼ぎはないものの、今も松竹、東宝、東映があるのは大都市の盛り場、商業地区の一等地に自前の直営館をいくつか構えていたからに他ならない。映画がダメになっても土地さえ確保していれば、資産になりうるのだ。貸しビル業やマンション経営のほうが長く、確実に儲けられよう。不動産の強みというしかない。大映や日活が経営難になったのは金策のため資産の大半を手放してしまったからである。

二本立てはやがて製作費や人件費の高騰、洋画並みの一本立て超大作のロング・ラン、独立プロや外部資本との提携——何より映画人口の減少で成り立たなくなり、それがひいてはプログラム・ピクチャーの衰退を招くことになるのだが、日本映画を長い間支えてきた二本立ては松竹によって種が播かれたのである。

五〇年代における「トップ10」百本のうち、松竹作品は二十九本。それが六〇年代になると、たった三本。二本は女性客向きの文芸映画で、大映同様、いかに大衆動員できる作品が少なくなったかがアッパレなまでに証明されている。もう一本の成人映画『白日夢』(64・武智鉄二)は配給のみだったが、業界では老舗の松竹さんがあんなエロ映画を……と、顰蹙を買った。しかし、映画興行は客が入って儲かればいいのである。六〇年代で一位が一番多いのは東宝と東映の各三十六本。そんな状況下、一九六八年に出た三本の怪奇映画は同社にとっては特筆すべき異色の企画だった。

（＊1）例えば『晴れ姿・伊豆の佐太郎』(53)を『唄祭り佐太郎三度笠』(57)、『ノンちゃん雲に乗る』(55)を『希望の青空』(60)とし、ポスターも作り替えた。〝新版短縮版〟もある。塚田嘉信氏の調査では一二〇本余(「新東宝映画の公開記録」一九八六年、私家版)。大蔵新東宝のあがきである。現在四谷にある成人映画の製作・配給会社「新東宝」は別会社。

（＊2）各社が全国の封切館(直営・専門館＝全プロ館)に自社作品のみを配給する体制。興行体制がまだ微弱だった頃の日活はフリー・ブッキング(興行側＝映画館と独自に契約する)をめざしたが、既存各社の厚い壁に阻まれて、自社系統の映画館を開拓していくようになる。

(2)

危険ですから外に出てはいけません

恐怖と怪奇をSF趣向で描いた『吸血鬼ゴケミドロ』(佐藤肇)は、羽田から伊丹へ向かう旅客機が謎の飛行物体のため山中(場所不明)に不時着。生き残った乗員乗客十人に人間の血液を栄養源とする宇宙生物ゴケミドロが襲いかかって——という内容で、このゴケミドロ(ニョロニョロした銀色の生命体)がパックリ割れた人間の額から侵入していく特撮が見もの。犠牲者第一号が一見色男風にして何やらオカマッぽく、双眸に狂的な光を宿す高英男なのは適役だった。〝吸血鬼〟と化した彼は機内の人間たちの喉笛に次々噛みついていく。外部との通信は途絶え、救援隊がくる気配は皆無という絶望的な状況からどうやって抜け出すか——と書けば面白そうだが、脚本は噴飯ものだ。まず、ピストル、ライフル銃、時限爆弾の機内持ち込みが容易だったことに驚く。不時着すると、乗客の大半は死んでいる。死因は観客の一人としてショック死の〝診断〟をしておくが、不思議なことに骨折とか重傷でウンウン唸っている負傷者は一人もいない。こんな場合、助かった人間はどう行動するか。常識的には機内に留まっているバカはいない。客席は死体だらけだし、ひょっとしたら機体が爆発炎上するかもしれないし、誰だって脱出を考えるところだが、副機長（吉田輝雄）は「外に出たら危険です」と必死で制止する。なぜ危険なのかの説明はない。第一、彼は一歩も外に出ていない。奇怪なことに乗客もその理由を詰問しない。

遭難場所が南米の奥地だったらアナコンダか人食い族がうろついているかもしれないから理解できるが、これはイタリア映画ではないし、ゴケミドロ出現はまだ先の話だ。この台詞が脚本の杜撰さを露呈する一言になると書いても早とちりにはなるまい。というのは、それから全員外に出て犠牲者たちを埋葬するシーンがあるからである（スコップは機内の備品だったらしい）。しかも素晴らしい好天なのに、近くに人家か山小屋でもないかと周囲を調べる人間は一人もおらず、蒸し暑い機内にノコノコ戻るアホさ加減だ。どーなってンだ、この映画は。

要するに、脚本家たちは自分たちが構築した孤立無援の状況に何が何でもキャラクターたちを閉じ込めておきたいハラらしいのだが、その設定が強引かつ作為的に過ぎるから、ボロはいくらでも出てくる。サーバーの水は外人女がプロレスラー並みに一人で飲み干す。渇きに「水だ、水をくれえ～」と、喚いていた政治家は数ショットのあと、渇水の苦しみなどなかったかのように振る舞う。ちなみに、空腹感は一切描かれない。副機長はライフル銃で撃たれた右腕でガンガン硬い扉を叩きまくる。精神分析医は絶望感と焦燥に襲われる乗客たちを落ち着かせるどころか、したり顔で「水も食料もない。救援もこない。これから弱肉強食が始まる」などと、プレス・シートの解説か予告編みたいなことをヌケヌケという。

極限下での人間のエゴ、あがきに加え、ヴェトナム戦争の悲惨さまで盛り込んでいるのだが、それもこれもゴケミドロの恐怖の前に雲散霧消では意味がない。脱出した人間は何やかやで、逃げ帰り、狭い機内で右往左往するばかり。危機的状況もどこへやら、情欲に耽るカップルまでいる。そのほうが燃えるのか。途中からこんないいかげんなシナリオ通りに動く俳優たちが可哀そうになってきた。政治家の女（誰かと思ったら楠侑子）の肉体を借りてのメッセージ「ワレワレハコノチキュウニライシュウシタ」もおかしな語法だ。自分たちで「来襲した」はないだろう。宇宙生物だから日本語を習得していないのか。副機長の説得力ゼロの台詞が致命的になった愚作である。

さまよえる怨霊船

貨物船「龍王丸」を乗っ取り、船医（西村晃）と妻の依子（松岡きっこ）や船員たちを皆殺しにし、金塊を強奪した五人の男が三年後に次々に無残な死を遂げる『吸血髑髏船』（松野宏軌）。依子と一卵性双生児である冴子（松岡二役）は漂流している龍王丸を目撃して、姉の霊魂に誘われたかのように船内に入る。

航海日誌を見つけると、身寄りのない身とて世話になっていた教会の神父（岡田真澄）や恋人の元を去り、姿をくらます。ある日、強奪殺人犯の一人が彼女を目撃したことから男たちは「依子は生きている！」と恐怖に駆られ、やがて一人、二人と殺されていく。巻き添えになる女房もいる。

人類が月に到達する時代に幽霊が出没して人を殺すわけもなく、こうなれば犯人は明々白々なのだが、今度はキャラクター設定が強引過ぎた。冴子が姉の報復を決意するのはともかく、男たちの現在の身元をどうやって突き止めたのか（航海日誌では名前が判明するだけだ）。また、頼る人とてない身で一体どこでどう暮らしていたのか。

何もクラブでホステスをしていたり、屋台でラーメンを啜っていたりといった場面なんか用意しなくていいのだが、その探索能力と神出鬼没ぶりが多羅尾伴内どころか、それこそ幽霊並みなのは脚本がヒロインの拠って立つ根拠を——生身の一人の女が大それた（？）殺人計画を立て、着実に実行に移す心理やプロセスを端折っているからである。こんな乱暴なキャラ設定と脚本はない。

ラスト近く、さまよえる龍王丸に船医が三年間も生きていたとはお釈迦様でも知らぬが仏の大意外事。ドクターはミイラ化（！）させた依子をベッドで愛撫し、さらに大掛かりな化学実験室を設置、人間はもちろん、厚い鉄板をもドロドロにする溶解液を開発していたマッド・サエンティストぶりだ。ただし、ここが一番面白かったのは理屈抜きだからである。怪奇映画はこれでいいのだが、絞殺されたと見えた冴子まで生きていたという大意外事第二幕は取って付けたようで、トリックも何もないいいかげんさだ。彼女が神父の〝素顔〟を知らないままのラストも腑に落ちない。本来は神父自らが、あるいは冴子がその〝仮面〟を引っぺがすべきだろう。

内田朝雄、小池朝雄、金子信雄と役者は揃っていたし、幽霊船の趣向も悪くないから、最初から古臭さは百も承知で憑依ネタにでもすれば怪奇復讐劇として単純に楽しめたのにと思ったが、あとの祭り。岡田の呼称が「神父」「牧師」と不統一なのは脚本が共同ゆえかもしれないが、この二つは似て非なるもので意味が違う。

核の脅威と核なき映画

『吸血鬼ゴケミドロ』は最終的に人類絶滅を暗示する悲劇的なラストを迎えるのだが、『昆虫大戦争』(二本松嘉瑞)は人間と虫けらの戦いどころか、東西陣営の対立が核戦争を引き起こし、大カタストロフィを引き起こすかもしれないという物語。

水爆を搭載した爆撃機が飛行中に虫(というだけで、種類不明)の大群に襲われ、誤って水爆が落下、飛行士三人がパラシュートで脱出し、南方の小島に着地するのが物語の発端。以後、生物学者の南雲(園井啓介)、虫の捕獲屋・秋山(川津祐介)と妻のゆかり、女昆虫研究家アナベル、スナック経営者の工藤、米軍士官ゴードンらが登場するが、水爆探し(落下の際、パラシュートが開いて爆発はしないが、そんなコトってあるのか知識はない)と、強力な毒を持つ虫の謎がうまく融合していないので、どちらがテーマかわからなくなる。これは主人公が南雲か秋山か明確でないあやふやさも生じさせた。

特に、妻がありながらアナベルといちゃついたり、妻が妊娠したと知ると反省したりといった秋山のキャラクターが定まっていないのが痛い。殺人と窃盗容疑で逮捕、拘留、逃亡のエピソードも物語を混乱させるだけだ。アナベルがナチスのために虐待された過去から毒虫を大量に飼育し、人類皆殺し《ジェノサイド》計画を立てていたことや、工藤が東側の手先だったことが意表を突く面白さになっていないのも、これまたキャラ設定に無理があるからだ。後半、ゆかりは妊娠三カ月の身重であることなど忘れたような行動を取り、南雲の解毒剤開発もどうでもよくなる。

機密隠滅と毒虫退治のため、発見した水爆を爆発させせんとするゴードンと、それを阻止しようとする南雲との乱闘中にスウィッチが入り、やがて空中高く現出するキノコ雲。かくて一巻の終わり。

核の脅威に警鐘を鳴らしているのはともかく、この映画には〝核〟がない。水爆と毒虫が最後まで噛み合わないままのエンド・マークはただただ空しいだけだった。ネーミングにも無神経で、秋山の名である「譲治」の発声――ジョージはゴードンやチャーリーというアメリカ人が出てくる映画にふさわしくない。印象に残ったのが看護婦役で下着姿を見せた瞳麗子だけだったとは情けない。

書き忘れたわけではないが、彼女もまた「禁男の砂」シリーズで印象に残った女優だ。園井啓介は一九五八年からのＮＨＫテレビ『事件記者』で知った。端正で男優には珍しい清潔感のある俳優として好感を持っていたのだが、人は見かけによらぬもので、株売買に長けていた。一九七三年、億単位の所得隠しが発覚、東京地検から起訴され、業界から消えた。

三本に共通するのは強引な設定作りだ。特に、『吸血鬼ゴケミゴロ』の機内と『昆虫大戦争』の南方の小島は背景の限定という点で同一視していい。この閉鎖空間に固執するあまり、登場人物たちの行動が不自然になり、映画をつまらなくさせた。松竹怪奇映画の異色性は企画だけのことで、実態はかくの如し。元々、脚本家や監督に人材豊富な会社ではなし、東宝の『出所祝い』(71)ではないけれど、慣れないことはするものではないという好例である。

――と、ここで締め括ると、オイ、冒頭の数行は何だったのだと詰問される恐れがあるから以下で稿を補っておく。

働き過ぎのスターたち

渥美清を引き合いにしたのは常々日本の映画俳優は働き過ぎだと思っていたからだ。ここでいう俳優とは六〇~七〇年代の主演クラスに限るが、例えば勝新太郎は六十五歳、鶴田浩二と若山富三郎は六十二歳、大川橋蔵は五十五歳、石原裕次郎は五十二歳、市川雷蔵に至っては三十七歳で逝っている。

俳優は特殊な職業といっていいだろうし、その私生活は知らないから、ここでは表面的なことしか書けないけれど、日本人の平均寿命が八十歳という点を鑑みると、やはり早過ぎる。直接の死因は渥美を含めた七人中六人が癌で、若山のみが防ぎようがない突発的な心臓発作だったが、いずれにせよ、そこに至るまでには仕事過多による疲労とストレスの蓄積が関係していたのではないかと素人なりに考える。この二つは、しかし、休養により回復や発散が可能ではなかったか。それは普通のサラリーマンのように夏休みや年末年始の一週間そこらでは足りない。最低でも一カ月から三カ月。できれば、ハワイかカプリ島あたりで。もちろん、何年かは恒例として、である。

――となれば、先立つものはまず金ということになる。以前は高額納税者公示制度（いわゆる長者番付＝一九五八年から）があって、新聞にも発表され、俳優部門も上位十人くらいまでは把握できたのだが、これは個人情報保護や、億万長者たちには何かと不都合なことでもあるのか、お国は二〇〇五年度で廃止してしまった。

今は公的機関の代わりに民間の調査会社がリッチマンたちを発表しているようだが、ここで当時の〝長者番付〟を基に一九五八年から一九八四年まで芸能人上位五人をリスト・アップしたキネマ旬報の「映画40年全記録」（前出）のランキングを映画俳優中心にざっと見渡すと（石坂昌三・編）、ダントツは石原裕次郎で、これに森繁久彌、片岡千恵蔵が続く。あとは大川橋蔵、三船敏郎ら。裕次郎には石原プロ社長の収入や歌手としてのレコード印税もあるし、千恵蔵はサイド・ビジネスにも余念なく（マンション、店舗経営）、橋蔵は映画より、舞台（歌舞伎公演）によるものらしい。

他の俳優たちにしても、額に多少の差はあっても会社を代表するスターだし、夏のカプリ島で三か月なんて提案はバカいってんじゃないよと一笑に付されるかもしれないが、沖縄か軽井沢で一カ月くらいのヴァカンスが可能な年収はあっただろうと想像する。問題は余暇が自由に取れたかどうかだろう。

そもそも、俳優個々が休暇に積極的でなかったのは会社との年間契約や撮影スケジュールの制約以前に、そんなに休んだら忘れられる、下手すれば仕事がこなくなる、つまり食えなくなるという不安が先に立ったからではないか。ここらが病気やケガで長期入院しても、ある程度の期間なら有給休暇を使え、何割かは減額になっても月々給料が支払われるサラリーマンとの違いだろう。

小林旭はいみじくも語っている。「役者なんてのは浮き草稼業よ。流れ流れて、どこで腐るかわからない危なっかしい生活を余儀なくされている。何の保証もない。身体が動かなくなれば引退だ。誰も面倒を見てくれない。飽きられてそっぽを向かれたらジ・エンドなんだよ」(前出「さすらい」一部略)。――世の中、一寸先は闇。まして同業者の浮き沈みは彼らだって知らないわけはない。明日は我が身、体が動くうちに稼いでおこうという意識が働いたのは無理からぬところだろう。

銀幕点鬼簿

鶴田浩二は一九六四年からの十年間で任侠もの中心におよそ百本(主演・特別出演)。ギャラの低い脇役は数で稼ぐというが、天下の鶴田浩二にしてからがこの本数だ。一九六八年には四千二百万円で四位。小林旭は一九六五年に三〇六〇万円で三位だった。この二人には裕次郎同様レコード印税も入ったから、〝歌う映画スター〟はやはり得といわねばならない。

主役ではないが、任侠映画で悪役ナンバーワンだった天津敏は同時期七十本(東映・松竹)。遅咲きゆえ(昭和二十八年、東宝第七期ニューフェイス)、テレビも含めて馬車馬のように働いた。「会社のため、芸術のためなんて関係ない。あくまでもメシを食うためよ」「儲からない。保証もない。いつでも不安がのしかかっている。オレたちは日雇いですワ」との切実なコメントがある。(*1)

売れなかった頃の、家族を抱えながらの生活が仕事に駆り立てた。「決して芝居は好きじゃなかった。金のためという気持ちのほうがずっと強かった。私がよく使われているのはギャラが安いせいですよ」(＊2)。肉体だけが資本だったこの俳優は一九七九年、心不全により五十八歳で逝った。働き盛りにハワイで一か月もノンビリ過ごすなんて、とんでもない話のようである。ちなみに、私がこの俳優の名を初めて知ったのはテレビ映画『テキサス決死隊』(60＝ＴＢＳ)の〝声の出演〟である。

癌だった六人は体調不良や発熱、下血などの兆候があった。検査の結果、病名が判明しても医師が本人に告知しなかったり、一時的な処理で済ませたり、ケースは様々だが、当人たちは仕事を続行した。夭折した雷蔵は一九六〇年から六七年まで出演作九十五本。出ずっぱりだ。これではゆっくり休む間もない。末期は立ち回りのあと、スタッフがまともに見ていられないほど疲労困憊だったという。

その場しのぎの投薬や治療で済ませ、大事に至る前に入院や手術に踏み切らなかったのは、撮影に穴があいて会社やスタッフに迷惑をかけまいとするプロの俳優としての意地や、周囲に弱みを見せたくないスターのプライドもあったかもしれない。男はつらいよ、なのだ。

よくいわれる「早期発見早期治療」は簡単そうで実は難しい。俳優たちは兆候が明らかになる前に何らかの自覚症状はあった筈である。それは体のどこかの器官が本人たちに発していた黄信号ではなかったか。終焉はみんな無理を重ねた結果だ。彼らは死ぬまで働いたのだ。

自分は無病息災みたいなことを書いたが、これは風邪をひいたわけでもないのに、しばらく頭痛が続き、近所のクリニックで診察を受けたら、医師が「うむッ、これは……」と唸り、大学病院に即入院→検査→手術となり、十日ほどヒーヒーいった経験がある身の実感だ。

全盛期の高倉健が撮了後に時々〝雲隠れ〟したことや、これは東映の宣伝部OB氏に聞いた話だが、菅原文太が〝入院〟と称して何日か姿を見せなかったことがあるというが、おそらく、どこかで自分だけの時間をゆったり過ごしていたのではないか。それくらいの我儘は許される地位にあったのだろう。二人が病を抱えながらも傘寿を越えて生涯を全うしたのは、東映を離れてから仕事を選び、セーブしたためもあると思う。映画そのものが衰退し、老境に入った俳優にオファーがそんなになかった事情もあるが、悠々自適——だったかどうかは知らないが、余暇の多さが二人を生き永らえさせたことは、おそらく間違いない。

リヴァイヴァル・ソング「流転」を吹き込み、♪どうせ一度はあの世とやらへ　落ちて流れて行く身じゃないか（藤田まさと作詞）——と歌った赤木圭一郎が散ったのは二十一歳（昭和三十六年）。病気、事故、自殺——遅かれ早かれ、人は皆、逝くのだが。

（＊１）『大阪スポーツ』（一九七六年五月二十二日付＝一部改）
（＊２）『夕刊フジ』（一九七一年七月二十五日付＝一部改）

第七章　小沢茂弘の活劇世界――娯楽映画はこういう具合にしやしゃんせ

東映のアクション映画の系譜を大雑把に見るならば、まず五〇年代の時代劇、六〇年代の拳銃活劇（ギャング・暴力団もの）及び任侠映画、七〇年代からの現代やくざもの、実録路線、空手映画ということになる。こうした会社の徹底した娯楽路線に乗って辣腕をふるった監督が小沢茂弘である。

東映は、一九五四年から配給体制を二本立てに切り替える思い切った戦略に出たから、その量産は必然的に多くの監督を輩出させることになった。有名なのは五〇年代からの松田定次、沢島忠、佐々木康、マキノ雅弘、六〇年代からの工藤栄一、山下耕作、鈴木則文、中島貞夫、深作欣二、佐藤純弥といったところで、誰か忘れちゃいませんかと疑問の向きもあろうが、今は思いついたままなので了承されたい。

で、小沢茂弘が有名かどうかというと、一般的な知名度からいえばおそらく低い――そう高くはないだろう。東映の熱心なファンは別にして、少なくとも黒澤明とか山田洋次のように誰でも知っているというほどではあるまい。しかし、この監督はひたすら主演者を立て、悪人どもを斬りまくり、撃ちまくる派手な見せ場をたっぷり用意し、観客と興行主を満足させる作品を続々と送り出した。

そういう実績は間違いなくあったと断言するのは、そうでなければ京都と東京の二つの撮影所に監督がゴロゴロいた会社で、娯楽映画はこういう具合にしゃんせとばかり、五〇年代半ばから（デビューは一九五四年）七〇年代半ばまでに百本余のメガフォンをコンスタントに取れるわけがないからだ。ローテーションにきっちり入って、これだけの作品をものしたのは会社の信頼があったればこそ。社長からお墨付きを与えられたわけではないにしても、本社営業部や撮影所の上層部には「あいつに任しておけば、ヘタな映画《シャシン》は間違っても作るまい」といった安心感はあった筈だ。これは大きい。

実際、小沢茂弘こそは質より量を標榜し、チャンバラから空手映画までこなした稀有な監督だった。娯楽と商業主義に徹した彼のフィルモグラフィは、そのまま荒磯の岩に波が砕ける三角マークの東映活劇史になる。『ゴジラ』などの本多猪四郎と同じ日大専門部映画科卒（一九四三年）。東映には後輩に深作欣二、倉田準二がいる。一九四六年、松竹京都演出部から翌年、発足間もない東横映画京都撮影所に移り、助監督となる。ここから小沢の銀幕渡世が本格的に始まる。

（1）

少年向け時代活劇シリーズ

一九五四年から東映が続々と製作した「娯楽版」の中では「新諸国物語」シリーズ——『笛吹童子』（54・三部作）『紅孔雀』（54～55・五部作）——が大人気となった。一九五二年からNHKで五年続いた北村寿夫原作の連続ラジオ放送劇の第二回、第三回の映画化（*1）で、多彩な登場人物入り乱れ、剣戟と忍術・妖術飛び交う波乱万丈にして荒唐無稽の勧善懲悪物語の根幹は正義の白鳥党と邪悪な髑髏《しゃれこうべ》党の覇権争いだ。上映時間ほぼ五十分台の複数話にして、さあ、次はどうなるという興味と期待を持たせたラストを用意し、一旦捕まえた〝良い子たち〟を手放さない連続ものにしたのが奏功した。『紅孔雀』の総配収二億四千万円は一九五五年度の邦画配収トップになったほどだ。

それればかりではない。北村寿夫・原作として、大友柳太朗が『笛吹童子』で際立ったキャラクターを演じた脇役の名からスピン・オフ『霧の小次郎』（54）を作り、三部作として引っ張り、さらに三カ月もたたないうちに、そこで悪役だった東千代之介の役名拝借、しかも主役に昇格させた『三日月童子』——『霧の小次郎』完結篇のサブ・タイトルでもある——を派生させる貪欲さである。

これを監督したのが小沢茂弘で、デビュー三作目に相当する（同・三部作）。

物語は不思議な法力を持つ白鳥の玉を作っていた父を悪代官（吉田義夫）に拉致され、母を殺された少年が黒髪山に住む妖術使いの提婆《だいば》(『笛吹童子』のキャラクター)に拾われて成長、見事、報復するというもの。修業中にNHKのラジオ体操の前奏が流れたり、万里の鏡と称するテレビがあったり、印を結んで「エイッ」と気合いを入れると、パッと姿が消えたり——良い子だった(?)時代に熱中した映画を再見して、こういう表現はあまりしたくないが、いいかげんアホ臭くなるのは仕方がない。

見どころは同じ妖術使いたる黒姫太郎(三条雅也)との対決で(〝忍術児雷也〟もどきに童子が蛇に、太郎が蝦蟇《がま》に変身する場面がある)、双方共に幼い頃から行方不明の妹がいるという設定がミソ。太郎の持つ髑髏面のため術を封じられっぱなしの童子は完成した白鳥の玉で逆襲を開始しての大団円。時代は『笛吹童子』や『霧の小次郎』より「少し前」になっている。三条は『紅孔雀』の信夫《しのぶ》一角《いっかく》役が印象的で、黒姫太郎は霧の小次郎を引き継いだようなキャラクターにも思われる。小沢は『笛吹童子』の助監督だったから、この種の映画の何たるかは把握していたと思うが、少年向けだから出来栄えはこんなもの。これはソツがないという意味でもある。

続く『百面童子』(55)が印象深いのは何シーンかがずっと記憶にあり、主題歌まで覚えているからである。四部作とあって、さすがに第三部(『バテレンの宴』)は中だるみの感は否めないが、全編にチャンバラと妖術シーンをこれでもかとばかり用意、異国趣味も採り入れた自由奔放な場面もあって飽きさせなかった。原作は北村寿夫が「太陽少年」に連載したもので、「新諸国物語」とは関係ない。

――南洋イスラム国に渡ったサムライが王国の反乱に巻き込まれ、悪党主膳は正当な世継ぎである赤ん坊のマリヤ姫を奪い、瀕死の王様に国の再興を頼まれた左門は巨万の富の在処《ありか》を示すギヤマンの鏡を得て帰国。そこへ鏡探しのため、イスラム妖術師の婆天連《バテレン》坊（吉田義夫）が遠路渡来。マリヤを娘として育てていた主膳は妖術使い鉄之助（沢田清）を擁し、左門は息子兄弟（東千代之介＆伏見扇太郎）に経緯《いきさつ》を話す。兄弟に協力するのが般若の面をかぶった百面童子。その正体は冒頭の主題歌で歌われているからすぐわかる。面が能面や翁の面、果ては髑髏に変わるのは面白いが、映画を引っ張るのは二人の悪役――婆天連《バテレン》坊と鉄之助である。

前作で悪辣な代官に扮し、立ち回りも含めて大熱演だった吉田は奇怪なメイクを施し、マントを羽織った異様なスタイルで画面をかっさらう。先の火京物太夫同様、悪役ながらチャンバラごっこでも人気があったキャラクターだ。沢田は古い俳優で、独特のしわがれ声のエロキューションに味があり、歌舞伎さながらの隈取りに太めの体躯も貫禄十分。その使いっ走りがメイクに凝りに凝ることで知られた怪優団徳麿で、顔は醜悪、体は佝僂という不気味さである。

婆天連坊の屋敷は西洋の砦のようで、黒覆面黒装束の男たちに交じってターバンを巻いたアラビアン・スタイルの兵士が控えているのも興趣を増す。得物も半月刀で、中世のノルマン騎士のような扮装をした男もいる。こういう異国趣味――学芸会のようでもあるが――も効果があった。

終盤はイスラム国の王宮を舞台にし、大広間で薄物の衣装をまとった女たちの群舞を見せ、大乱戦が展開。サムライとイスラム兵がチャンチャンバラバラを繰り広げるのは前代未聞。いや、実に楽しい。観客を楽しませる小沢茂弘の真骨頂が早くも出ている。DVDで再編集し、〝剣と魔法ジュニア版〟とでもしてリリースすれば、今でも通用——しないか。鍛冶師(左門の弟)の娘に扮し、鉄之助に誘拐される和田道子はやがて新東宝社長の大蔵貢に見初められて(?)〝皇后女優〟高倉みゆきとなる。小沢の娯楽版には伏見扇太郎主演の『夕焼け童子』(55・二部作)もある。[*2] なお、「新諸国物語」シリーズ[*3]の第五回『七つの誓い』(56〜57・三部作)からはカラーとなり、ランニング・タイムも六〇〜七〇分台の長編に格上げされた。

(＊1) 第一回放送『白鳥の騎士』は新東宝(53)、第四回放送『オテナの塔』は宝塚映画(＝東宝・55〜56＝二部作)。
(＊2) 東映娯楽版には他に『里見八犬伝』『竜虎八天狗』(54・共に四部作)『天兵童子』(55)『風雲黒潮丸』『異国物語・ヒマラヤの魔王』(56・以上三部作)など。
(＊3) 同シリーズは一九六一年に『黄金孔雀城』(四部作)姉妹編『新黄金孔雀城』(二部作)で復活するが、ブームは遠くなりにけり。

東映大泉に乗り込む

東映は時代劇と比べて今一つパッとしない現代劇を梃入れすべく、京都から何人かの監督を東京に送り込んだ。既に「多羅尾伴内」シリーズを手掛けた松田定次や佐々木康の例を見たが、時代劇でデビューした小沢も早くから駆り出されている。

東映東京での一作目は現実にあった沈没船の悲劇を描いた『あゝ洞爺丸』(54)。娯楽版の現代劇編の一つ、『忍術三四郎』(55)は主人公(波島進)が怪医学者(薄田研二)の実験台となって透明人間となり、悪党一味を倒すSFまがいの活劇編。原作小説がある由で（関川周・作）、ごく一部をネット上で見た程度（香港版！）。お粗末な特撮は時代が時代だし、まして東映だから（?・）やむなしか。『まぼろし怪盗団』（同・三部作）は、有名な宝石を狙う怪盗「魔王の密使」（南原宏治）に最初はしてやられてばかりいる私立探偵（波島）が、最後は少年たちの活躍もあって勝利を収めるまで。一九五六年からの「少年探偵団」シリーズの先駆的な作品として位置づけられる。

『あゝ洞爺丸』は『三日月童子』の、『忍術三四郎』と『まぼろし怪盗団』は『夕焼け童子』撮了後の作品。小沢は二つの撮影所を股にかけて仕事に精を出していたのである。東撮では地味ながら長く続いた「警視庁物語」シリーズも初期に三本手掛け（一九五六年二、三作目など）、刑事たちが犯罪事件を地道に追うという同シリーズの基礎を小林恒夫や関川秀雄と共に作った。

『怒れ！　力道山』（56）は人気絶頂のプロレス王者、力道山が実名で登場。ご愛敬の出演どころか、台詞も演技も遜色ない大熱演の八十分で、存続を危ぶまれる障害者施設を救うため、悪徳代議士や興行師をとっちめるまで。プロレスはスポーツではなく、ショウだという興行師に憤然として宴席を立つところなど面目躍如（?・）。クライマックスの〝赤い恐竜〟ハンス・メッガーとの試合は凄い迫力で、試合会場の観客の熱狂もよく撮られていた。この頃から何でもござれのアルチザン気質が発揮されていたものか。

その娯楽至上主義が遺憾なく発揮されたのは多羅尾伴内ものに取って代わったような片岡千恵蔵主演のギャング・アクションもので、これが何と十本ある。

まず、警視庁の警部、壇原武夫が暗黒組織に潜り込んで、密輸団や麻薬組織を壊滅させる一連の諸作は豪華なキャスティングで集客があった。これにはオフィシャルな冠呼称《かんむり》がないようなので、仮に〝壇原シリーズ〟としておく。頭が切れて射撃の腕も立つ一匹狼の流れ者に身をやつした壇原が組織に関わりのある人間を仲間にし、動かぬ証拠を掴んで最後は銃撃戦に持ち込むパターンは回を追うごとにまたかと失笑も誘ったことだろうが、これはシリーズもの特有のお約束。そういう作劇法がまだ通用していた時代なのである。

脚本はすべて松浦健郎。千恵蔵御大、伴内ものでは気にならなかったガニ股が目立って、颯爽《さっそう》とはいかなかったが、独特の口上と併せて、これも持ち味だった。

（2）

その実体は警視庁の壇原警部だ！

『無法街の野郎ども』(59)は、拳銃や麻薬の密売をめぐって対立する女親分(喜多川千鶴)と、キャバレー経営者の進藤英太郎が争う街に壇原が〝熊襲《くまそ》の健〟(「健」は文字資料によるが、「タケル」と聞こえる)として登場。最初、山村聡が経営する牧場に流れ着いて騒動を起こし、警察に突き出されるのは無論、下心あってのこと。熊襲は女ボスにくっつくが、すぐ寝がえり、進藤に取り入ってキャバレーの支配人にまで〝出世〟し、尻尾を掴まれないよう巧みに行動。悪党どもの犯罪を暴こうとする新聞記者(高倉健)もあちこちを嗅ぎ回る。悪役陣が豪華で、進藤の下には三島雅夫に佐々木孝丸、柳永二郎。安倍徹まで出てくる。しかも、彼らの上にはビッグ・ボスがいるらしい。

やがて、消された進藤に代わって大掛かりな取引の場に出席した熊襲は大ボスの正体を知るが、同時に自分の真の身分を暴かれ、かくて始まる銃撃戦。壇原武夫、絶体絶命のピンチ皆無で、思惑通りに事が運んでの大団円もまた恒例になっていく。前年の東宝『暗黒街の対決』(58・岡本喜八)も現職の刑事(三船敏郎)が左遷された汚職刑事との触れ込みで暴力団が支配する地方都市へ赴任してワルぶりを発揮し、一味に肉薄する話だったが、シリアスな作劇法と三船のオトボケ演技がマッチしていないので、このような痛快さはなかった。壇原が正体を暴かれた際、自らを「壇原タケル」と名乗ることを付記しておく。

舞台は北国の町——刑務所帰りの〝月の輪の熊次〟に化け、九州卍組の組員である進藤と高倉に近づき、西日本の麻薬ルートを壊滅させるのが『二発目は地獄行きだぜ』(60)。二人はかつて組長が何者かに殺された現場近くにいたことから幹部の山形勲に高飛びを命じられていたのだが、これには裏があって——というのが本筋だが、三人が九州に向かう途中、スキー場で遊んだり、これまた何者かに殺された田舎やくざの親分の娘(久保菜穂子)と子分(江原真二郎)が、犯人を壇原と誤解して追いかけてきたりといったエピソードが挿入されるので、いささか焦点がぼやけてくる。

前半、笑わせてくれた進藤が組長と田舎やくざ殺しの犯人だったことが判明し(組長殺しは山形の命令とわかる)、進藤に調子を合わせていた高倉も山形の妹(佐久間良子)との結婚に悩み、足を洗うと決意するなど、キャラクターに一貫性がないので、物語がごたついてしまったことは否めない。以上を壇原シリーズの一、二作目としておくが、その露払いを果たしたような作品が伴内ものを手掛けた比佐芳武(脚本)・松田定次(監督)コンビによる『奴の拳銃《ハジキ》は地獄だぜ』(58)だ。

ルーツとしての「にっぽんGメン」

――やくざ組織の幹部の弥太郎(山形勲)が夜の横浜沖で香港船から受け取る予定だった密輸品(拳銃と麻薬)が海坊主の仙三(進藤)と子分の留吉に(江原)に横取りされる。

そこへ現れた〝りゃんこの政吉〟と名乗る飲んだくれの流れ者(千恵蔵)が弥太郎に取り入って仲間に加わり、表向きは実業家面をしているボス(山村聡)率いる密輸組織を壊滅させるまでで、この流れ者、実は北海道警察の麻薬課の江藤政吉だったとは最後にわかるのだが、映画は実につまらない。酒ばかり飲んでいる政吉と弥太郎の台詞のやりとりは冗長無意味で、比佐の脚本はネタに詰まった小説家の行数稼ぎみたいだ。徒《いたずら》に上映時間稼ぎをしているとしか思えない。

殉職した刑事の妹(中原ひとみ)が捜査班のリーダー(高倉健)の策により、一味が出入りしているキャバレーにホステスとして(最初の設定はダンサー)潜入する設定は過去に二度も見た。仙三はいとも簡単に、留吉もほどなく消され、弥太郎まで途中で死んでしまうのはどうしたことか。ボスをめぐる妻(三浦光子)と愛人(星美智子)の嫉妬争いにも大した意味はない。

ドラマは起承転結のリズムがないままダラダラ続き、松田の演出にもまったく冴えがない。慇懃さが却って不気味な三島雅夫（ボスの手下役）がよかっただけである。政吉の台詞は大時代で、その偽名にある「りゃんこ」（両個と書く）とはその昔、町人が二本差しの武士をそう呼んだ侮蔑語で、ここでは二挺拳銃の遣い手の意味なのだが、あまりに古過ぎる。政吉が股座《またぐら》の間から拳銃を撃つのは早業とも曲芸とも見えず（主演者の体型もあるが）、不格好なだけである。この頃は比佐も松田も時代劇という本来のフィールドにいたし、その合間に復活した「多羅尾伴内」シリーズも手掛けていたから、現代劇にはいいかげんウンザリしていたのではないか。

千恵蔵の拳銃活劇の大ファンである知人によれば、本作は東横映画『にっぽんGメン第二話・難船崎の血闘』（50＝東京映画配給）の焼き直しという。一九四八年、比佐・松田・千恵蔵トリオが「多羅尾伴内」シリーズの合間に東横映画で放った現代劇の一本に『にっぽんGメン』（*1）がある。犯罪を憎み、社会と市民を守る〝公僕〟たらんとする警視庁捜査陣の活躍を描いた——のちの「警視庁物語」シリーズの魁になったような一編で、江藤実（千恵蔵）をリーダー格に自動車を使った強盗団を追う物語だ（大映配給）。

『難船崎の血闘』はその二作目で、今度は警視庁が海上保安庁と協力し、密輸団や海賊もどきの一味を壊滅させるまで。千恵蔵は一作目では上野の闇市に浮浪者の恰好で潜り込むぐらいだったが、ここで〝りゃんこの政吉〟の偽名を使い（役名は相原正人）、風来坊然とした変装で密輸一味に潜入し、攪乱するのである。

筆者は複数の文字資料を読んだだけだが、なるほど、ドラマ展開や共演陣の役名、役割はほぼ同じで、山形勲は月形龍之介、山村聡は大友柳太朗、高倉健は海上保安庁の指揮官役の市川右太衛門(!)になぞらえられよう。進藤の役はそのままだ。千恵蔵は二挺拳銃を駆使、月形との飲酒場面も頻繁にあるというから類似性は免れない。『奴の拳銃は——』で「ネタ詰まり」とか「古い」という印象を持ったのは無理からぬところではあるまいか。(*2)

比佐は戦後も八十本もの時代劇のシナリオを書きまくった精力家で、豪放磊落の親分肌の面もあったことから太秦では〝天皇〟とまで呼ばれていた人物だが、いくら何でも『奴の拳銃は——』はリメイクであると会社に一札入れたと思う。ただ、壇原というキャラクターの原型は相原正人に求められ、主人公が身分を偽って悪の組織に肉薄し、壊滅させるというシリーズの基本が出来上がっていたことは認めなければなるまい。『無法街の野郎ども』から脚本も監督も新しくなったことは結果よし。古臭さは払拭され、笑いも盛り込まれていたからである。以下、小沢による千恵蔵主演の現代活劇の脚本はすべて松浦が受け持った(『地獄命令』のみ共同)。

(*1) 警視総監役に月形龍之介。漬物樽を置いた床下に刑事の死体が埋められている不気味な場面がある。原健策が女形崩れの古着屋の主人役で役者っぷりを見せた。加東大介、沼田曜一、伊達三郎の顔が見える。

(*2) 「にっぽんGメン」はシリーズ・タイトルになって東映東京で新しいスタッフにより断続的に製作された。『特別武装班出動』(56)『摩天楼の狼』(60=いずれも前サブ略)。千恵蔵が二役だった(変装ではない)『不敵なる逆襲』(51・佐伯清)を三作目としている東映のデータを踏襲している文字資料が散見するが、ポスターに前サブはないし、内容からも除外しておく。むしろ、波多伸二が早撃ち風来坊に、波島進がギャング仲間に化けている設定から『危うしGメン・暗黒街の野獣』(60)を加えるべきか。波多伸二は同年、新作ロケ中に事故死(二十三歳)。

壇原警部の大芝居

壇原の芝居も芝居、大芝居が見られたのが『俺が地獄の手品師だ』(61)である。アメリカの刑務所から収監を依頼された脱獄前科十三犯という〝バッファロー(の)ゲン〟が♪嵐の夜に悪魔が呼んだ情け無用の伊達男　明日は明日の風が吹く――という主題歌(?)と共に登場。マジックの腕前まで披露するコメディ・タッチの快作だった。

ゲンは早速、同じ房の進藤と中村賀津雄を連れて脱獄。進藤が横浜のやくざの幹部で、対立する立花組の組長を射殺したボス(柳栄二郎)の身代わりとして服役していた設定や、三人が雪の山小屋で過ごす場面は『二発目――』と同じような展開だ。以下、彼らの仲間入りをしようと接近してくる麻薬捜査官(鶴田浩二)、柳と大組織をバックにした李(山村)との麻薬取引をめぐる対立、失地回復を狙う立花組の動向(二代目に高倉)がスピーディに描かれる。

見どころはゲンがクラブで王竜(伊藤雄之助)が開いているマジック・ショウに飛び入りしての共演。特撮を使った手品と魔術シーンが物語と関係なくエンエンと続くのは「黙って見てろ、そのうち、タップリ楽しませてやるから」といった小沢のエンターテインメント精神の発露だろう。演出も手慣れてきたことは如実にわかる。果たして、悪党どもがズラリ揃ったところでスタートする乱射乱劇戦が凄かった(本作の前に手掛けたのが伴内ものの最終作『七つの顔の男だぜ』である)。

冒頭、黒いソフトに黒のスーツという多羅尾伴内こと藤村大造ソックリの暗黒街の渡り者、海山千吉となって二挺拳銃をブッ放し、十数人を一気に片づけて派手な登場をするのが『裏切り者は地獄だぜ』(62)。暴力団幹部だった進藤、その舎弟の高倉と江原を従え、♪海千山千一騎当千――ドラ声の合唱による主題歌に乗って、地方都市に巣食う暴力団を壊滅させるまで。

進藤らがいた組では親分が行方不明。生きているのか、死んでいるのかもわからない。今の二代目とは別に黒幕がいるようで、市長(柳)も不穏な動きをする。こうした謎が物語を引っ張っていく間、麻薬取引をめぐる小競り合い、旅館で佐久間良子(千吉の助手)に迫る進藤の助平ぶり、身分を偽って組織に潜り込む刑事(鶴田)の行動が描かれる。やがて、市長と黒幕(丹波哲郎)の悲しくも残酷な過去と関係が暴露され、千吉は正体を明かし、大詰めの銃弾飛び交うクライマックスへ。

主人公側には大したピンチもなく、例えば、ブタ箱からどうやって逃げ出したかもよくわからないが、こうしたご都合主義ゆえに気楽に見られたことは間違いない。ラストに毎回、敵に正体を指摘されると、アッサリ「いかにも僕は警視庁の壇原武夫だ」と肯定し、伴内もののような見せ場はないのが残念だったが、存分楽しめたシリーズだった。

今、鶴田浩二の役柄を見たよう、千恵蔵の拳銃活劇には最初は悪党を装いながらラスト近くで実は――というキャラクターが時々出てくる。純然たる通俗娯楽映画だから目くじら立てることもないし、これも一種のお約束なのだが、一九六一年からスタートしていた〝東映ノワール〟――「ギャング」シリーズの一本、『東京ギャング対香港ギャング』(64・石井輝男)に澳門《マカオ》の麻薬ボスとして登場する丹波哲郎の〝正体〟に驚かない人はいまい。

常識破りの〝無宿〟シリーズ

千恵蔵の壇原もの以外の作品を挙げる。海難事故で死んだとされた親子の七回忌法要会場に霊柩車が乗り付け、棺桶の中から死んだ筈の男がスックと立ちあがった！――のっけからド肝抜く展開を見せるのが『地獄の底までつき合うぜ』(59)。

――七年前、沈没船から大量の金塊を引き揚げた男たちは、邪魔な碇勝五郎(進藤)を射殺、背後から撃たれた息子の源次(千恵蔵)は海中に没したと思われたが、九死に一生を得てサイゴンに流れ着き、犯人追及と復讐のために帰ってきたのである。

男たちとは船主の山形に源次の兄の山村(ただし、源次は捨て子だったという設定)ら。彼らに執拗に迫る源次は腕っ節強く、度胸もあるが、生身の人間なので犯罪の証拠はなかなか掴めず、海外に大量に出回っている贋造《ガンペイ》紙幣事件や、源次の昔の恋人(喜多川千鶴)の動揺ぶりも並行して描かれるからドラマもなかなか進展しない。冒頭が冒頭だっただけに、この落差は大きい。その鬱憤(?)を晴らしてくれた終盤の船底での大乱射戦までが長かった。山形が大型のモーゼル軍用拳銃を使うのが目新しい。壇原の代わり(?)を務める男が出るのがお楽しみ。

小沢茂弘の楽天的かつ野放図な演出が笑いを誘って飽きさせなかったのが『アマゾン無宿・世紀の大魔王』と『ヒマラヤ無宿・心臓破りの野郎ども』である(共に61)。松浦の脚本も型破りだが、小沢の演出はこれに輪をかけて大胆不敵、ワル乗りに近い奇抜なもので、特に前者はバカバカしさを全面的に押し出して愉快千万痛快至極の一編に仕上げた。

――アメリカの賭博組織がしみったれた丁半博奕がせいぜいの日本をマーケットにしようと、名うてのギャンブラー、ゴールドラッシュの熊吉(進藤)を送り込む。パリからはキザなスペードのジャック(江原)が、さらに南米からはアマゾンの源次(千恵蔵)が来日する。これらのネーミングだけで、もう漫画並みで、三人が手を組んだり、いがみあったりしながら、香港の麻薬王、竜(月形龍之介)と三島雅夫一味を壊滅させるまで。表の顔で教団を持つ貫禄十分の小沢栄太郎が途中であっさり消される贅沢なキャスティングである。

巻中の精神病院のドンチャン騒ぎは抱腹絶倒。これは一芝居打って源次が潜り込んだ病院の集団治療で、物語には全然関係ないのだが(笑)、患者たちが笛や太鼓に合わせ、掛け声お囃子も賑やかに踊りまくるのには大笑い。彼らの経歴や症状を得々と解説する院長(須藤健)によれば、このバカ騒ぎにふと正気に戻る例があるというのである。今なら大問題になるかもしれないが、作り手側に悪意や蔑視は感じられない。いや、愉快だった。牧場ではウェスタン・ムードで決闘があり、トルコ帽をかぶったアラブ諸国連合組織(?)の顔役たちまで割って入ってくる。ウ～ン、インターナショナルだなあと感心しつつ、これぞ、映画は娯楽を信条とする小沢茂弘の大快作決定版としたい。

獣人雪男の正体

後者は登山隊の隊長、土門(千恵蔵)がヒマラヤで雪男を捕獲して帰国するというので日本中が大騒ぎ。娘の新聞記者(佐久間)や恋人(江原)がスクープを狙うのはともかく、何やら魂胆があるらしい三島や山形の暗躍が始まり、謎の女（水谷良重）も土門に接近。進藤が髭も髪もボウボウの裸姿で「ウォーウォー」と吼えて珍演を見せるキャバレーでの雪男ショウは必見（?）。コンビを組む筑波久子のふるう鞭にフロアで悶えたりもする。進藤この時、六十二歳。立派だ。時代劇で憎々しい悪玉を演じたら天下一品の俳優だが、芸達者なことはここでもわかる。

　驚くべきは土門までが雪男の扮装をし、大勢の見物人がいる〝雪男コンテスト〟に出場することだ（!）。植木正義（本名）として重役の顔も持っていた千恵蔵にここまでやらせた小沢の心臓も相当なものだが、五十八歳の肉体を披露した千恵蔵も偉い。頭が下がる思いがする。東映創成期から会社の屋台骨を支えてきた重役俳優に、小沢がそこまで注文をつけて立腹されることもなかったのは、千恵蔵もその力量を暗に認めていたのだろう。

　風呂場に（!）氷漬けになっていた雪男（羅生門）の〝正体〟も判明。最後は学術会議の場で土門が多羅尾伴内さながらに悪党たちのヒマラヤでの悪事を暴露、ライフル銃を連発しての銃撃戦となる。悪党たちの思わせぶりな台詞過多の脚本はいただけないが、バカバカしくも意表をついたアイディアでドラマに興味を持たせた点は買いだ。〝無宿〟シリーズも筆者の勝手な命名。二本ともニュー東映[*1]（第二東映の改称）の製作配給である。

　小沢は一九五九年から六三年にかけて頻繁にあった東京出張時代、とんぼ返りで京都に舞い戻り、『赤い影法師』[*2]（61）など実に十七本もの時代劇もこなしている。大変なヴァイタリティと実績である。自信満々だったのではないか。

『俺が地獄の手品師だ』の同時上映『右門捕物帳・南蛮鮫』(大友柳太朗の主演シリーズ三作目)の監督も小沢だった。一週間で番組が替わる当時、同じ監督の二本立て封切りとは前代未聞。小沢茂弘、得意絶頂、満面の笑みが浮かぶようである。尾張名古屋は城で持つ。東映映画は俺で持つ。

これらの合間に作った『ずべ公天使』(60)は浅草東洋劇場の軽演劇『ズベ公天使』の映画化で、高倉健の主演だが、どう見ても小沢向きの企画ではないので、シリアスならぬコメディならぬ、どっちつかずの演出により凡作となったのは仕方がない。花咲かぬ東映大泉の二線級女優陣総出演で、東洋劇場から客演として出た炎加世子は、あ、映ってるなという程度。松竹で売り出されるのはもう少しあとになる。

(＊1) 第二東映は東映がさらなる量産を図って一九六〇年三月から発足。東映第二系統と呼ばれた(一社による二系統全プロ二本立て配給は日本初)。ニュー東映改称は一九六一年二月。『クロニクル東映Ⅲ』ではそのスタートを四月二十六日封切り『アマゾン無宿・世紀の大魔王』『怪人まだら頭巾』としている。両方で新作は一四一本。旧作の再映は八十本(?)もあった。取り立ててヒットした作品はなく、特に京撮の二流監督や俳優による時代劇は粗製濫造の観を呈した。第一系統作品の併映もあって番組編成が混乱し、館主の不評もあって十一月に消滅。

(＊2) 徳川幕府に報復を企む元豊臣の女忍者(小暮実千代)と息子(主演・大川橋蔵)の物語で、息子の父が徳川お抱えの服部半蔵(近衛十四郎)と判明。一応、忍者ものになってはいるが、橋蔵は顔が綺麗すぎてとても忍者には見えず、通常の時代劇スタイルになっている。男と女のしがらみと、母と息子の心情のすれ違いによる懊悩が目立ち、これはアクションを得意とする小沢の任ではなかった。同年の東映ベスト配収五位は橋蔵人気ゆえだろう。剣を交えた父と息子が双方傷つくや「勝負はそこまで!」と立会人の柳生十兵衛(大友柳太朗)が制止する結末も煮え切らない。

やくざの宿命

千恵蔵のやくざの親分役が二本。日本を二分する勢力を持つ暴力団の組長、大門を演じ、父親としての顔も見せて新味を出したのが『地獄の裁きは俺がする』(62)(*)。ボクシングの世界選手権の興行でアメリカ側の法外なギャラを呑んだプロモーターを一喝し、裏切り者には非情なまでの制裁を下す大親分も、昔の愛人が産んだ娘(本間千代子)と生活するようになると、とたんにメロメロとなり、その恋人(松方弘樹)に嫉妬さえする。冒頭にド派手な喧嘩《でいり》があるものの、大門のキャラクターの比重は組長より父親のほうにかかっていて、娘の本当の父親が親友の元弁護士(進藤)と判明し、さらには別の愛人が産んだ実の息子がいたと判明するに及んで、柳永二郎をボスとする敵対組織の動向がやや疎かになってしまった。

最後は大門の侠気に感じ入った鶴田浩二も参戦してドンパチが展開しこそすれ、主人公がシリアスに懊悩する分、活劇としてのヴォルテージは低いまま終わる。最初はコメディ・リリーフと見えた進藤も存外まともだった。タイトルは己の過去を清算しようとする主人公の絞り出すような台詞から。〝地獄〟とは抜けるに抜けられない渡世の意である。

本作には食事シーンが頻繁にある。大門は朝からお抱えコックによる中華料理を堪能し、娘の作った激辛カレーを振る舞われた子分たちが苦悶するサマは笑えるし、柳の子分たちは夜食に出前の寿司をパクついている。日常の生活感が滲み出る食事シーンがほとんど描かれない日本の現代アクションには珍しいことだ。

『地獄命令』(64)は新駅開設に伴い、広大な土地を買い占めて利権獲得に賭ける組長、大松の野望と、それに横槍を入れる中丸(安部徹)組の抗争に大松の娘婿の根津(南原宏治)が巻き込まれ、三者三様の思惑が入り乱れる。東映はそれまで裏社会を「暗黒街」と表現し(これは東宝や日活も同じだが)、そこに生きる個人、集団にはアメリカ並みに「ギャング」を使ってきて、「ギャング」シリーズはその代表的なものであるが、ここでは一歩、いや半歩ほど踏み込込んで登場人物たちに「やくざ」=「暴力団」としての性格を滲ませている。

仁義も切らず、得物は拳銃であり、スコープ付きのライフル銃を持つキザな殺し屋も出てくるが、大勢の幹部連を前に「今更、義理と人情だけじゃ、めしは食えねえ。これからは力と度胸と頭だ」などと自信満々に弁舌をふるうのは安部徹——ではなく、千恵蔵御大なのである。

やがてくる娘の死、息子の家出、そして、長年耐えてきた妻との惜別。しかし、「俺の立場は俺の自由にならん。これがやくざの宿命だ」と、家族より二千人の構成員の生活《シノギ》を重んじた大松は中丸たちとの取引のため、単身オートレース場に向かう——。これが小沢&千恵蔵コンビによる拳銃活劇のフィナーレになる。千恵蔵はさすがに動作も鈍かった。六十歳を越えていた。

主人公が異なるのに、以上の何本かが東映チャンネルで「地獄」シリーズと銘打たれたのは単にタイトル上からだろう。業界や巷間でそう呼ばれていたふしがあるが、オフィシャルなものではないと思う。同じやくざものでも、特に『地獄命令』は『地獄の裁きは俺がする』から二年もたっているし、脚本も村尾昭が参加。題名のスタイルや、それまでとは違う小沢のシリアスな演出もあり、内容から誰が見たって別物だ。

（＊）本作は一九六七年九月に『まぼろし黒頭巾・闇に飛ぶ影』の同時上映で一週間だけ再映された。前例としては『俺が地獄の手品師だ』が同年五月に『牙狼之介』とのセットで再映された。次週までの繋ぎ興行。

討ち入り中止の現代版忠臣蔵

この間のオールスター映画『ギャング忠臣蔵』(63)はタイトル通り「忠臣蔵」の焼き直し。いわずと知れた赤穂浪士の仇討ち物語は作れば当たる時代があって、『忠臣蔵』(54・松竹)『赤穂浪士〈天の巻・地の巻〉』(56・東映)『大忠臣蔵』(57・松竹)『忠臣蔵』(58・大映)『忠臣蔵〈桜花の巻・菊花の巻〉』(59・東映)『赤穂浪士』(61・東映)『忠臣蔵』(62・東宝)は「トップ10」で(順に)三位、一位、八位、一位、一位、一位、十位になっている。ランク外の映画も他に当然あるわけで、同じ焼き直しとしては東宝に『サラリーマン忠臣蔵』[＊1](60)、大映に股旅任侠版『長脇差《ドス》忠臣蔵』[＊2](62)があった。

——北九州の浅野(高倉健)組は関東一帯を仕切る桜総業の傘下に入ることになるが、その副理事長・吉良(安倍徹)は理事長の娘、瑶子(三田佳子)と結婚した浅野に嫉妬し、何かと嫌味をいい、アメリカのカポネならぬカポン一味と手を結んで麻薬に手を出そうとする。これに反対した浅野は吉良を松の廊下(ホテルの壁の装飾画だが)で銃撃。挙句に留置場で毒殺される。理事長を暗殺、浅野の縄張りを乗っ取ろうとする吉良に対し、大石専務(千恵蔵)は隠忍自重、血気にはやる組員たちに組の解散を宣言する。

――とまあ、こちらの想像（というより「忠臣蔵」の大筋）通りに進む物語に新鮮味はないが、小沢は調子よく進め、千恵蔵に料亭の大広間で安来節に合わせ、アラエッサッサ～の泥鰌すくいまでやらせている。千恵蔵はやはり小沢が監督した『はやぶさ大名』（61）でもこれを披露していたのは民謡発祥の地である島根は出雲藩の殿様を演じたからだが、今回はクラス会で恩師（左卜全）と同窓の山村聡（警視総監役）を交えての余興という形を取っている。

その大石が解散に当たって、「仇討ちなんて馬鹿げたことだ」「親分子分の盃だけで義理と人情に生きる時代じゃねえ」と、やくざ稼業の空しさを説くあたり、なかなか見せる。そして、残った浅野組総勢四十七人が浜辺に勢揃い、さて〝撃ち入り〟というところで「第一部・終」の字幕が出る。

悪役は揃っているし、パリで浅野の恩を受けたギャング（鶴田浩二）が墓参にくるシーンはあるし、カポン一味には謎めいた丹波哲郎も控えており、クラブの歌手役の佐久間良子（この映画の彼女は抜群に綺麗だった）もいずれ絡んでくるだろう――と、あとを引く内容になっているが「第二部」は作られなかった。不入りが原因とされていて、それはいくら〝娯楽の王者〟東映だって客が入らなかった例はあったろうけれど、併映はマキノ雅弘監督、鶴田浩二主演の『次郎長三国志』だし（こちらは全四本のシリーズものになった）、そんなに悪い番組ではない。裏に何かあったのではないかと邪推が働くのは決して小沢贔屓だからではない。結果として、尻切れトンボになってしまったが、豪華出演と配役の妙もあって、ニヤニヤしながら存外楽しめた。失敗作などとは全然思っていない。

いちいち明記しなかったが、これらの諸作には「多羅尾羅尾伴内」シリーズ同様、京撮の時代劇俳優が出演した。物語にはさして重要ではないキャラクターも少なくなかったが、月形、富田仲次郎、阿部九州男、片岡栄二郎、花柳小菊、千原しのぶらは現代劇でもそれなりに見せた。やはり、役者なのである。小沢はその出番に顔をアップで撮るなどして印象付ける配慮をしている。

なかんずく、進藤英太郎の存在は忘れてならない。戦前は舞台役者で、映画界入りは千恵蔵より遅かったものの、キャリアはそんじょそこらの俳優とは大違いだ。豊かな喜怒哀楽の表情、独特のエロキューション、状況に応じた仕種のヴァリエーションは大仏のような(?)千恵蔵と見事なコントラストをなし、作品を盛り上げた功績は大きかった。

二人は時代劇で主役・悪役の関係で楽しませてくれ、小沢もそのあたりは十分心得ていたと見え、『国定忠治』(58)では赤城の山を下りた忠治(千恵蔵)が十手も預かる女郎屋山形屋(進藤)の悪事を掴んで「物は相談だが」と捻じ込み、脅し賺《すか》して、まんまと百両をいただく場面が秀逸だった。その都度見せる進藤のリアクションが抜群だからである。物語の幕間的エピソードにおよそ二十分。大いに笑えた。役者が揃って、演出が冴えればこれだけの場面作りができるのだ。

実績も貫禄もあるそんな二人に〝雪男〟をやらせた小沢も人が悪いが(?)、千恵蔵にも「進藤がやるなら、ワシも」といった心遣いがあったのではないかと思いたい。進藤には以上の諸作の合間に紡績会社の社長、その名も清水長次郎(笑)に扮したコメディもの「進藤の社長シリーズ」(61〜63＝全六本。前サブ変更あり)があった。一九六四年、フリーになってからの東宝作品もあるが、あの顔は東映映画にこそ似つかわしい。

六〇年代に入っても東映の主流は依然として京撮でのチャンバラだった。千恵蔵に右太衛門の両御大に加え、錦之助に千代之介、大友柳太朗に大川橋蔵――主演スターが毎週入れ代わり立ち代わりして陰謀を企む悪人どもを斬って斬って斬りまくり、ファンを集めていたのだが、さすがに翳りが見えてくる。一九六〇年に「トップ10」にランクされた同社の作品五本はすべて時代劇だったが、それが一九六一年は三本、一九六二年は二本。オールスターものや、よほどの話題作でなければ集客力がなくなってきていた。これは石原裕次郎一人に客を奪われたせいもあろうが、十八番《おはこ》だった時代劇そのものがそろそろ飽きられてきたことを意味する。明らかに観客の嗜好と時代の流れが変わっていたのだ。

そうした状況の中、エポック・メーキングになったのは一九六三年、『勢揃い東海道』(松田定次・三億五千万円＝二位)、『宮本武蔵・二刀流開眼』(内田吐夢・三億円＝四位)に次いで、『人生劇場・飛車角』(沢島忠＝以下前サブ略)が二億九千万円で六位になったことである。興収面では長く京撮の後塵を拝していた東撮のヒット作品を企画したのが撮影所長だった岡田茂である。

青成瓢吉を主人公に全八編から成る尾崎士郎の「人生劇場」は戦前から映画化され(*3)、戦後は五〇年代に東映が三回(一九五二、五三、五四年)、東宝(一九五八年)や大映(一九六一年)にもあった。今回、東映はその一部「残侠篇」を抽出、侠客の飛車角こと小山角太郎(鶴田浩二)を主人公に据えた。

映画は飛車角とおとよ（佐久間良子）の大悲恋映画のような印象で、ラストも飛車角が宮川（高倉健）の非業の死に、傷つきながらフラフラと悪玉（水島道太郎）一味に向かっていくという、後年の威勢のいい殴り込みとは程遠いものだったと記憶するが、いわゆる東映任侠映画のプロトタイプとされ、同じ監督で『続飛車角』（63）『新飛車角』（64）が作られた。京都から沢島を招聘したのは岡田が東撮には頼むに足る監督がいないと踏んだからという。これが東映の娯楽路線を大きく転換させた。斬った張ったの任侠映画の時代が、そして小沢茂弘の時代がくる。

（＊1）『続・サラリーマン忠臣蔵』（61）との二部作。赤穂藩を赤穂産業に置き換え、会社を乗っ取った吉良剛之介（東野英次郎）に大石良雄（森繁久彌）が総勢四十七人の別会社を興し、株主総会に勝利するまで。

（＊2）親分を獄門刑にした非道な老中（名和宏）とその傀儡一家に組を潰された喜三郎（大石＝市川雷蔵）が「身内一同、骨を削り、血を啜ってでも生き抜き、怨みを果たす」（台詞より）と誓い、勤王の志士たちの動向も絡めて描いた。見せ場の一つ、大石と立花左近が対面する「東下り」の場面では大親分、大前田英五郎になりすました喜三郎がご本尊（勝新太郎）と火花を散らす。渡辺邦男監督

（＊3）『人生劇場・青春篇』（36・内田吐夢）『同・残侠篇』（38・千葉泰樹＝共に日活多摩川＝日活）。

（3）

東映任侠へのプロセス（1）

六〇年代半ばから隆盛を極めた東映のやくざ映画――ここでは主に明治から昭和初期を背景にした着流しもの任侠映画を指す――に功績があったのは内田吐夢、伊藤大輔、田坂具隆、山本薩夫の

四人の監督だ――などと書けば誤解を招きそうだが、これには無論わけがある。

第二東映、ニュー東映の失敗に懲りた社長の大川博は一九六二年、一〇〇分を超す大作主義を振りかざし、よりによって大島渚などを担ぎ出した〝革命挫折劇〟『天草四郎時貞』や、人形浄瑠璃や清元に材を採った女狐憑依譚『恋や恋なすな恋』（内田）、山本周五郎原作の江戸人情話オムニバス『ちいさこべ』（田坂）といった作品を上半期に送り出したが、時代劇とはいいながら、それまでの見慣れたチャンバラ映画とはまったく異質な内容に興行的に失敗。下半期から翌年にかけて本来の娯楽作中心の番組に戻した。

映画は斜陽産業などといわれ、映画人口の減少とテレビの普及に各社が減産を余儀なくされた一九六四年には、(*1)製作費の合理化、企画の練り直しから、大都市での主要封切り館限定ながら洋画並みの一本立て興行を行ない、『越後つついし親不知』（今井正）と『鮫』（田坂）が「トップ10」の二位、四位という好成績をあげたものの、これは単なるフロックだったことがわかる。

というのも、同年暮れから一九六五年上半期に公開された冒頭の四人の『飢餓海峡』(*2)（64・内田）『徳川家康』（伊藤）『冷飯とおさんとちゃん』（田坂）『にっぽん泥棒物語』（山本＝以上65）が、ことごとく興行的に惨敗を喫したからだ。『徳川家康』はともかく、あとはどう考えても娯楽専門で突っ走ってきた会社の企画と思えず、起用した監督たちも戦前からキャリアはあるが、商業映画向きのタイプではない。

「製作・大川博」とクレジットのトップにデンと出したところで、大衆食堂の親爺がいきなり高級割烹料理店を開こうったって無理な話で、開店するのは勝手だが、ラーメンやカツ丼を頬張っていた常連客は戸惑うだけだ。戸惑うだけならいいが、やがて店を素通りするようになる。客は正直なのである。映画だって同じことだ。

――その昔、勤めていた会社近くに繁盛していた老舗の蕎麦屋があった。小体な店ながら丼物も悪くなく、何より蕎麦がうまい。そのうち、代替わりして三代目がビルまで建てたはいいが、途端に値段が上がり、それはよくあることだからいいとして、肝心の蕎麦がまずくなった。タレも慣れていた味と、どうも違う。蕎麦通でもグルメでもないが、それくらいはわかる。胃袋より、舌が満足しないのだ。おまけに、新装開店を期に夜は小料理屋としても営業を始めたのだが、その売り物らしい〝創作料理〟と称する一品一品がまったく口に合わない。勧められるまま頼んだ鯖のトマト煮なんぞ食えたものではない。「そのままで」という漬物にはこっそり醤油をぶっかけた。まずいとか、口に合わないと感じたのは大方の客も同じだったらしく、この店はほどなく店仕舞をした。

（＊1）　同年の映画館入場者数は前年の五億人を割り、四億三千万人。映画館は五千館を切って四九〇〇館。

（＊2）　完成版一九二分。一本立て用（一八三分＝一九六四年十二月二十七日封切り・主要四館）と、二本立て用（一六七分＝一九六五年一月十五日封切り・東映系）がある。『クロニクル東映Ⅱ』は後者をオフィシャルな封切り日としている。

東映任侠へのプロセス(2)

いささか逆説めいたが、やくざ映画の量産は彼らの失敗を穴埋めすべく、会社が本来のカラーである二本立て大衆娯楽路線に再び立ち戻ったからに他ならない。朝令暮改というやつで、この変わり身のうまさがまた東映である。その牽引車が『飛車角』シリーズをヒットさせ、一九六四年二月に「旧態依然の時代劇にしがみついていて活気が失せ」「ガタガタの状態になっていた[*1]」京撮に撮影所長として再度赴任してきた岡田茂だ。

時代劇は衰退すると睨んだ岡田が監督、脚本家、俳優、スタッフの大々的なリストラを行なったことはあちこちに書かれている通りで、実際、年間製作本数の半分以上を占めていた時代劇は一九六四年から激減し、松田定次、佐々木康、深田金之助、井沢雅彦、内出好吉、河野寿一、松村昌治など、東映におけるフィルモグラフィがこの年で絶えた監督は少なくない。ピンク映画に転出した人もいる。[*2]一九六六年以降は十本を切り、一九六八年の六本はエロ・愛欲もの・怪談で、チャンバラ映画はゼロ。

これより前、岡田は一九六二年に人事異動（というより社長の命令）で京都から梃入れのため東京に移った際も監督たちを篩《ふるい》にかけた――かどうか定かでないが、しばらくして小石栄一、若林栄二郎、飯塚増一らが東撮を去った。その岡田が時代劇の代わりに選んだ新路線がやくざ映画だった。以後、セックスもの、残酷・猟奇ものも含めて怒濤のように繰り出された東映の娯楽路線は、やがて二代目社長となるこの傑物によってレールを敷かれていくことになる。[*3]

義理と人情に生きる渡世人が私利私欲に走る外道どもの横暴と無法に堪忍袋の緒を切って意地と度胸で殴り込む――パターンの連続ながら、しかし、それゆえに集客があったやくざ映画なしには夜も日も明けぬ時代――その質より量をもって成る任侠映画の連山にあたかも屹然として聳え立つ高峰のような存在が小沢茂弘だった。

いずれも鶴田浩二をドッシリと主演に据えた同年の「博徒」シリーズ三本、一九六五年からの「関東」シリーズ五本は東映任侠映画の基礎を築き、一九六七年からの「博奕打ち」シリーズ五本はその人気と発展に寄与した。(＊4) ギャング・アクションで御大千恵蔵をひたすら立てたように、小沢はここで一貫して鶴田を頑なまでに任侠道を貫き通す〝男〟として――あたかも渡世人の鑑《かがみ》のように照れず臆せず描き切った。これらが「日本侠客伝」「昭和残侠伝」「緋牡丹博徒」シリーズほど、語られ、書かれることはないまま時間が過ぎたのは実に不幸なことである。

「博徒」シリーズを改めて見ると、やくざ映画のパターンが早くも確立されていることが如実にわかる。主人公が惚れた女を振り捨てて、死を賭して斬り込むまでのプロセス、やくざ社会独特の礼儀作法と跡目相続の式次第、仁義に固執し、筋目を通す古い一家と権力（政治家・資本家）をバックにする新興勢力との確執と激突、そして、主人公サイドにやたら犠牲者が出る終盤の強引ともいえる展開――沢島忠のプロトタイプはプロトタイプとして、東映任侠映画の作劇法のお手本は良くも悪くも小沢茂弘により示されたのだ。小沢もまた『地獄命令』撮了後に京撮に戻っていたのは天命であったかもしれない。

（＊1）岡田茂『悔いなきわが映画人生』（財界研究所、二〇〇一年）より。同書には『冷飯とおさんとちゃん』は記録的不入りで、「三日間で上映打ち切りとなった」とある。

（＊2） 萩原遼、深田金之助、大西秀明、仲木睦（大映時代＝仲木繁夫）ら。
（＊3） 略歴を簡単に記すと、五〇年代から主に京撮製作部に在籍。一九六一年に京都撮影所長。一九六二年から東撮所長（兼取締役）。一九七一年社長（一九九三年まで）。
（＊4） 鶴田浩二主演で「博徒」「博奕打ち」を冠したタイトルから、そのすべてをシリーズものとする資料があるが、監督や時代背景が違う作品や、小沢＆鶴田コンビでも内容、作風の異なる作品（『博徒七人』66など）はカウントしていない。封切り間隔も加味した。

『博徒』における見せ場と作劇法

『博徒』は岡田茂の肝煎企画だった。舞台は明治の大阪——鶴田浩二は博奕を生業としている高田一家の代貸、立花猪三郎として登場。だが、同業の阿倍野一家では二代目を継いだ藤松（天知茂）が文明開化の名の元に資本家と組んで鉄道事業に乗り出し、線路敷設を名目に住民を追い出す暴挙に出るばかりか、お偉方や警察を味方につけ、市会議員に打って出ようとあれこれ画策する。目的のためには手段を選ばぬマキアヴェリズムの塊のような男に、身内が次々に殺され、ついには親分（月形龍之介）まで刺殺されるに及んで、猪三郎の怒りが爆発して——。

鶴田浩二がいい。斜に構えてキザな天知に放つ「ど汚い根性が見え透いとるわい。何抜かしけつかるねん、クソ生意気な！」といった関西弁の啖呵は歯切れよく、料亭の女将うた（南田洋子）とのやり取りには戦後ほどなくから松竹、新東宝、大映、東宝などでトップ女優相手に重ねてきた年季の味がさりげなく出ている。

巻中の襲名披露や手打ちのシーンの段取りや作法の式次第はおそらく関西のその筋の人たちの指

導で執り行なわれたのだろう。〝出演〟もあったかもしれない。でなければ、あれだけ厳粛でリアルな雰囲気は出るものではない。鉄火場のシーンも同様で、この作品ばかりではないけれど、東映のやくざ映画で無表情のまま手慣れた調子で壷を振り、札を撒く倶利伽羅紋々のお兄哥《アニイ》さん方も多分〝本職〟と思われる。盆茣蓙を囲む合力や客たちの中にも何人かいたのではないか。こうした博奕シーンも量産により見慣れたものになっていくのだが、これは初期も初期の作品だけに妙な生々しさがある。股旅映画のそれとはまったく違うムードを醸し出していた。

〝全身いれずみ 裸にぶっこむ日本刀！〟というコピー、俯瞰で捉えた鉄火場の写真、頭に鉢巻き、巻いた晒に上半身刺青姿の鶴田浩二が日本刀を構えているポスターは何やら只ならぬ気配で、それは従来とは全く異質な東映娯楽路線の新時代を告げていた画期的なものだった。同じスタイルの里見浩太郎を従えて藤松一家に殴り込んでの殺陣は壮絶極まる。銃弾を浴びて血まみれになりながら、こけつまろびつ、藤松に迫った鶴田は「おどれは出来が悪過ぎるわい！」と、刀身が半分折れた日本刀を彼の腹に深々と突き刺すのである。それは白塗りの市川右太衛門や大川橋蔵が舞踊のように刀を軽々と操っていた往時の時代劇とは段違いの迫真の殺陣であった。

『日本侠客伝』のヒットはヒットとして（「トップ10」五位）、本作がそれより一か月前に公開されたことを忘れてはならない。やくざ映画のメッカとなる東映京都の本格的任侠映画の嚆矢は小沢によって放たれたのだ。

赤い着物か白い着物か

同年、小沢は続けざまに『監獄博徒』と『博徒対テキ屋』を放つ。前者は三池監獄に送られた猪三郎が上方一派の旗頭として、大木実を旗頭とする九州一派と敵対。娑婆での出来事は開巻に女親分(高千穂ひづる)を戴く瀬戸口一家と梨岡・萩原(天津敏)組の喧嘩が描かれるくらいで、もっぱら囚人たちのいがみ合いや石炭採掘の重労働、獄舎のしきたり、冷酷な典獄の仕打ち、脱獄、落盤事故などが描かれる。鶴田と大木が心情を語り合い、兄弟盃を交わすシーンは感動的だ。東映の観客はこういうところにグッとくるのである。しかし、窃盗と殺人で服役した里見浩太郎のエピソードは長過ぎた。とりわけ、赤ん坊連れの彼の妻が病床にいると知ったうた(南田)が面会にきて、猪三郎に「何とかならへんか?」と懇願するのは噴飯もの。

任侠映画における鶴田の面倒見の良さは周知のことになり、そこまでやるかと呆れるくらいのケースもあるが、収監中の身ではこれは無理。事情を話すだけでも鶴田は後半に描かれる脱走の一計を案じただろう。落盤事故での人命救助で鶴田と大木は仮釈放になるが、兄弟分である萩原の悪辣さを諫めようとした大木は惨殺され、鶴田は孤立した女親分の助っ人として殴り込んでいく。敷島の大和男児《やまとおのこ》の行く道は赤い着物か白い着物か――。やがて、悪玉ナンバーワンとなる天津敏の記念すべき本ジャンル初登場作品でもある。

後者は浅草を背景に、露天商に庭場を提供して生活《シノギ》にしているテキ屋の貴島(片岡千恵蔵)一家と、デパート建設に乗り出す資本家の話に乗って彼らを追い出そうとする滝岡(近衛十四郎)一家の争い。

貴島の長男として育ちながら不義の子と知って家を飛び出し、国分一家の博徒になっていた竜太郎（鶴田）が古巣の危機に立ち上がるまで。テキ屋の仁義口上、啖呵売《タンカバイ》、縄張り（露店の場所決め）が面白く、この世界にはこの世界の掟があることが興味を惹く。のちの「関東テキヤ一家」シリーズ（69〜71・全五本）の魁《さきがけ》であろう。

ただし、鶴田のキャラクター性が弱いのは終始第三者の立場にいるからだ。この映画は正しくは〝テキ屋対テキ屋〟であり、博徒たる彼がその抗争に絡んでいく動機——ポジションというべきか——が脆弱だからである。本稿では鶴田を主演者として扱ったが、クレジットのトップは千恵蔵で（重役俳優への会社の配慮だろう）、鶴田が二番目なのがまた役割を曖昧にした。

殴り込みも貴島の実子（松方弘樹）のピンチを救うための成り行きまかせのそれになっており、こんな半端な役割は鶴田には珍しい。千恵蔵は貫禄を見せたが、近衛のベタな悪玉ぶりは柄ではなかった。やはり、時代劇の人である。巻中に無声映画『浪人街』上映中の帝国館が出てくる。弁士役は人見きよし。看板に「マキノキネマ特作」とある。「日のベ」とはロング・ランのことらしい。画面は居酒屋の場面で原健策が荒牧源内を演《や》っていた。（＊1）

監獄と娑婆の話が分断されたような『監獄博徒』の構成は誉められたものではなく、家族の絆が中心になった『博徒対テキ屋』は主人公不在のような按配になったが、任侠映画黎明期という点は考慮したい。このシリーズはすべて岡田茂が企画者となり（共同）小沢と共に脚本を担当した村尾昭は任侠映画の売れっ子になっていく。ちなみに、岡田（企画）村尾（脚本）小沢（監督）鶴田（主演）のカルテットによる初の作品——東撮の『暴力団』(*2)(63)はアメリカ映画『汚れた顔の天使』(38)の換骨奪胎だった。
『博徒』前後に共に東撮での『昭和侠客伝』(63・石井輝男)『竜虎一代』(64・小林恒夫)もあった鶴田だが、これらはさほど評判にもならず、我慢に我慢を重ねた末に怒りを爆発させるヒーロー像は小沢の派手でアクの強い演出による本シリーズによって決定的になった。一、二作目が同じ主人公で、三作目から別キャラになるのは「飛車角」シリーズと同じなのは偶然としても、このスタイルは「関東」シリーズにも引き継がれた。

(*1) 原健策はマキノ雅弘の戦後の改題リメイク『酔いどれ八萬騎』(51・東映)に荒牧役で出演。この場面はそのフィルム流用と思ったが、名前はクレジットされたから小沢の〝撮り下ろし〟(?)。

(*2) 刑務所帰りの男(鶴田)が仲間と共に組織の金を奪うものの、最後は自分を英雄視する貧民街の少年たちにやくざの末路を見せつけるため、わざと警官隊の銃弾に倒れる。演出に遜色はないが、脚本は鶴田の自滅を観客に納得させるだけの説得力に欠け、そう仕向けたような医者の志村喬が悪役の如くなった。

鶴田の独壇場「関東」シリーズ

「関東」シリーズ(65~66)の脚本は小沢が一人で引き受けた。単独であまり脚本を書かない彼には珍しいことである(五作目のみ宮川一郎との共同)。

その一作目『関東流れ者』(65)は宇都宮を背景に元々庄屋の息子だったものの、兄とのいさかいから出奔してやくざ渡世に入った大谷《おおや》清次郎(鶴田)が、その気風《きっぷ》の良さを大親分の高島(村田英雄)

に見込まれて土建業に打ち込むが、鉄道工事の請負をめぐって古くから地元に根を張る平山（内田朝雄）組と対立、子分たちが次々と殺されるに至って、高島から預かっていた拳銃を手に殴り込む――。

かつての許嫁《いいなづけ》だった小山明子との再会や、彼女と舎弟の大木実の関係に動揺する清次郎の心情、平山の娘サト（藤純子）の苦悩を描く場面が多く、ために、平山に肉薄した清次郎がサトの哀訴と懇願で止めを刺さずに終わるラストはフラストレーションを募らせた。もっとも、あそこでブッタ斬ったら主人公が悪役になってしまう。

『関東やくざ者』（同）は宇都宮で一家を興した清次郎が上京し、政界の黒幕（内田朝雄）と結託した大暴力団関東桜会と血の決着をつけるまで。桜会を率いる川上東洋が不気味で、演じた丹波哲郎の押しの強さと貫禄はさすがであり、シリーズ中最高最大の悪役だ。本作が最後まで緊張を孕んだまま見せるのはこのキャラクターあってこそ。義理と人情の任侠道を標榜する鶴田と、唯我独尊冷酷非情な丹波のコントラストが際立っている。

冒頭の米騒動から日本郵船の株券争奪戦へ転じる展開や、黒幕が土壇場になって俄然弱気になる設定は不自然であり、主人公が殴り込みに行くまで犠牲者を出すのはやくざ映画の常道にしても、丹波に斬られて入院した高島（村田英雄）が結局は射殺され、駆け付けた書生の北島三郎まで殺されるのはむご過ぎる。肺病病みの待田京介は惨殺されるために出てくるだけだ。しかし、「暴力団に好きなことやらせといたら関東のやくざ者は日本中の人に笑われる」と、いう鶴田の台詞に満員のオールナイトでは「いいぞ、鶴田！」「その通りだ！」などと、掛け声がかかるのだ。長大な仕込み杖を抜いた丹波を前にした鶴田の必死の形相が凄い。このジャンルには珍しい東撮作品。

関東大震災後に新しい盛り場となった東京は亀ノ井の縄張り争いを描いたのが『関東破門状』（同）。村田英雄大親分が縄張りを黒田（志村僑）組と竹内（金子信雄）組に平等に分けたのが失敗の元で、利益の独占を狙う竹内の無法と横暴が始まる。その昔の股旅任侠映画――例えば『紋三郎の秀』（55・新東宝）では、喧嘩《でいり》で死人《ホトケ》を出すのはお互い損だと丁半博奕で双方の縄張りを賭けることになり、これに勝った主人公（高田浩吉）は得た縄張りをそっくり相手方に返すという場面があったが、こんなおめでたい作劇法は東映やくざ映画にはない。

卑劣な竹内の左腕をバッサリ斬り落として破門となった弥三郎（鶴田）は三島へ流れる。そこには芝居小屋の興行権を握る竹内の弟分がいて――と、舞台が別れるのは一方がお留守になる弊害を生み、弥三郎を狙う五郎（大木実）がかつては浪曲師の弟子だったという設定も苦しかったが、東京で可愛い子分と親分が殺されたと知った弥三郎が舎弟分となった五郎と共に斬り込むや、我々は鉄砲玉も飛び交う狭い路地での戦いにハラハラし、竹内の無残な最後に溜飲を下げるのだ。義理の二文字奥歯で噛んで鶴田が歩む侠客道《おとこみち》。

暁の六郷土手大血戦

『関東果し状』（65）――これはいい題名だ。何とはなしに血が騒ぐ――では集団対集団の大殺陣が多摩川六郷土手に展開する。紡績会社が京浜地区を一大工業地帯にすべく新計画を立案。かねてからその利権を独占しようと暗躍してきた阿久津（河津清三郎）は、新工場建設が村田英雄を会長に置く関東梅島会が請け負うと知って激怒、工事の鍬入れ式を潰そうと神奈川北斗会を結成し、傘下から六百人の手勢をかき集める。

これに真っ向から立ち向かうのが梅島派滝井組の鶴田親分で、加勢を申し込む村田に「あっしには喜んで一緒に死んでくれる子分が五十や六十はおります。北斗会が何百こようが、決して鍬入れの邪魔はさせません」という台詞がまた泣かせる。この決意には阿久津の命令で村田を狙った幼馴染の長門裕之が殺され（刺すのはノン・クレジット山形勲？）、子分の藤山寛美が惨殺された経緯もある。

決死の覚悟で果し状を届ける喧嘩支度の山本麟一、決戦前夜に鋤焼きの鍋をつつく大木実と三島ゆり子が印象的で、当日は阿久津一家のため盲いた藤純子の手術の日でもあるという設定も効果的。着流し姿のままの主人公が単独で悪玉一家に殴り込むパターンが多い中、敵も味方も総勢ねじり鉢巻き襷《たすき》掛け、腰に日本刀をぶち込んでいるのが新鮮だ。清水次郎長ものなどの時代任侠映画で見慣れたスタイルだが、背景が近代に変わると、こうも趣きが違うものか。血煙り荒神山ならぬ六郷土手の大喧嘩《でいり》。ダイナマイトが炸裂し、重火器が唸り、あちこちで斬り合いが繰り広げられる暁の大乱戦。傷つきながらも阿久津を追い詰めた鶴田親分の日本刀が一閃して――。

義理に厚くて人情に脆い鶴田浩二演じる渡世人のキャラクター性は『関東やくざ嵐』（同）でマイ

ナスに働いた。梵天一家の小頭、尾形菊治(鶴田)の受難の数々は作為的に過ぎて、何が何でも主人公を窮地に追い詰めないと、ラストの見せ場たる殴り込みまで運べない任侠映画の限界を露呈した。成就するわけがない別の一家の親分の娘お絹(桜町弘子)との恋、渡世の義理で、その父を殺さざるを得なくなる展開、いずれも強引である。特に、後者の設定は、観客には鶴田はそんなコトはしないというイメージ――というより固定観念があるので、よけいその感がする。

服役中に一家は天知茂に乗っ取られ、お絹は彼の女にされんとし、その弟には父の敵として狙われる始末。病に伏す親分に盃を返して土建業に入るも天知の非道さに怒りを爆発させ――と、ここまでが長く、まだるっこいのはストーリーにもエピソードにも新味がないからだ。飯場の女に扮した宮園純子は彩りにもなっていないし、一緒に殴り込んで憤死する山本麟一も哀れ過ぎる。

タイトルから本シリーズに数えたが、前作から五カ月も間隔が空いての公開だったこともあり、本来は除外するのが正しいかもしれない。主人公名から、これも青山光二の『修羅の人』を原作としているらしいが、未読なので小林旭の『花と怒濤』同様、改変具合は不詳。

浮気なお客さんへの配慮

小沢茂弘は書いている。「商業映画は一人でも多くの観客に金を払って見て貰うことによって成り立っている。そのためには昔から(手に汗を)握らせる、(感情に訴えて)泣かせる、笑わせる三つの要素が必ず必要だ。私はたえず流動している観客、悪い言葉で言えば浮気なご主人様に常に満足してもらうために任侠映画を作る努力をしてきた。それが成功したのは他のジャンル以上にこの三つが盛り込み易かったからだ」(「私はこうして東映任侠映画を作っている」キネマ旬報『ヤクザ映画美学』所載・一九六九年＝一部略)。

これは多かれ少なかれ、当時の東映のどの監督たちも十分意識していたことだろう。そこには東宝や松竹とは明らかに異なる観客層への意識も働いていたと見る。その一人としての印象ではネクタイに背広姿のサラリーマンは少ない。これがオールナイト興行ともなると、さらに顕著になり、風貌服装から自営業の商店主とか中小企業のオッサン、おそらくは土木・運送・建築関係、水商売と思われる人たちが圧倒的だ。インテリゲンチャとは一線を画す一般勤労階級、すなわち大衆である。東映の任侠映画は何より映画に娯楽を求めるおおや——それが目的でしかない彼らにとって恰好のジャンルにして、その典型としての役割を果たしていたのだ。

村田英雄や北島三郎といった歌手の起用もそうした配慮に違いない。別名流行歌といわれるように歌謡曲は、わけても演歌は世相の動向や大衆の嗜好を反映する。『人生劇場・飛車角』の主題歌になった村田英雄の「人生劇場」(一九五九年発売)(*1)はいうに及ばずで、村田は映画のシリーズ一、二作目に寺兼役でも出ており、『浅草の侠客』を初め、主演作も持った。

北島三郎の「兄弟仁義」は一九六五年四月にリリースされたミリオン・セラーで、星野哲郎の歌詞は渡世人の心情どころか、やくざ映画のエッセンスを抽出しているようで、北島を主演に映画化されたほどだ。(*2)東映はこういうところがうまい。『関東やくざ者』では二宮ゆき子が酒場で「まつのき小唄」（他一曲）を歌い、北島は前作同様に「兄弟仁義」を披露。鶴田の主題歌（「男なら」）と合わせての都合4曲は歌謡映画並み（？）である。

『監獄博徒』と『関東破門状』で一節唸る京山幸枝若《こうしわか》は関西で人気のある浪曲師だ。『博徒対テキ屋』では島倉千代子がヒロインで、鶴田の暮らす蕎麦屋の二階で一曲披露する。映画、流行歌、浪曲に加え、『博徒』以来、笑いを引き受けたのは中田ダイマル・ラケット、鳳啓助&京唄子、岡八郎、ルーキー新一、平参平ら。関西勢が目立つのは京都作品が多かったからである。もっとも、小沢は「笑わせる」のは苦手だったようで、彼らにワン・シーンを任せた印象だ。東映娯楽版で笑いを取るため起用した当時のコメディ俳優、岸井明、大泉滉（『三日月童子』）、岸井、堺俊二（『百面童子』）に対する演出は半分投げたようなところがあった。

『関東流れ者』は一九六五年四月、石井輝男（監督）高倉健（主演）コンビによる『網走番外地』と二本立てで封切られた。シリーズ・スタートが一緒だった珍しい例である。この組み合わせは同年大晦日からの正月興行となった四作目まで続いた。最初はモノクロで、添え物扱いのようだった『網走番外地』は二作目からカラーとなり、主演者の人気もあって強力な番組になった。これは全国の興行者を喜ばせたばかりでなく、東映＝やくざ映画のイメージを固定化させた功績がある。

（＊1）いわゆるリバイバル・ソング。初のレコード発売は一九三八年（昭和十三）五月。歌は楠木繁夫（テイチクR）。片岡千恵蔵が飛車角を演じた『人生劇場・残侠篇』（同年七月封切り）の主題歌となった。
（＊2）「兄弟仁義」シリーズ（66～68＝全七本。スピン・オフ二本）。山下耕作、鈴木則文らが監督。

やくざ映画の神髄とは

『関東流れ者』で村田親分が「天下のお宝を玩具にするだけの無職渡世」とクサした博奕打ちを主人公にした「博奕打ち」シリーズ（67〜68）にまで詳しく触れる余裕はないが、大勢の男たちが褌一丁で彫り物を競うシーンが壮観だった『一匹竜』（二作目）、眼鏡をかけて不気味さを漂わせていた若山富三郎を相手にした『いかさま博奕』（五作目）は特に目が離せなかった。男命を札に賭け、鉄火場無頼の風が吹く――このシリーズでも演出や描写が時に過度に、執拗に、残酷になり、そこまでやるかと眉をしかめたくなるケースもあるのは否めないけれど、それはあくまで観客に「握らせる」ことを信条にした監督の個性とサービス精神と看做すべきだろう。こういう粗っぽさは畳みかけるようなテンポでラストまで持っていく小沢の演出の特質でもある。

タイトルから、このシリーズの一本とされる『博奕打ち・総長賭博』（68・山下耕作）は任侠映画の傑作との世評高いが、てやんでえ、映画の評価は自分が決めるもので、世評なんかに迎合するのは愚の骨頂だと反発しつつ、笠原和夫の練りに練った脚本とキャスティングの妙、監督の揺るぎない演出で最後まで緊張のまま見せた。ただ、そのピーンと張りつめた空気が時に重苦しいムードになり、早い話が少しも楽しくない。それは中世ヨーロッパの刀剣職人たちが何百本もの試作の果てに忽然と傑作《マスターピース》と呼ばれる名剣を作り出すのにも似た作業と結果であり、量産された任侠映画のほぼ完成された典型として認めはしても、時に息抜きがほしくなるのはそれまでの大半の諸作のように娯楽映画として昇華されていないからだ。

親分子分、兄妹、夫婦、義兄弟がそれこそ義理と人情にがんじがらめになり、突破口が何一つ見つからないまま否応なしにドラマは破局へと向かっていく。だから、金子信雄の死には例えば天津敏がバッサリやられた時に感じる爽快感はない。映画独特の愉悦がない。鶴田の「俺はただのケチな人殺しよ」との独白は、任侠映画そのものを否定する捨て台詞のようにも聞こえるのだ。刺客の沼田曜一の扱いなどは雑との印象を拭いきれない。たかが前サブによって、シリーズの代表作であるかのような風潮があるのは小沢茂弘の不幸である。

やくざ映画については日本の政治状況や学園紛争などの世情、日本人の義理と人情、美意識などを引き合いに新聞や雑誌で〝現代人の心を捉える任侠の美学〟〝日本的情念の爆発〟〝服従と殺意の相克〟といった論考がなされた。評論家やジャーナリストはすぐこういうことを書く。映画は時代の産物と知りつつも、どうして娯楽映画を娯楽映画として単純に享受できないのかと不思議でならない。困ったものだ。

観客はそんな論考や風潮とやらに関係なく、映画館に通ったのである。面白ければ満足し、つまらなければ舌打ちする。こと任侠映画に限らず、娯楽映画はそれでいいし、また、そういうものだ。そして、飽きたら見なければいい。小沢の言葉を借りるまでもなく、観客とは元々浮気なものだ。競馬、競輪、パチンコ、ゴルフ、釣りにドライブ、海外旅行。世の中には楽しいことがいっぱいある。映画も人もこうして変容していくのである。そして、時代もまた。

スポーツ紙のアドや映画館のポスターに「監督・小沢茂弘」とあると、「ああ、小沢か、それなら大丈夫だな」と妙に安心できた。大丈夫、安心とは金を払った分だけは楽しませてくれるという信頼感にも繋がる性質のものだった。途中で何度か欠伸をし、「何でえ、これは」とコヤを出たくなる映画が珍しくない中で、こういう頼もしい(?)監督はそういるものではない。新宿昭和館では封切りから何年も経った小沢の作品を頻繁に上映していた。友人との「おい、小沢の、やってるぞ」「『三人の博徒』か。これ、見てねえな」「俺も。じゃ、ちょっと見てくか」といったやり取りは一再ならずだった。映画は後半の舞台を澳門《マカオ》に置いた日本任侠道番外編の趣きだった。

隻眼の鶴田浩二、片足の山本麟一、盲目の待田京介ら、肉体にハンデを持つ一方、恐るべき必殺技を駆使する流れ者たちが悪徳やくざを叩きのめす『博徒七人』や、その続編『お尋ね者七人』(共に66)も確かここで接したはずである(後者には『関東やくざ者』の主題歌「男なら」が流れた)。どちらも手慣れた演出に終始し、さほど力を入れたとは思えないが、その分、気楽に楽しめた。プログラム・ピクチャーはこれで十分なのである。山本の義足のままの立振舞とアクションは大したもので、一体どうしてあれだけの動きができたのか今でも首を捻っている。

夏休みの旅先の列車待ちで、時間潰しのためフラリと入った駅前の映画館で『浪花侠客・度胸七人斬り』(67)を見たことがある。ラスト、日本刀に必殺のエネルギーを込めた鶴田浩二の殴り込みで大量の鮮血が天井にまで噴出すると、客席から「おー」「あー」といったざわめきが起こった。「やったあ、ここや!」と感に堪えないように唸った客もいた。何が任侠の美学だ。何が日本的情念だ。決着《カタ》は俺がつける!――血の修羅場の興奮と果たされる報復の快楽。やくざ映画の真髄とは詰まるところ、これだ。これしかない。館内のざわめきと嘆声がその集約である。監督が小沢と知ったのは後日のことだった。

任侠映画最大の功労者

六〇年代の千恵蔵の現代アクションから鶴田浩二の任侠ものの相次ぐヒットは、東映・小沢茂弘の名を高からしめた。それはむしろ一般の映画ファンより（東映の観客はどうも一般的という範疇にひっくるめられない一面があるのだが）、営業部や興行主たちの間での「小沢のシャシンは客が入る」という評判によるところが大きい。小沢は京都撮影所で、第一線から退いた比佐芳武に代わって〝天皇〟として君臨した。自叙伝風のインタビュー集『困った奴ちゃ』(*)によると、この呼称は六〇年代初期から東撮の製作スタッフの間で早くも流布していたそうで、そう呼ばれることに小沢自身満更でもなかったらしい。

映画界にはどういうものか、天皇がやたら多く、大蔵天皇（大蔵貢）とか、渡辺天皇（渡辺邦男）とか、黒澤天皇といった呼び方が珍しくない。各々、ワンマン経営、早撮りの名手、妥協しない映画作りと余人の追随を許さない（？）ものがあるのだが、一方で反発や非難も免れない。威風堂々、撮影所を闊歩し、飛ぶ鳥落とす勢いがあった小沢にもそうした陰の声があって当然と思われる。

気に入らない脚本に文句をつけ、ロケ地やセットに不備があると製作主任に不満を漏らし、助監督にあれこれ命令し――ま、これくらいはどんな監督だってするだろうけれど、小沢の場合は喧嘩っ早い気性もあって、文句をつけるというよりコキ下ろし、不満を漏らすというより叱責罵倒、命令するというより、コキ使っていたという形容が当たっているらしい。しかし、賞賛の裏にやっかみがあるのは世の常だ。まして、映画は水商売。当たれば天国、コケれば地獄。監督下手すりゃ契約解除。一天地六の銀幕渡世に我が身と命を賭けた小沢茂弘、カツドウ屋として脂が一番乗っていた時期には違いない。それを象徴しているのがオールスター映画三本を立て続けに任されたことだ。

往時、各社には人気俳優総出演のオールスター映画なるものがあって、東映には定番の「忠臣蔵」以外に千恵蔵扮する清水次郎長を主人公にした時代任侠映画があった。先に記した『勢揃い東海道』以前には『任侠清水港』(57)『任侠東海道』(58)『任侠中仙道』(60)が三億円以上で「トップ10」入りしている(順に五、五、二位)。歌舞伎でいえば顔見世興行。主演級がズラリ顔を並べるから会社は序列に神経を遣い、彼らを御せる監督を配さねばなるまいが、ここではキャリアと実績からすべて松田定次。

時移り、星変わり、一九六八年——シリーズ主演作を複数持つ鶴田浩二、高倉健、若山富三郎三大スター共演による『侠客列伝』がマキノ雅弘だったのは頷けるところだが(主演は高倉健、モチーフは「忠臣蔵」)、その後『緋牡丹博徒』(68)で初のタイトル・ロールを得た藤純子が加わっての四大スター結集『博徒列伝』を任されたのは、マキノ雅弘でも『総長賭博』の山下耕作でもない。かつて重役俳優に半裸の雪男を演じさせたのみか、泥鰌すくいまでやらせた剛腕小沢茂弘その人だ。常に冷静沈着な鶴田が珍しく喧嘩屋と異名を取る血気盛んな渡世人に扮し、「力でくる奴には力で押し返すしかねえんだ！」「相手が強かったら尻尾を巻けってのか！」と、河津清三郎一派と天津敏率いる愚連隊集団〝監獄一家〟に立ち向かう。子分四人を従え、喧嘩支度も凛々しく殴り込む決死の大殺陣が凄かった。駆け付ける河津の助っ人一党に槍を引っ提げて立ち塞がるのが高倉健。シリーズ六作目『日本侠客伝・白刃の盃』(67)のコピーを借りれば〝槍の高倉、仁王立ち！〟。

大金が必要な鶴田に花札勝負でわざと負けるのが若山で、二人の間で揺れるのが芸者姿も艶やかな藤純子。助演に回った各俳優の出番を見せ場として用意する配慮も忘れない。顔のアップ、主演者と同格扱いの交互のショット。ちゃんと立てている。だてに贅沢なキャスティングだった千恵蔵の現代活劇を何本もこなしたわけではないのだ。菅原文太など、まだヒヨッコだ。『新網走番外地』との併映は正月興行という書入れ時だったこともあって「トップ10」三位になった。文句なしの黄金番組である。実際、この頃の東映任侠映画の人気は凄まじいもので、〝トーエーさん〟は〝ヤーさん〟同様、その筋の人間たちの代名詞にもなった。

(＊) 正式書名『困った奴ちゃ―東映ヤクザ監督の波乱万丈』(小沢茂弘・高橋聰共著＝ワイズ出版・一九九六)。

任侠・特攻・時代劇

続く『渡世人列伝』(69)は親分を闇討ちした肺病病みの流れ者(池部良)を追って浅草から旅に出た鶴田が縄張りの独占を狙う悪親分の姦計を知って怒りを爆発させるまで。前作よりさらに醜悪な化け物メイクの天津敏が牛耳る硫黄鉱山における出来事と悲運の池部良のエピソードが長過ぎたのはマイナスも、鶴田と助っ人の高倉の殴り込みで払拭される。匕首を閃かせ、突きまくる鶴田と、日本刀をブンブン振り回す高倉。悪党の非道さに我慢を強いられた観客は、ここで積もりに積もった鬱憤を晴らすのだ。これも正月興行で併映『新網走番外地・さいはての流れ者』との二本立ては「トップ10」九位になった。

『博徒一家』(70)は主題歌「白刃の盃」が流れる中、斬り込みを決意して雪降る夜道を行く高倉健の前に「昭和残侠伝」シリーズの池辺良さながらに待ち構えていた鶴田が同道。客席に「待ってましたッ!」の声が飛び、宴会中の一家に殴り込んでの殺陣もまた流血の修羅場。深手を負って瀕死の鶴田に余計な台詞を一切吐かせないラストもよかった。着流し任侠ものでは主演に高倉を迎えた初の作品である。

この映画ばかりではないが、高倉健という俳優の気魄には只ならぬものがある。怒鳴ったり吼えたりせずに、寡黙なままで、あれだけの殺意を秘めた演技と立ち回りは誰にもできるものではない。むしろ鬼魄というべきか。白刃の修羅場を斬り抜ける男一匹高倉健!――フリーになってから受けた松竹や東宝作品での演技賞など物の数ではない。この俳優の魅力と本質は畢竟、斬った張ったの〈トーエー〉任侠映画にこそあった。『日本侠客伝』で、キャリア、人気、格、出演料など、あらゆる点で高倉健を凌駕していた中村錦之助(名目上は主演である)がさっぱり語られることがないのは、出番の少なさからだけではない。あの映画は東映生え抜きのトップ・スターたる地位の交替をも意味していたのである。リンチにあった錦之介の顔や体を見せないのは俳優の希望か、監督あるいは会社の配慮だろう。

翻って考えてみるに、「ギャング・シリーズ」も含めて六〇年代初期における高倉健の大泉での現代劇の数々に印象に残った作品はない。どことなくヌーボーとした雰囲気があって、まだ鋭さとか、硬質感がなかった。演技力も台詞回しも特に秀でていたわけではない。取り柄といったら、あの顔の造りと筋肉質の頑丈そうな体躯だけだったのではないか。この頃はその風貌と肉体にマッチした作品に恵まれなかったとしかいいようがない。

飛躍したきっかけは『人生劇場・飛車角』の宮川役と思われるが、その一週前に封切られた『暴力街』(63・小林恒夫の二度目の同名タイトル)を忘れるわけにはいかない(東映東京作品)。縄張りと興行権をめぐるやくざ同士の争いで、出所した主人公(高倉)が留守を預かっていた弟分(江原真二郎)の死に単身乗り込むまで。

着流し姿や刺青も見せ、予告編に〝迫力で押しまくるやくざ路線ここに登場!〟とあるものの、暴力団ものの色合いが強かったからさして注目されなかったようだが、これは岡田茂の企画で、多彩なキャラクターを配しながら、結局は主人公を殴り込みに行かせるしかない作劇法はのちの任侠映画に確かに通じるものがあった。高倉の得物は槍の柄から抜き取った穂先である。冒頭の手打ち式、丁半博奕が行なわれる鉄火場のシーンにも抜かりはなく、着流し任侠ものと現代暴力団ものの端境期に生まれた貴重な一編といえる(脚本・直井欽哉他)。

この間、任侠もの以外でも小沢茂弘の快進撃は続く。太平洋戦争下、南方の海に展開する米艦隊を相手に必死必殺を期す海の特攻隊——すなわち、菊水隊の悲劇を描いた『人間魚雷・あゝ回天特別攻撃隊』(68)は、主役の鶴田浩二が試作中の〝人間潜水艦〟の整備不調で梅宮辰夫と一緒に海の藻屑と消えてしまうのだが、ヒットしたのは(「トップ10」八位)、まだ全国に多かった戦争体験世代の動員もあったためと思われる。根強かった東映の七生報国大日本帝国万歳映画の一本だ。

余談になるが、海軍には別に本土決戦に備え、ベニヤ板(!)で作った〝震洋〟なる特攻ボートがあって、爆弾を積んで敵艦に体当たりする前代未聞の無茶苦茶な作戦が試みられたという。大本営、苦肉の策どころか、正気の沙汰とは思えない。

久しぶりに時代劇に取り組んだのが「極道」シリーズなどで鶴田や高倉に負けないほどのファンを持っていた若山富三郎主演の『賞金稼ぎ』(69)。薩摩藩に謀反の動きありというので、将軍(鶴田)の密命を受けた錣《しころ》市兵衛(若山)が様々な武器を仕込んで旅立つ。オランダからゲーベル銃を大量に買い込んで幕府に挑戦するのが天津敏。配下に鉄棒を振り回す坊主頭の関山耕司や、青竜刀を得物にする汐路章がいるのが楽しい。

若山は座頭市ソックリの扮装と身振りで芸達者なところを見せ、肥満気味の体躯にめげず、とんぼをきるなどアクションも身軽にこなしたのには唸った。こういう芸当は鶴田や高倉には真似できない。天津が囚人たちをゲーベル銃で狙い撃ちにするシーンはマカロニウェスタン『続荒野の用心棒』から。難なく、そつなく、手抜きなく——一丁上がりの娯楽アクションだった。

シリーズものになった二作目『五人の賞金稼ぎ』(同)は、工藤栄一が黒澤明の『七人の侍』と自分の『十三人の刺客』をミックスしたような百姓救難映画にしてしまう愚を犯し、自由闊達にして大胆不敵な市兵衛のキャラクター性を殺してしまった。ガトリング機関砲が使用されるのもマカロニウェスタンの影響である。こんな作劇スタイルにガックリしていたら、会社は遅まきながら3作目『賞金首・一瞬八人斬り』(72)に小沢を再度起用。主人公本来の持ち味を存分に出し、趣向を凝らした必殺技と剣戟の面白さを取り戻してくれたのは慶事とすべきである。

任侠映画の終焉

小沢の黄金時代はしかし、鶴田浩二のヒット曲に便乗した『傷だらけの人生・古い奴でござんす』や、天津敏が善玉のまま死んでいく『望郷子守唄』(高倉健主演)など五本を放った一九七二年まで。藤純子の引退もあって、会社の任侠路線そのものが衰退していく時期であり、岡田茂がかっての時代劇同様、いいかげん古臭くなったこのジャンルに見切りをつけるのも時間の問題だった。

翌一九七三年は五月十二日公開の『三池監獄・兇悪犯』一本に終わった。劈頭に『仁義なき戦い』が、G・Wに二作目「同・広島死闘篇」が公開された年である。戦後の広島やくざの抗争を描いた「仁義なき戦い」シリーズについては詳しく述べるまでもない。菅原文太以下の俳優たちの好演による生き様と死に様、組同士の抗争と手打ち、裏切りと報復。ガッチリ組み立てられた笠原和夫の脚本、熱の入った深作欣二の演出に観客は興奮し、酔い痴れた。

「わしら、どこで道間違えたんかのう」(『仁義なき戦い』)といった聞き慣れない、その分新鮮だった広島弁の台詞を職場や酒場で真似た人は少なくないだろう。そして、これは昭和二十一年から昭和三十八年までという時代背景から、それまで恨み辛みはございませんが、義理が抜かせる九寸五分などと浪花節さながらに謳っていた任侠の世界とは程遠い戦後のやくざたちの悲喜こもごも(?)の人間ドラマだった。それはさておき——。

明治政府下、石炭採掘の重労働を課せられた囚人たちの暴動を描いた『三池監獄・兇悪犯』では鶴田浩二がリーダー格の宍戸錠を消そうとしたり、仲間数人と勝手に脱走したり、空腹から丼飯の誘惑に負けて金子信雄や天津敏のいいなりになったりと、それまで長く演じてきたヒーロー像とは一八〇度回転したかの如き役柄になっていた。これでは汚れ役である。

義理も人情も弁えて、意地と度胸で男を貫く渡世人を演じてきた鶴田がよくこんな役を引き受けたものだ。小沢も会社の企画ではあり、これも仕事と割り切ってほぼ脚本(高田宏治)通りに進めたものと思うが、背景が背景とはいえ、全編を覆う暗さと陰惨さは尋常でない。こんな荒んだムードは設定が同じだった九年前の『監獄博徒』にはなかった。あそこにはまだ任侠道に生きる男気が充満していた。殴り込みは白刃の修羅場ではなく、典獄相手にダイナマイトを投げつけるだけだから意気が上がらないこと夥しい。救い難い仕上がりである。

鶴田の泥まみれの姿は哀れを誘ったほどで、任侠映画の無残な末路のような印象を与えた。当時「殺《と》れい、殺《と》ったれい!」と吼える広島やくざたちの流血の抗争に見入っていた観客の目に、この映画はどう映ったか。任侠映画もかれこれ十年、ピークは過ぎていた。ポルノ作品『セックスドキュメント・モーテルの女王』(六十四分)『女医の愛欲日記』(五十一分)との三本立て封切りという扱いが本ジャンルの凋落を物語っている。くるべき時がきたのだ。そして、これは『博徒』以来、小沢が鶴田とコンビを組んだ最後の任侠映画になった。(*1) 一つの時代が終わったのである。

一九七四年の高倉健主演『三代目襲名』は実在した暴力団山口組組長、田岡一雄を描いた前年の『山口組三代目』の続編。山下耕作からバトン・タッチされたものだ。これについてはノートから一部を引用する。

――「タイトルから山口組を外したり、新聞広告から当然三国人とすべきところを外国人としたり、ずいぶん気を遣っている。その気の遣い過ぎから映画もつまらなくなった。やたら深刻ぶる高倉健。大木実、待田京介、山本麟一ら舎弟衆も画一化されている。『仁義なき戦い』シリーズで多くのバイプレーヤーたちが実にイキイキと動いていたのと大変な違いだ。ここらにもモデルがいて勝手に描いては何かと差し障りがあるのか。三国人との抗争も尻切れトンボに終わっては我々が求めるカタルシスも何もあったものではない。小沢茂弘は昔から贔屓の監督だが、これまでの任侠ものと違って、何かと枷《かせ》のある実録ものは性に合わないのではないか。この人には好き勝手にやらせたほうがいいのに。救いは斬り込み隊長を演じた渡瀬恒彦の熱演と浪曲師役の篠ひろ子の好演だけ」(一九七四年八月十日＝新宿東映)。

四億三千万円は「トップ10」の五位(併映『直撃! 地獄拳』)。一作目は四億四千万円で四位)。

二本とも「仁義なき戦い」シリーズで最高だった「完結篇」(三億六千万円)を抜く大ヒットになったのは山口組の大看板が物をいったのである。(＊2)特攻隊とやくざは強いのだ。どなたの謂いか失念したが、日本の俳優に一番似合うのは兵隊とやくざという説は本当かもしれない。

(＊1) 一九七四年、鶴田浩二の主演作は『あゝ決戦航空隊』(山下耕作)一本。製作総指揮者・岡田茂が長年貢献した同い年(一九二四年生まれ)の鶴田への贐《はなむけ》としたような企画である(「トップ10」六位)。鶴田の一九七五年、七六年のフィルモグラフィには記載がない。

(＊2) 前売券が暴力団及び組関係者により大量にさばかれたことが警視庁から商品券取締法違反とされ(封切り後)、東映は予定していた三作目(『山口組三代目・激突篇』)を断念した。

(4)

企画と時流に乗りながら

東映は一九七三年末に公開されたブルース・リーの『燃えよドラゴン』(米・73)がヒットして、翌年から香港・台湾製のカンフー映画がブームになると、また変わり身のうまさを見せ、一九七四年だけで何と十一本の空手映画を矢継ぎ早に製作した(中編ドキュメント一本を含む)。中核となったのが裏社会のダーティな仕事を金で請け負う空手の達人、剣琢磨(千葉真一)が犯罪組織を壊滅させる小沢の「殺人拳」シリーズ三本だった。

殺された石油王の利権独占を狙う香港の暗黒組織と極東マフィアを向こうに回す『激突！　殺人

拳』、各国の武道団体から脅迫同様に資金集めをする武術家を抱き込んだ極東マフィアとの死闘再び『殺人拳・2』、財界の黒幕と悪徳検事との三つ巴の秘密録音テープ争奪戦『逆襲！ 殺人拳』――これらがどれもこれも同じに見えるのは、主演者と組織が送り込む殺し屋や武道家との戦いに重点を置くあまり、起承転結の「転」を忘れた脚本の粗雑さにある。格闘シーンで鮮血が大量に流れるのはともかく、一作目で男根や喉仏を抉り取り、おまけに、その血まみれの肉塊をこれ見よがしに映す糞リアリズム。二作目の眼球が飛び出すショットはえげつないほどで、これは確か石井輝男の『やくざ刑罰史・私刑《リンチ》』(69)で大友柳太朗が抉られた我が身の片方のそれを見て驚愕して以来と思うが、こちらは両方だ。多けりゃいいってものではない。

主人公は金のためには人殺しも辞さず、法外な金額を要求し、敵を徹底的に叩きのめし、抱いた金髪女も情け無用に刺し殺す。こうした強欲で非情な殺しのプロの存在は娯楽映画だから一向構わないが、それを素直に肯定できないのは千葉真一が演じているせいである。幸か不幸か、この俳優はいかにも明るいスポーツマン・タイプで、熱血漢の塊のようなイメージが強いから、そんな冷酷な男にどうしても見えない。それは『仁義なき戦い・広島死闘篇』の大友勝利役を見るとよくわかる。元々演技力がさほどある俳優ではないし、怒鳴り、喚いているだけで存在感がまるでなかった。俳優豊富な東映には珍しいミス・キャストだった。

致命的なのは剣琢磨というキャラクターに肉付けが足りないことだ。一作目の、中国大陸で父親がスパイ容疑で処刑されたという貧しく悲惨だった幼少の頃の回想は、申し訳程度の安易な挿入だから(空手の修業場面も一切ない)、それが裏社会の一匹狼となった男の行動の起爆剤になっていると誰が思うか。アクション場面は豊富だが、全体に画面が殺伐としていて、クライマックスの戦いで悪が滅んでも爽快感がないのは主人公が戦う目的が、金か義憤か復讐か定かでないからだ。ただの殺人マシーンに共感を覚えられるわけがない。ハア〜ッとか、ヒュ〜ッとかブルース・リーばりの深呼吸も全然サマになっていないし、これを検事役の和田浩二(!)までが行なった三作目のノートには「同じことをやらせるのは芸がない。小沢もだいぶ疲れてきたようだ」とある。デビューから三十年が経過していた。

元々、製作の発端はブルース・リー死亡後——といっても、一九七三年当時は大多数の人がその存在すら知らなかった頃のことだが——香港のゴールデン・ハーヴェストが売り込んできた『精武門』(71)を試写室で見た新社長岡田が「これはいける」と、和製カンフー映画製作にGOサインを出したからという。早い者勝ちとばかり、一作目を待機していたジミー・ウォング(王羽)主演の『片腕ドラゴン』(72＝東和)より、わずか六日ながら先に封切ったのは時流を捉えたカンどころの冴えであり、ここらはさすが傑物である(『精武門』はのちに東和により『ドラゴン怒りの鉄拳』として公開)。

これがアメリカで邦貨四億五千万円(興収)を記録したという『日刊スポーツ』(一九七五年七月二十四日付)の記事中にあった千葉の「あんな映画が当たるんですかね」とのコメントは監督への嫌味ではなく、あくまで作品の完成度への正直な感想だろう。おそらく満足していなかったと思う。

雨中のエンディングも唐突だったし、活劇は何でもこなしてきた小沢も都会を背景にした格闘技ものは勝手が違うのか、歯切れが悪い。香港映画のように拳と拳の戦いではなく、悪役たちに仕込み杖や釵《さい》といった得物を持たせたのもその表われではないか。その戦いぶり自体は面白かったが、惜しむらくは主人公が錣市兵衛でなく、舞台が江戸時代の薩摩藩ではなかったことだ。

小沢が存在感を示してきたのは徹底したスター主義で主演者を立てまくり、観客を喜ばせてきたからである。片岡千恵蔵がそうだし、鶴田浩二もそうである。ただし、この二人は小沢と組む前からスターだったし、キャリアも十分。何より娯楽性と集客を第一義とする東映という会社のカラーを弁《わきま》えていた。小沢は小沢で、その申し子のような監督だったから、俳優の個性と持ち味を十分心得、壺を押さえた――ここぞという場面の演出ができたのだが、それはこのシリーズでは発揮されなかった。東撮育ちの千葉と組むのは初めてでもあり、呼吸《いき》が最後まで合わなかったのではないかという気がしてならない。

小沢茂弘最後の残光

面白さという点では、第一次大戦の頃、愛国団体の総裁（大木実）から日本で暗躍する外国の密偵《スパイ》を殲滅すべく依頼された拳法の遣い手（渡瀬恒彦）が大暴れする同年の『極悪拳法』（74）のほうがはるかに上だ。自由奔放にヒーローを動かせる時代背景も利点になっていた。支那服姿で登場した天津敏が見世物小屋で目隠しをしたままナイフ投げを披露、やんやの喝采に両腕を上げてニッコリするシーンはよかったし、ガッツ石松が初めて女郎屋に上がってオロオロするサマは笑えた。

ラストの雨中の大乱闘で敵を倒した渡瀬と助っ人の沢村忠が傷つきながらヨロヨロ去っていくのは、往時の健さんと池部良を見る思い——と、こういうところが持ち味の監督なのである。そして、良くも悪くも小沢らしさが窺えた映画は、これが最後になる。

マフィアを相手に志穂美悦子と麻薬捜査官の渡瀬恒彦が立ち向かう『女必殺五段拳』(76)は、いいところなしの大凡作に堕していた。マフィアの日本支部が京都の極東映画撮影所にあって、支部長が所長という人を食った設定。そこへ日米合作映画を製作する名目で、アメリカからマフィアの幹部が映画プロデューサーとして乗り込んできて、ほほう、これはと期待させたものの、あとは麻薬の密輸と運搬、それを手伝っていた黒人青年と妹の災難というお定まりの展開だ。

時代劇の撮影シーンがあって、ここに百面童子でも登場させ、志穂美に白塗りの小姓役なんぞより、片肌脱いだ女桜判官でもやらせたら客席は湧いたろうが(湧かないか)、小沢には映画撮影の実態を楽屋落ちやパロディで処理する気はハナからなかったらしい。まさか全員ではあるまいが、俳優たちまで日本マフィアのメンバーだったとは意外というより、メチャクチャである。

その戦いも衣裳部屋や狭い通路でゴチャゴチャやってるだけだから空手アクション独特の躍動感がない。ヒロインが老舗の織物問屋の娘で、両親が婿選びに躍起になっている冒頭の件《くだり》も物語に全然関係なく、渡瀬恒彦の役割も半端なまま。悪役のボス格も川合伸旺、汐路章では二枚も三枚も落ちる。京撮では俳優たちのリストラも始まっていた。麻薬の隠し場所が魚の腹の中で、丸鋸盤が処刑に使われる趣向は何年も前に見た古ネタである。ノートの末尾は「ダメだ、こりゃ」。

小沢の力がめっきり衰えたと感じたのは、これより一本前の『テキヤの石松』(同)だ。そもそも、テキヤ(松方弘樹)が旅の途中で知り合って一目惚れした娘の父親の借金一億円を返済する話からして無理がある。バッタモンを売るくらいで返せる額でなし、結局は悪党相手に強奪に近い方法を取る。脚本は不可能を可能ならしめ、観客を納得させる作業こそ大切なのに工夫がない。小沢には断然不向きなコメディ調の作品として企画されたし、桂三枝や岡八郎らも出ているが、さて、それにしては今井健二や名和宏らの悪業がリアルで、松方も実録もののような陰惨な面《ツラ》を見せ、何ともちぐはぐな演出が映画全体をシラけさせた。これでは庇いようがない。

ブルース・リーまでかっぱらった会社だから、盆と暮れに稼ぎまくっている松竹のヒット・シリーズにあやかるぐらい平気の平左で、同業者を主役にしたはいいが所詮は付け焼刃だから、すぐ地が出る。田舎芸者が赤坂のお座敷に出るようなもので、どうせ作るなら〝新・関東テキヤ一家〟だろう——といっても、「仁義なき戦い」があっては下種のあと知恵にもならない。「小沢も寄る年波と時代の風潮には勝てないのか、無残なまでの空振り三振となった」と、ノートにあるのは小沢退場の予見だったか。

義理も人情も紙風船だ

一九七六年、小沢は『女必殺五段拳』を最後に退社した。監督契約続行か解除かをめぐって会社

（すなわち岡田茂）と感情的に縺《もつ》れたらしい。当時の監督定年（五十五歳）にはなお一年あった時だった（＊1）。退社といえば聞こえはいいが、早い話が馘首《クビ》である。

岡田茂は京撮から東撮時代、そして再度の京撮時代まで小沢とは長く、浅からぬ付き合いがあり、自ら音頭を取ったやくざ映画への貢献や、決められた予算と撮影日数で遜色ない娯楽映画を手際よく作っていく手腕を知悉していた筈だが、かねてから製作方針変更、新陳代謝を名目に時流に合わなくなった監督や俳優を遠慮も情けも無用にリタイアさせてきた経営者だ。映画産業そのものの衰退を迎えて（＊2）、会社存続のために、それくらいの断行はおかしくないし、まして人事は人情絡めば脆くなる。

『困った奴ちゃ』（前出）には岡田の「君には徳がない」の一声に返す言葉がなく、本のタイトルにあるよう「私は困った奴なんです」と吐露している。若い頃から唯我独尊で妥協を知らないままの半生を振り返っての正直な心情と見たが、これは彼の周囲にいて人となりを熟知している関係者には納得できても、客席で映画を見るだけだった人間には曖昧だ。曖昧といえば岡田のいう「徳」も同じで、例えば「有徳の士」などと形容された映画監督が東映に――いやさ、我が国の映画界に何人いたか。

小沢にしてみれば一身上の――まして、愉快な思い出ではないし、あえて明言を避けたのだろうが、要するに疎んじられたのではないか。世の中には仕事の技倆、実績は甲乙付け難いのに、会社のトップに気に入られるタイプと、煙たがられるタイプがいる。人間だから好き嫌い、相性の良し悪しはあって当然だが、しかし、社長の裁定は小沢も意外だったろう。ひたすら会社のためにやってきたという自負はあったに違いない。

昨日の兄貴も明日は三下――やくざ社会に謂う一門下がりどころか、これは東映一家の大親分から突きつけられた絶縁状とも受け止められる。同年、捲土重来を期して、「殺人拳」シリーズなどに出演した空手家、鈴木正文らと興した正武プロは資金難で空中分解。映画作りはやっぱり金だ。これではたまに会社の金で銀座のホステス相手に豪遊しても、自腹ではそうはいかないサラリーマンと変わりがない。

当時は各社の減産により監督受難時代になっていて、退社してフリーになっても、それまでのキャリアから古巣や他社で、あるいはテレビ映画で仕事を続けていた監督は何人かいたけれど、小沢はそんな一人にはなれなかった(*3)。

その後の動向は知らないまま――「映画監督から易者へ転身」「元東映・小沢氏の第二の人生」という新聞の見出しに目をむいたのは二年後だ(『スポーツニッポン』一九七八年四月二十三日付)。記事を要約すれば、退社後は仕事がなく、生活は荒れ、無収入の日々に大学時代に易者の書生をしていたことを思い出し、京都の高嶋易断で修業。一九七八年一月から金沢で高嶋宏瑞《こうずい》として〝開業〟していたという。同紙の略歴には「時代劇、現代劇を問わず、アクションものには絶対の自信と誇りを持ち、特に鶴田浩二を主演にしたヤクザ映画はブームを続け、〝小沢天皇〟と呼ばれる勢いだった」とある(抜粋・一部改)。

鼻下に髯をたくわえ、筮竹《ぜいちく》を切っている写真にしばし見入り、何度も記事を読み直したが、見出しの一つ「生活のためには」が重く心に残るばかりで、小沢茂弘の映画渡世はとっくに終わっていたことを確認するばかりだった。監督作品は都合一一三本(娯楽版の三部作は三本とカウントした)。

その一本、東撮での『多情佛心』(57)を見る機会があった。親の遺産で暮らしている弁護士の藤代(佐野周二)は妻子がありながら女道楽の日々。囲った料亭の女将の妹が父を破滅に追い込んだ男の愛人だったと知り、自分の信念である「誠実さ」がないとなじって別れるが、喀血して父と同じ胃癌を患う。彼を取り巻くのが同人誌発行の資金を頼る作家たち、その金を使い込んで女と駆け落ちする編集者、零落する女将、金をゆする不良青年(高倉健)、その恋人の洋妾《らしゃめん》ら。恋人のパトロンを射殺した青年の弁護を生まれて初めて買って出た藤代は、重病を押して法廷に立つのだが……。

日中事変前の東京を背景に市井の人間たちの置かれた立場とその生活を淡々としたスタイルで見せたのは、里見敦の原作を得た新藤兼人の脚本に忠実に従ったからだろうと想像するが、ひたすら静謐な演出に終始していたのには舌を巻いた。映画は誰一人幸せにならないまま、ばらまかれる号外の見出しに国の大不幸を暗示して終わる。

やがて、大泉で千恵蔵のギャング・アクションを次々に放ち、太秦で任侠映画を量産する——いや、そんな先のことより、この二か月前に京撮で大川橋蔵の『若さま侍捕物長・鮮血の晴着』が、一か月後に市川右太衛門の『股旅男八景・殿さま鴉』があった監督の作品とは思えない。そもそも、これが東映映画かとも。

『多情佛心』は何でもござれの器用さから生まれた仕事ではない。隠れていた資質がふと垣間見えた――そんな気がする佳編だった。『人間魚雷・あゝ回天特別攻撃隊』における菊水隊の面々が出撃前に実家に戻り、家族や恋人と別れを惜しむシーンの数々は忘れ難い。とりわけ、後半の主人公となる松方弘樹が両親（志村喬、荒木道子）と酒を酌み交わし、死んだ梅宮辰夫の兄夫婦を訪れる場面は泣かせる。その資質を小沢自身が意識していたかどうかはわからないが、確かなのは、そんなものは所詮、商売第一娯楽至上主義の会社には無用だったということである。そして、小沢はその方針と期待に見事応えたのである。

♪義理も人情も紙風船だ――これは『関東流れ者』や『渡世人列伝』で鶴田浩二が歌った主題歌『無情のブルース』の一節である。享年八十二。

（＊1）一九七六年には東宝の岡本喜八、堀川通弘、森谷司郎、須川栄三、福田純が会社の合理化策である監督定年の規約に反発、希望退職の形でフリーになった。
（＊2）映画館入場者数は一九六九年に三億人、一九七二年に二億人を割った。
（＊3）記録上は松方弘樹主演のTVシリーズ「人形左七捕物帳」最終二話分が最後になっている（テレビ朝日・一九七七年十二月放映）。

第八章　江戸川乱歩の猟奇パノラマ館――犯罪の見せびらかし

夏目漱石や芥川龍之介など、近代文学史に欠かせない作家の文芸作品はともかく、戦前から現在まで読み継がれている娯楽小説はそう多くない。映画化作品が延べ百本を超えている作家は川口松太郎、大仏次郎、長谷川伸、吉川英治らだが、さて、その原作の数々が今も文庫などで巾広く読まれているかとなると甚だ疑問だ。そんな中で江戸川乱歩の作品は時代を超えて読み継がれているという点で、稀有な部類に属する。

名探偵明智小五郎と助手の小林芳雄少年が怪人二十面相を相手に活躍する初期の「少年探偵」シリーズと、大人向けの長編通俗ものの大半は戦前に書かれただけに古臭さは免れないけれど、面白さが色褪せることはない。とりわけ、後者は残虐な殺人が相次ぎ、時にエロティックな色彩を帯び、猟奇的趣向濃厚で飽きさせない。その映画化作品数は右に挙げた作家たちに比べれば微々たるものだが、ここで一章を設ける価値は十分にあると踏む次第だ。

乱歩には他に「二銭銅貨」や「陰獣」といった純粋な推理ものや、奇妙な味のする「屋根裏の散歩者」、恐怖小説ともいえる「鏡地獄」、あるいは薄気味悪い「人間椅子」などがあり、これらの中には一九七〇年以降に映画化された作品もあるけれど、ここでは右に挙げた「少年探偵」シリーズと長編通俗ものを中心にする。

乱歩より八歳年下ながら編集者・作家としてほぼ同じ時代を生きた横溝正史の謎とトリックを重視した本格ミステリも捨て難く、「本陣殺人事件」「八つ墓村」「悪魔の手毬唄」など有名なところは映画化もされているけれど、こと大衆性、娯楽性、通俗性という点では乱歩が断然上だ。ミステリ小説での評価は横溝や戦後に出た松本清張より低いのが通説だが（乱歩の作品は多くは探偵小説と呼ばれ、横溝、松本らの本格ものに対して変格ものという）、この二人になかったのが少年ものだった。横溝には数編あるが、面白いのは戦後ほどなく（一九四八年）岡山の疎開先で書き下ろした「怪獣男爵」しか挙げられない（二つある続編は一作目に遠く及ばない）。

「少年探偵」シリーズは「怪人二十面相」から「大金塊」までの四作が戦前に講談社の「少年倶楽部」に連載されていた（一九三九～四二年）。戦後再開一作目「青銅の魔人」は光文社（講談社からの分派）の「少年」一九四九年一月号からスタート。のちにカッパ・ブックスでベストセラー・メイカーとなる神吉晴夫の依頼だった。乱歩が「少年」その他に一九六二年まで書き続けた「少年探偵」シリーズの単行本は戦前の諸作の復刻と合わせて売れに売れ、版を重ねた。[*1] 映画化は一九五四年から松竹が先行したが、ここではまず、♪勇気凛々、瑠璃の色の主題歌も懐かしい東映の「少年探偵団」シリーズ（56〜59＝全九本）から振り返る。
先行して連続ラジオドラマ「少年探偵団」があったこと（ニッポン放送・56）、大半が六十分に満たない中編仕様、長編とセットの組み合わせという封切り方式は先の娯楽版の現代編といっていい。感想は公開から幾星霜を経た再見によるそれであることを諒とされたい。最終作以外は連続ものの二部作。前サブ『少年探偵団』は省略した。脚本は松竹版も含め、すべて小川正。(＊2) ☆マークは原作あるいは小説タイトルである。

（＊1）当時流布していた光文社版（全二十三巻）の未読分は後年、古書店で一冊十円とか二十円で買い求めた。現在は同社の未刊行分（「電人M」など）を含めたポプラ社版全四十六巻がある。代作者（氷川瓏）による大人ものの改題作品はやむを得ないこととはいえ、エロ・グロ描写を抑えている分、つまらない。

（＊2）戦前にプロデュース、監督。戦後は脚本に専念。テレビ映画を含めると一五〇本余。

（1）

跋扈する巨大カブト虫

『第一部・妖怪博士』☆（56）で二十面相（南原宏治）が狙うのは相川博士が完成させた原子炉の設計図。これが普通の原子炉ではない。核反応の際に生じる放射性生成物（死の灰）を焼却処理できる世界初の優れものなのだ。二十面相は冒頭から原子力工場に潜入、得意の変装で浮浪者や学者や妖婆、イギリス帰りの私立探偵にまで化けて大活躍（?）。マネキン人形のトリック、仕掛けを施した洋館、催眠術、少年団員が塗り込まれている石膏像——当時はこの程度で十分怖く、スリルがあったのか。

明智小五郎(岡田英次)は台詞ばかりで、行動がさっぱり描かれず、警察の捜査も後手に回り、主役は二十面相だ。明智たちは落とし穴にドロドロの石膏を流し込まれ——と、ハラハラさせたが、『第二部・二十面相の悪魔』(同)ではアッサリ救出されている。二十面相の変装は続き、植木職人、タクシーの運転手、果ては明智にまで化ける。設計図が隠された雪舟の掛け軸を奪って秘密のアジトである奥多摩の鍾乳洞に逃げ込んだ二十面相に明智と警官隊が迫る。監督は共に小林恒夫。

続く『かぶと虫の妖奇』『鉄塔の怪人』☆(57・関川秀雄)の見どころは巨大なカブト虫の出現に尽きる。「妖虫」☆(昭和八〜九年発表)に出てくるでかい蠍《さそり》の応用(?)なのは明々白々で、この蠍の出没は子供だましのトリックが使われていたが、こちらはピストルの弾も跳ね返す鋼鉄製で、奇妙な音響を発し、目玉をピカピカ光らせて、のろい戦車の如く進んでくるのだ。ドリルのように回転する角で壁や門扉をブチ壊して建物に侵入するサマが凄い。このカブト虫の造形はよくできていた。

平穏な日常生活の中にいきなり悪夢のような出来事を巻き起こして人々を恐怖に陥れる手法は乱歩の得意とするところであり、二十面相(加藤嘉)が日本アルプス山中に大勢の配下を従え、西洋の城のような鉄塔王国を築いているのも大いによい。あのカブト虫ロボットの集団が人目に付かず、どうやって城に辿り着いたかは屁理屈というやつで、この二部作が一番楽しめた。最後に展開する一味と警官隊の攻防戦も迫力があり、ここでも用意されている二十面相の変装など、どうでもよくなる。

映画化にあたり、時代に即して行なわれた改変の最たるものは二十面相が怪盗ではなく、国際スパイ団の首領になっていること。そして、狙うのが宝物や美術品でなく、一、二作目共に原子炉の設計図になっているのは、アメリカとソ連(当時)に続き、一九五二年にイギリス、フランスが原子炉の開発に成功していた背景もあろう(脚本の小川は松竹版から原子炉ネタを早くも使っている)。我が国に原子力の火が灯されたのは一九五七年だったが、新エネルギー時代の到来が核の脅威に繋がることなど知る由もなかった少年たちは映画館で、ラストに駆けつけるパトカーやトラックに乗った〝東映警官隊〟に歓声をあげていたのである。

原作で二十面相が少年団員を誘拐、監禁するのはあくまで脅しや悪戯で、いつもしてやられている腹いせなのだが、映画では殺意十分で、『鉄塔の怪人』では死刑にしようとさえする。ここまで明智役を演じた岡田英二は終始冷静沈着はいいとして、団員たちに愛嬌がない。何も子供たちのご機嫌を取ることはないが、もう少し、優しさがほしかった。次回作から八作目まで波島《なみしま》進に交代する。

お宝探しと首なし男

『二十面相の復讐』と『夜光の魔人』(同・石原均)は舞台の前半を東京に、後半を浅間山山麓にして、遠い昔、柳沢家のお殿様が秘匿した巨万の富をめぐる戦いである。ご先祖様のお宝探しという物語の骨子は「大金塊」からだろう。後半は草原を黒い帽子にマント姿の二十面相（小牧正英）が白馬に跨って登場、配下たちも全員同じ恰好で馬を駆るシーンがあったり、巫女の老婆がぎゃあぎゃあ祝詞だか呪文だかを誦えたり、洞窟の中に牢屋があったり、時代劇もどきのムードになるのは小川が並行して「新諸国物語」シリーズも担当していたせいではあるまいが、かなり違和感がある。

金鉱と思われていた巨万の富は原子力開発に欠かせないウラン鉱と台詞で判明するだけ。洞窟や噴火口での撃ち合いが上映時間稼ぎにしか映じないのは監督の力量不足。挙句、二十面相がペチャンコになったのか、衣装だけだが岩に貼りついているのは一体どうしたことか。子供向きとはいえ、ひどい出来栄えである。ちなみに、「大金塊」に二十面相は出てこない。

『透明怪人』☆『首なし男』（58・小林恒夫）にもウラン鉱が関連している。二十面相（伊藤雄之助）が島田家に伝わるエジプトの王冠を狙うのは、その返還を求めるエジプト政府が代償としてウラン鉱山を提供すると申し込んできたからだ。冒頭から顔中包帯だらけのコート姿の紳士が街中を闊歩、人々が見守る中、包帯をクルクル解くと――ああッ、顔がない！　その首なし男はバーでビールを飲み始め――ここらの特撮はよくできていた。

二十面相が原子光線でいとも簡単に透明人間を製造（？）し、様々な機器設備が整っている研究所に潜んでいる設定もまた時代に適合させた改変とは思う一方で、王冠消失の謎や腹話術のトリック、明智や中村捜査課長のソックリさん登場という原作の素朴な（？）エピソードを取り入れているのは却ってちぐはぐな結果になった。下水道での銃撃戦が飽きるほど長いのは前作と同じ。二十面相の末路はもういいよと思うくらい続く。ココを撮りたかったか。

二十面相の悪事や少年探偵団の活躍が中心になるから明智の影が薄いのは仕方がないとしても、波島進は作品のスタイルやムードに適《あ》っていた。以前、「まぼろし怪盗団」シリーズの私立探偵役があったように、この人が出てくると何か安心感がある。貫禄や重厚さはないが、誠実さが感じられるのだ。京都での時代劇助演はわずかなもので(『七つの誓い』三部作など)、長く現代劇製作の東映東京にあって地味な俳優だったが、小柄ながら日本人には珍しくソフト帽が似合い、その安心感は後年のテレビ『特別機動捜査隊』(テレビ朝日)でも変わらなかった(*)。

梅宮辰夫が明智に扮して可もなく不可もない演技を見せた最終作『敵は原子潜航艇・少年探偵団』(59・若林栄二郎)は、日本の月ロケット発射を阻止しようとする某国(ナチスの鍵十字マークがシンボル)の命を受けた二十面相(植村謙二郎)最後の悪あがき。ミサイルがロケットや潜航艇を爆破する小川のオリジナル・ストーリーにあえて書くことはないが、一つだけ。少年団員の子役が五千万円を二千万円と話すのは脚本をそのまま読んだらしい。些細なことだが、生憎、こういうミスを見逃すことができない性質《たち》なのだ。

(*) 一九六一年から七一年まで立石主任役。番組自体は一九七七年まで続いた。

松竹版・怪人二十面相

松竹は一九五四年秋から東映娯楽版に倣ったかのような中編の連続活劇「松竹名作娯楽版」を製作した。いわゆるSPである。〝名作〟と自ら銘打ったのは図々しいようだが、これはもちろん元ネタの知名度から。第一回はA・デュマ・ペールの「鉄仮面」のモチーフをかっぱらった時代劇「鉄仮面」シリーズ（三部作・池田浩郎）。殿様が側室に産ませた双生児のうち、一人は若君に、一人は野盗の頭目として成長、謀反人を叩きのめすという内容で、若杉英二(*)が二役を演じた。

続いて十二月から翌年にかけて若杉を明智役に、七週連続で封切ったのが三部作『怪人二十面相・第一部・人か魔か?』『第二部・巨人対怪人』『第三部・怪盗粉砕』（弓削進）と、四部作『青銅の魔人・第一部』『第二部・謎の夜光時計』『第三部・恐怖の天守閣』『第四部・決闘獅子ヶ島』（穂積利昌）。東映版と似た箇所があるのは脚本家が同じだから。共に第二部からクレジットにある前サブ「名探偵明智小五郎シリーズ」は省略した。まず、『怪人二十面相』は――。

少年探偵団の一人、羽柴壮二君は十数年ぶりで壮一兄さんが中国から送還されてきたので大喜びです。ところが、二十面相がお父さん（羽柴博士＝山形勲）の大切な超原子炉の設計図を狙っていることがわかります。厳重な警戒の中、予告された夜の十二時――いきなり、壮一さんがお父さんから設計図を奪ってしまいます。アア、何ということでしょう、それは二十面相（沼尾鈞）の変装だったのです。二十面相は貴重なエジプトのミイラの柩まで手に入れますが、柩の中から、それまでシアトルにいたと思われていた明智探偵が現れたではありませんか！

——その明智が設計図を取り戻したものの、二十面相のアジトの水牢に閉じ込められるまでが第一部。第二部は駆け付けた警官隊との銃撃戦や明智の救出のあと、玲子（明智の助手）と早苗（壮二の妹）の誘拐など、二十面相の逆襲が描かれる。アジトにはモニターテレビがある。

第三部は追い詰められた二十面相が気球に乗って空中に逃げるのが面白い。危なっかしい特撮だが、これも乱歩得意の（常套というべきか）逃走手段。美術店に飾られている「黄金の塔」を狙う二十面相と、その警護を故意に断る明智の駆け引きは「少年探偵団」☆から。床下から出てきた名探偵が「君が二十面相だ！」と指摘した人物は⁉——。

原作では事件解決に「少年探偵団バンザーイ」と少年たちが歓呼の声をあげるのがお決まりだが、ここでは明智先生自らそう叫ぶラストである。いずれも凡庸な仕上がりで、台詞は「飛行機」なのに画面はヘリコプターの場面があった（笑）。中村捜査係長（須賀不二男＝ここでは不二夫）が両手をズボンのポケットにやたら突っ込んでいるのが気になった。この頃の須賀の容貌はキャメロン・ミッチェルを彷彿させるところがある。

（＊）一九五六年に新東宝に移り、天城竜太郎と改名。一九六〇年から東映で再び若杉名義。

異形の鎧魔人

〝怪奇戦慄！　全身鋼鉄の魔人登場！　恐怖と迫力の探偵大活劇！〟（ポスターより）——『青銅の

魔人』編は事件の連続である。二十面相が狙うのは水野家（原作は手塚家）に江戸時代から伝わる家宝の夜光置時計（原作は懐中時計）。その中には貴重な鉱物資源が埋もれている場所を示す地図の半分が隠されている。もう半分はどこに、そして、貴重な鉱物資源とは――!?

何より、青銅の魔人（もちろん、二十面相の扮装）の異様なスタイルがいい。鋼鉄の仮面に羽根飾り付きの帽子をかぶり、マントまで羽織っている。原作とはまるで違う、中世ヨーロッパの騎士みたいだが、鎧で覆われている胴長短足の不格好な姿が却って不気味で、深夜の銀座通りをガッシャン、ガッシャンと、金属音をたてながら闊歩する冒頭から期待を持たせた。

魔人は水野家や広大な庭園に出没します。水野少年が歩いていると、向こうからノッシノッシと黒い影が迫ってきます。ああ、あいつです。あいつがギリギリといやな音をたてながらズンズン進んでくるのです。あろうことか、魔人は庭園の古井戸から出入りしていたのです。

――地下は一味の巣窟になっていて（水野家の地下室の由来はちゃんと説明がある）、電気仕掛けの様々な機器や秘密のドアやら落とし穴やら牢屋まである。消防車の放水で煙突から落下した魔人の残骸が歯車だらけなことや、小林少年と水野君が〝豆魔人〟になるのは原作通りだが、明智が突如透明人間に変身するのは意外や意外も、そのトリックは断然納得できない。魔人の配下のピエロ役は桂小金治。エロキューションが一番よかったのはさすが噺家。

後半は水野家の本家がある佐賀に舞台が移り（「水野」や「佐賀」は怪猫ものから採ったのだろう）、二十面相が怪猫に化けるともっと面白くなっただろうが、さすがにそこまではやらない。お城の天辺での明智と二十面相の対決は、まるで時代劇の構図である。獅子ヶ島に渡るのも「大金塊」からか。洞窟にバカでかい蜘蛛が出てくるのは驚天した。鉱物資源はウラン鉱とわかり、小川正がこれも東映版で流用したのはいいとして、江戸時代にその存在や価値が知られていたとは凄い想像力だ。

このように松竹版は見せ場も豊富で楽しめるのだが、怪事件や新事実、あるいは意外性に対する登場人物たちの恐怖や驚愕、疑惑や狼狽といったリアクションが稀薄なのは物足りない。こういう反応は少年向きだから過度なくらいがいいし、よくあるジャジャジャーンという音楽も少なくては効果もない。おまけに「怪人二十面相」シリーズは四十分台だったのに、いずれも二十〜三十分台のトホホぶり。これじゃ短編だ。

若杉英二の台詞は覚束なく、演技も凡庸。これで主役として通用したのだから、いい時代だったのだ。本数も違うし、時代も少しずれているので単純に比較はできないが、総体的に出来栄えは東映版が上。これは監督たち個々の力量以前に、娯楽映画に対する会社の取り組み方——体質の差である。

怪人二十面相の正体

両社のシリーズを通して二十面相役には不似合いな俳優ばかりだった。これまで改名後の名前を出してきた南原伸二は子供心にも印象的な俳優で、目がちょっとコワかったが、インテリ青年といった感じもあり、むしろ明智役がよかったのではないかとも思う。加藤嘉はいかにも老人然としているし、本職がダンサーという小牧正英の起用はまったく不可解。誰の推薦か入れ知恵か知らないが、ミス・キャストもいいところで、面白くもない舞踊をエンエンと披露するのは辟易した。

変装などしなくても十分不気味な(?)伊藤雄之助(クレジットは特別出演)は少年ものにふさわしくなく、インテリ・タイプの植村謙二郎も柄ではない。沼尾鈫に知識なし。諸角啓次郎には後年、東映のやくざもので再会する。二十面相の変装好きは乱歩自身がルパンをヒントにした由をエッセイに書いている。

小説では透明人間になったり、宇宙人に化けたり、海底の鉄の人魚に変身したり、千変万化(?)の変装で明智や小林少年を煙に巻いた怪人二十面相の正体は、サーカス一座にいた遠藤平吉という男だったと明かされるが(「サーカスの怪人」(光文社版第十七巻)、筆者は小説と映画をごっちゃにして、あの多羅尾伴内もまた遠藤平吉の変装ではなかったかと、想像を逞しゅうしていたことがある。

――昭和十一年に初めて登場した二十面相は太平洋戦争の開始と敗戦でしばらく姿を消すのだが、昭和二十二年、昔の罪を悔いて正義と真実の使徒、私立探偵多羅尾伴内として現れたのだ。仮に遠藤が戦前三十代だったとすると、戦後は四十代。この年齢は伴内とそう変わらないように見える。伴内には以前怪盗という前歴があり、七つの顔の男と呼ばれるよう、これまた変装を得意とし、犯罪社会に詳しいのも共通している。となれば、多羅尾伴内こと藤村大造のさらなる正体は遠藤平吉と考えてもおかしくない。遠藤は黄金や宝石への執着断ち難く、伴内として「三十三の足跡」事件を解決した翌二十四年、〝青銅の魔人〟として再登場、手始めに銀座の高級時計店銀美堂を襲ったのである。以来、ある時は多羅尾伴内、またある時は怪人二十面相——しかして、その実態は遠藤平吉だ⁉

(2)

乱歩の長編通俗ものの面白さは怪奇にして残虐な殺人が連続して起こり、犯人が死体をバラバラにし、一例をあげるなら腕やら足やらをマネキン人形の一部に擬して公衆の面前に晒し、その〝正体〟に気づいた人々が驚愕し、戦慄するのを見て悦に入るといったところにある。今で謂うところの劇場犯罪を企て、それがことごとく成功するのだ。傑作なのは知る人ぞ知る〝鎌倉ハム大安売り〟で、これが出てくる「盲獣」についてはいずれ触れるとして、読者もまた、眉をひそめるどころか、これぞ乱歩の独壇場と嬉々ゾクゾクしながら、ページを追い、改行の少ないギュウ詰めの活字に淫するのである。

実際、その妖しくアブノーマルなエロ・グロ描写には執拗にして微に入り細を穿つところがあって、これはご本人が本のあとがきやエッセイで、いたく後悔し、穴があったら入りたいといった心境を吐露していることしばしなのだが(正直な人だったのだろう)、新聞や雑誌に連載したそれらは好評で、本も売れたから普通の作家より経済的にはよほど恵まれていたと思う。では、犯罪と謎に挑む明智小五郎の〝大人版〟を。原作はすべて戦前に書かれたものである。

美女の災難と踊る一寸法師

『氷柱の美女』(50・大映＝久松静児)の原作は「吸血鬼」。乱歩自身は本作を「例によって例の如きアヤフヤな筋で書きはじめ」「一回も休まなかっただけで(筆者註・報知新聞連載)、書いたものは支離滅裂の困りもの」と述懐しているが、(*1) 活字とは違う面白さは十分にあった。

田舎の温泉宿で二人の男——紳士然とした岡田(水島道太郎)と彫刻家の三谷(植村謙二郎)が、大富豪・畑柳剛蔵の未亡人静子をめぐって毒杯を仰ぐ死の賭けをする。決着がつかないうちに静子が岡田を選んだことから絶望した三谷は呪詛の言葉を残し、失踪。やがて、死体が発見され、着衣から自殺として処理されるが、顔が無残に潰れていた謎が残る。偶然居合わせた文代(明智の助手)が畑柳家にまで付き添うが、これが大邸宅で、離れの別棟に鎮座している仏像の数々が不気味なムードを漂わせる。

屋敷には書生やお手伝いの他に、静子の妹の恭子や口やかましい老執事、最近同居を始めた脚の不自由な剛蔵の兄、ヘラヘラ笑うだけの侏儒(大海大助)がいて、時折、静子に再婚を迫る岡田も出入りする。かくて舞台は整い、役者は揃った——といいたいところだが、肝心の明智先生(岡譲司)、どこで何をしているのか、なかなか登場しない。訪ねてきた人物が別棟で殺されたり、その死体が消滅したり、サングラスをかけた謎の男が忍び込んだり、恭子が誘拐されたり、その間、静子に三谷からとしか思われない脅迫状が舞い込み、彼は生きているのではという疑惑も湧き、顔を隠した黒マント姿の怪人まで出没する。

　途中から腰の曲がった老女中が不穏な動きもして、ミステリ劇として飽きさせない。とりわけ、乱歩が複数の作品に書いているお化け屋敷の――気味悪い仕掛けや、化け物が不意に現れる〝八幡の不知藪《やぶしらず》〟の場面が面白い。やがて、剛蔵の過去や屋敷のからくりが暴露され、一同を集めた明智が「犯人はこの中にいます」と指摘した人物は――!?

　明智の事件解明までの説明は初期の多羅尾伴内同様、要領を得ないところもあるが、多彩な登場人物と連続する殺人劇に飽きずに見ていられた。ラスト近くの氷漬けの美女はさしたる見せ場にもなっていないけれど、最後まで興味が持てるのはそれをタイトルにしたからに他ならない。後年のテレビドラマでも踏襲された[*2]。

　『一寸法師』☆（55・新東宝＝内川清一郎）はそもそも原作からしてえげつないほどの残虐と猟奇に満ちていている。映画は脚本（館岡謙之助）がエッセンスを抽出、演出も遜色なかった。本作は三度目の映画化で、最初は遠く一九二七年（昭和二）に直木三十五主宰の聯合映画芸術協会によるサイレント映画『一寸法師』（志波西果《しばせいか》監督）があり（乱歩作品初の映画化）、戦後は一九四八年に松竹が市川哲夫監督で作っている（乱歩はエッセイで市川勉と表記している[*3]）。

　――猟奇雑誌のルポライター小林紋三（宇津井健）は人間の片腕を持ち歩く侏儒（和久井勉）が荒れ

寺に潜入するのを目撃する。寺にはいやに大きい袈裟を着た和尚がいるだけだ。翌日、都内で切断された女の片腕や足が発見され、併せて資産家山野(三島雅夫)の邸宅では令嬢(安西響子)が失踪、運転手も姿を消す。山野は床に臥し、夫人(三浦光子)は何者かに脅迫されているらしい。私立探偵の旗龍作(二本柳寛＝原作は明智小五郎)が乗り出し、一寸法師の暗躍と山野家の異変が一本の線で結ばれていることが明かされる。

妖しげな人形製作所、衆人監視の中、マネキンの腕が人間のそれと判明するファッション・ショウの大騒ぎ、防空壕を利用した秘密の地下道、小包で送られてくるもう一本の生腕、山野邸に長くいる小間使いの存在など興味を繋ぎ、ハイライトは乱歩これまた得意の一人二役のトリックと一寸法師の人妻への邪恋だ。侏儒が大男に変身する奇怪な偽装と、情欲の餌食とならんとする人妻の貞操の危機！

逃走する一寸法師と追走する警官隊の大捕物も見もので、ここは和久井が大熱演[*4]。併せて、日本の警官は威嚇射撃すら容易にしないこともわかる。最後は一転、瀕死の一寸法師を看取る医者や捜査陣を俯瞰で撮るシーンには讃美歌のようなメロディが流れ、ラストは小林と夫人の愛を象徴するかのような雪降る夜のシーンを用意し、それまでの残虐性を払拭している。後年(一九六三年)、日活に移る杉江弘が端役(喫茶店の客)で出ている。クレジットのドンジリにある池内淳子は、ハテ、どこに？

（＊1）「江戸川乱歩全集」（講談社、一九七〇年）第十三巻「吸血鬼」より抜粋。筆者は同全集が刊行される以前（大学時代）に桃源社版の全集（一九六一〜六三年、全十八巻）ひと揃いを神保町の古書店で購入した。乱歩の、特に通俗長編ものは今ではパブリック・ドメインにより文庫などで簡単に手に入るが、当時は書店から一掃されたように姿を消していたと思う。値段は一万円近く、貧乏学生の生活費に食い込んだことは確かで、一週間ほど昼は学食で一番安いうどん（六十円と記憶している）、夜は菓子パン一個の大窮乏生活を強いられた。

（＊2）テレビ朝日『江戸川乱歩の美女シリーズ』（77〜85＝全二十五話）の第一話。明智役に天知茂。井上梅次監督。

（＊3）テレビの乱歩の特集番組で山野夫人が一寸法師に犯されんとするシーンを見た記憶があるが、画質から昭和二年版（？）。放映日・局名共に忘却の彼方。

（＊4）映画化における初代一寸法師役は活弁をしていた栗山茶迷《ちゃめ》。二作目は浪曲師の酒井福助（『赤胴鈴之助・三つ目の鳥人』に出ている）。明智役は（順に）石井漠（本職はダンサー）、藤田進。

跳梁する蜘蛛男

これらと違って『殺人鬼・蜘蛛男』（58・新映画社＝大映・山本弘之）は物足りない（原作「蜘蛛男」）。冒頭、若い娘が屋敷に連れ込まれ、浴室で殺される。その死体処理は「石膏像に封じられた女の生腕」「又も人肉石膏像」なる新聞の見出しが物語っている。乱歩得意の見せびらかしだが、画面の殺人描写は包丁、糸鋸、巨大な鋏などの切断道具のアップ、女の悲鳴などで暗示に留まっている。観客に想像を働かせる分、今のスプラッター映画のようにズバリ見せるより恐怖感が募る。

その姉も犠牲になり、事件を調べるのが畔柳探偵（岡譲司）。足が不自由なこと、浴室にいる時は面会謝絶なことは原作と同じで、こいつが恐るべき蜘蛛男だったと明智（藤田進）が突き止め、以下、人気女優の富士洋子（宮城千賀子）を狙う蜘蛛男――畔柳との戦いが始まる。

畔柳は防空壕を利用して事務所と隠れ家を結ぶ地下道を利用したり（誰かと同じだ）、変装して明智に迫ったり（足の障害は無論偽装である）、山中からトロッコで逃亡したり、顔を変える整形手術をしたりするが、それらがただのエピソードの羅列にしか映じないのは犯罪の動機が観客に明瞭に提供されていないからだ。それは若い男と心中した最愛の妻への嫉妬と憎悪から、彼女と似ている女たちを狙った復讐の代償行為だったと説明されるも、さて、それにしては二十人ものバレエ学校の生徒を十把一絡げで誘拐し、地獄を摸したパノラマ館でマネキン人形と一緒に〝陳列〟するのがわからない。

水着スタイルになった彼女らの群舞は当時としてはエロティックなものだったろうけれど、今度は死んだ浮気妻への妄執が地獄絵図展覧へエスカレートしていく心理が曖昧だから効果は薄い。追い詰められて天井から落下して串刺しになる犯罪者の絶命には安堵も憐憫も湧かない。杜撰な脚本と凡庸な演出に貧弱な音楽が輪をかけた凡作で、戦前は人気スターだったという岡の怪演も空しい。パノラマ館をウロウロしていた長身の若い刑事は、おお、天津敏ではないか。

作品個々の出来ばえはともかく、この頃のモノクロ映画は味がある。何より物語の世界にマッチしている。古色蒼然とした雰囲気がいい。先に見た大映の「多羅尾伴内」シリーズや怪奇スリラーの数々もそうだった。それが減ったのはカラーフィルムの普及で、モノクロフィルムの需要が激減し、コスト高になったからというのは時代の趨勢としても、モノクロが醸し出す陰影ある映像の魅力まで失われたのは残念だ。パートカラーがせいぜいだったピンク映画まで一九七三年から大半がオールカラーになったのもそのためらしい。以下、本論からいささか外れるが——。

モノクロ映画の味わい

七〇年代後半から映画事業に乗り出した角川春樹によって製作された横溝正史原作の『犬神家の一族』(76・角川春樹事務所＝東宝)がヒット(「トップ10」一位)、以後、東宝で作られた『悪魔の手毬唄』『獄門島』(共に77)などの金田一耕助ものがカラーだったことは著しく興味を欠いた。持病の肺結核を抱えた作家が脳漿を絞って、昔からの封建制や因習なお残る田舎の旧家を背景に構築した——それこそ古色蒼然とした原作の世界を色彩がブチ壊している。松竹の『八つ墓村』(77)は故意に色調を抑えたような印象があったが、限界はやはりある。

この点では片岡千恵蔵が背広姿の金田一耕助を演じた戦後ほどなくの東横映画『三本指の男』(47＝大映・原作「本陣殺人事件」)『獄門島』『同・解明篇』(49＝東京映画配給)のほうが——その改変具合はともかく——モノクロゆえに原作の持つ怪奇性と不気味さがよく出ていた。初期の伴内ものなどと同様、まだ時代劇が全面解禁にならなかった頃の比佐芳武と松田定次コンビによるもので、前者は金田一が三本指の怪漢に変装するのが面白く、小説ではよくわからなかった琴糸と琴柱《ことじ》などを使ったトリックも丁寧に再現されていた。銀幕の大スターとか伝説の女優とされる原節子は、金田一の助手役で出てくるが、本作を見た限りではどこがよかったのか、さっぱりわからない。

後者は獄門島(台詞発声は「ごくもんじま」)を支配する本鬼頭と分鬼頭両家の不仲から起こる連

続殺人を描き、住職、巫女、色年増、その燕《つばめ》(死語・島田照夫＝のち片岡栄二郎)、狂える三人姉妹に逃走中のギャング団まで登場する賑々しさ。最後にアッと驚く真犯人が天井裏から現れる。千恵蔵を加えたトリオによるもう一本の横溝もの『悪魔が来りて笛を吹く』(54・東映)は見ていない。小林恒夫と小沢茂弘の共同監督『三つ首塔』(56)は再映された時(一九六〇年＝第二東映)、映画館にスピード・ポスターが貼られていたのを記憶しているだけ。

金田一耕助(高倉健!)がスポーツ・カーに乗って登場する『悪魔の手毬唄』(61・渡辺邦男＝ニュー東映)が箸にも棒にもかからない凡作だったのは、殺人劇と手毬唄がさっぱり噛み合っていない脚本が悪いのである。

角川春樹の映画進出は文庫化した横溝の大量の旧作を売るための戦略だったが、『犬神家の一族』がヒットしたのは配給を東宝に任せ、本来は洋画の一流館である日比谷映画(東宝直営)で先行ロードショウをしたのも大きい。あれで、ヨコミゾセイシなんて知らないワという女性客も動員できたのだ。この新タイプの〝映画プロデューサー〟は莫大な製作費と宣伝費を注ぎ込んで業界を撹乱していくことになる。

さて、乱歩に戻る。

二人の黒蜥蜴夫人

明智(大木実)と女賊黒蜥蜴《くろとかげ》(京マチ子)の知恵比べが恋愛に変じていく『黒蜥蜴』☆(62・大映＝

井上梅次)は、富豪岩瀬(三島雅夫)の令嬢誘拐、宝石の盗難、美男美女の人間剥製などが抽出されているが、ミュージカル仕立てのコメディ調になっているのに、何じゃ、これはと絶句したのは三島由紀夫が戯曲化した歌あり踊りありの舞台劇を基にした大愚のためらしい(一九六二年初演。主役は初代・水谷八重子。最初は二十面相を演じた一人、小牧正英主宰の舞踊団が上演する予定だったらしい)。

歯が浮くような台詞、日常会話を無視したキザな文学的表現、三島雅夫の大仰な演技、岩瀬邸のキッチンにおける姦《かしま》しさに辟易した。戯曲は読んでいないが、すでにシナリオ・ライターとしての地位を築き、『原爆の子』(52)『裸の島』(60・共に近代映協)など数本を監督していた新藤兼人の脚本とは思われない。何でもこなすアルチザン監督の仕事とも。三島大先生に遠慮したのではあるまいが、舞台と映画は別物であるというカツドウ屋の気概というか意欲が感じられない。俳優たちは可哀そうに、木偶人形の如く映じた。

大映という会社にはどんな観客層を想定したのか、首をかしげたくなる作品があって、これもその典型と思われる。前サブに「三島由紀夫の」を加えるのが妥当だったのではないか。原作自体も乱歩特有のエロ・グロを期待すると裏切られる内容になっている。乱歩は公演の宣伝用チラシに小説の簡単な解説と三島の台本の寸感を寄せていて、「上演の日を待ちかねている」と結んでいる。(＊1)

同名の松竹作品(68・深作欣二)は〝三島版〟のリメイク。大筋は変わらず、醜女の蛇遣いが登場したり、手首切断があったたり、グロテスク性と残酷性が加味されているが、またしても耳にすると意味不明の文学的台詞(引用するのもアホ臭いのでやめておく)と、オーバーな舞台劇のエロキューション過多には再び辟易した。深作欣二、血迷ったか。明智役は、この俳優のファンなんているのだろうかとずっと思っていた木村功。

三島由紀夫が筋骨隆々たる裸体姿の生人形役で出演。瞬《まばた》きまでして、おお、まるで生きているようだ。ナイフで腹を刺されて死んだ闘士という役で(黒蜥蜴夫人の愛奴の一人か)、自衛隊市ヶ谷駐屯地(当時)で自ら腹掻っ捌くのはそう遠くない。その昔、〝シスター・ボーイ〟(死語)として売り出し、シャンソンを歌っていた主演者にはあえて触れない。どんなに化けようが、いかに科《しな》を作って言葉を繕おうが、嫌悪感しか催さない性質《たち》ゆえである。これを売り物にしているタレントも増えたようだが、一芸に秀でているわけでなし、テレビに映った途端、リモコンでチャンネルを変える。電光石火の早業だ。

先に二十面相＝多羅尾伴内論の駄文を草したが、黒蜥蜴は二十面相こと遠藤平吉、一世一代の大化けではなかったかという、これは想像というより妄想を抱いた。変装というやつは一種の変身願望で、乱歩はこれにいたく関心があったらしく、それについてのエッセイも書いている。二十面相は念入りなお化粧で——乱歩はメイクを「お作り」と表現している——女に化けたこともあるし(ただし老婆だが)、小林少年も少女の扮装をしたことがある。「屋根裏の散歩者」の主人公、郷田三郎は鬘や着物まで用意して女装をし、夜の町を徘徊していた。問題は声だが、これには声帯模写という手がある。怪人二十面相、それくらいは御茶の子さいさいだろう。

乱歩には同性愛の気もあったという研究がされているから（明智と小林少年の関係がそうだという）、ここから長年、知恵比べをしてきた怪盗と名探偵の間に好敵手同士ならではの特殊な感情が芽生えていたとしても不思議はない。乱歩は自作解説でハッキリと「この二人、追うものと追われるものの、かたき同士が愛情を感じ合う」と書いている。(＊2) 女賊黒蜥蜴に成りおおせた二十面相の明智への恋心はホモ・セクシャルに違いない。

（＊1）　桃源社版「江戸川乱歩全集」第九巻のあとがきに全文が掲載されている。
（＊2）　同右。

石井輝男の挑戦

『江戸川乱歩全集・恐怖奇形人間』（69・東映）は岡田茂の方針で「網走番外地」シリーズ（65〜67）を十本で降板後、『徳川女系図』（68）に始まるエロと拷問劇――俗に異常性愛路線と呼ばれた『徳川女刑罰史』（同）『徳川いれずみ師・責め地獄』（共に69）などを連発していた石井輝男がメガフォンを取ったものだが出来はよくない。大筋を「パノラマ島奇談」や「孤島の鬼」から採って、フリーク・ショウさながらに佝僂男、シャム双生児、精神病者、変態性欲者などを登場させ、殺人事件や近親相姦を絡めた物語はゴタゴタするばかりで、主人公（吉田輝雄）の過去やキャラクター性も要領を得ず。

明智（原作は北見小五郎＝大木実）も殺人劇の解明に仕方なく出したようで存在感はなく、実質的な主人公――離れ小島を外科手術によって奇形人間の一大パノラマ王国にしようとする菰田丈五郎（原作は源三郎＝土方巽）の前に顔色なしだ。しかし、乱歩独特の淫靡にして猟奇臭が充満しているエロ・グロ趣向は、男と仁義を通すやくざ映画を見慣れている〈トーエー〉ファンのオッサン、お兄さんがたには縁遠かったのではないか。土方と劇団員による暗黒舞踊は退屈なだけでしかなく、社内試写を見た何人かの興行者の評判もよくなかったという。併映がポルノ・アニメだったことも動員力を削いだ

石井は新東宝時代からワンマン社長大蔵貢の方針と制約に苦しみながらも、企画が通ると可能な限り自由に映画を作ってきた監督で、一九六一年に東映と契約してからはギャング・シリーズ（『花と嵐とギャング』61など）や、時代劇（『御金蔵破り』64）で会社の娯楽路線に乗り、大胆さと手堅さを両立させた演出をずっとしてきた職人監督だが、これは彼としては珍しく商売も観客もそっちのけで作りたいように作った――この表現が適当かどうかはわからないが、ええい、ままよと、我を通して完成させたように思われてならない。着実に稼ぎ、ファンも多かった「網走番外地」シリーズを下ろされた面白からぬ気持ちもあったのではないか。

元々、映画には見世物的感覚があって当然としても、これはドラマがスムーズに進まない難点もあって、期待を大きく裏切られた。巨大な張筒に入り、人間打上花火となって愛を結実させる吉田と女（実は妹）の夜空の散華は石井と会社の異常性愛路線の終焉でもあった。東映という会社は何か一発当たると、次々にシリーズ化し、脇目も振らず突進する反面、見切るのも早いのである。

見世物といえば、石井は医者（吉田輝雄）を狂言回しにした三話オムニバス『残酷異常虐待物語・元禄女系図』（69）の第二話で見世物小屋を用意し、蛇を呑んでいく芸人を登場させたり、そこで働く二人の侏儒をサド・マゾ娘のセックス相手にさせたりしていた。第三話では大奥での金粉塗布ショウまで用意している。クライマックスの人体解剖のエピソードは、これも乱歩が好んだ衛生博覧会でも頭の隅っこにあったものか。ただ、吉田の研究課題だったそれが堕胎にすり替わっているプロセスは短絡的に過ぎた。妊婦から胎児を取り出す場面には目をむいた。

一風変わったオカルト任侠映画とでも呼ぶべき『怪談昇り竜』（70・日活＝ダイニチ）では佝僂男（土方巽）が徘徊する浅草の芝居小屋を設定して不気味なムードを盛り上げていた。石井はエロと怪奇を標榜した大蔵貢の毒気には当てられなかったが、肉体的障害者や蜘蛛娘など怪しげな演目を売り物にする特殊な興行の世界に惹かれる気質がどこかに潜んでいたのではないか。それは自ら猥雑な浅草を徘徊して、異形の事象を渉猟し、通俗もので盛んに描いていた乱歩と一脈通じるものがある。いわゆる正常なもの、一般的な事象にあえて背を向ける異端への志向――。

老齢のなせる業

その尋常ならざる乱歩ワールドに魅せられたのか、東映での『暴力戦士』（79）を最後に以後二十年間もメジャーによる劇映画が一本もなく（ビデオ及び独立プロ作品を除く）、引退同然になった石井が新世紀になって放ったのが『盲獣VS一寸法師』（01・石井プロ）。

タイトルになっている小説二編のうち、「一寸法師」は既に述べたが、「盲獣」は按摩が女体を触り、撫で、揉むうちに盲人ならではの〝触角美〟に目覚め、遂にはこれと確信した女たちを秘密のアトリエに巧妙に誘い込み、恐るべき人間彫刻を創造するという物語。

いやらしく、えげつなく、また禍々しいまでのエロと人体（女体）冒瀆の世界を頭の中で構築し、ネチネチ筆にした乱歩はまさしく端倪すべからざる精神と才能の持ち主といわねばならない。風呂場で血まみれの裸女解体が行なわれる「芋虫ゴロゴロ」の章が滑稽にさえなるのは、恐怖と笑いが表裏一体であることを証明している。

乱歩は盲人ならではの〝触角芸術〟という着想をちょっぴり自慢しているようだが、それが一貫したテーマになっているわけではなく、眼目は愛撫の果ての凌辱であり、殺人であり、その〝処理〟であり、自身は「ひどい変態ものである。私の作がエロ・グロといわれ、探偵小説を毒するものと非難されたのはこういう作があるからだ」と書いている。(*) 作中に「もはやこれ以上の記述はさし控えよう」とか「気の弱い読者は読まぬほうがいいかも知れぬ」とか、挙句は「作者も飽きた」といった表現があるのは、さすがに執筆中嫌気がさしたものか。

石井があえてこの二作を選んだ意図は何となくであるが、わかる。わかりはするが、「一寸法師」の明智と小林紋三を狂言回しにし（「盲獣」に明智は登場しない）、二つの話を一緒くたにした構成はやはり失敗だ。怪按摩が人気女優を狙い、一寸法師が人妻に邪恋する物語は噛み合うようで噛み合わないまま進む。しかし、出演者たちの——友情出演か、監督か関係者の知己らしい人物も出ている——演技の未熟さと台詞の拙劣さはどうだ。高校の演劇部員よりひどいのもいる。これでは商品になるまい。

かつては鶴田浩二を、高倉健を意のままに動かした監督の胸中や如何に。貧弱でシロウト並みのキャスティングに加え、お粗末なセットに薄っぺらなデジタル・ビデオ撮影。企画の段階から出資者が見つからず、自己資金による低予算映画だったことはあとで知ったが、裏話というやつは本来知らないほうがいいのだ。観客にはプロダクションの台所事情など関係ない。

何より、演出に覇気がない。ドラマ展開に序破急がない。石井特有のここぞという見せ場、ハッタリがない。淡々というより、ダラダラ撮っている。「鎌倉ハム大安売り」——要するに人肉切り売りの件《くだり》は、ただ船客に食わせるだけ。原作にもある浜辺での按摩と海女たちとのやり取りをスケッチ風な処理で済ませるカメラ・ワークはアマチュア並みだ。

これがダイナミックで、エネルギッシュな演出を見せていた監督の仕事か。石井は七十七歳になっていた。すべてが老齢のなせる業《わざ》だとしたら、老いとは残酷なものではないか。あえていうが、晩節を汚す——結局は遺作になってしまった。曲りなりにも彼の五十本余に接してきた率直な感想である。最後のワン・シーンに丹波哲郎が貫禄で締めたのが僅かな救いだった。

（＊）桃源社版「江戸川乱歩全集」第三巻「あとがき」より。

『盲獣』と『陰獣』との差

前後するが、『盲獣』（69・大映＝増村保造）は原作のプロローグといっていい部分を切り取って、登場人物をマッサージ師（船越英二）とその母（原作には出てこない＝千石規子）、犠牲者となるモデル（緑魔子）に限定し、テーマを〝触角芸術〟に絞った密室ドラマ。

マッサージ師が抵抗するモデルを綿々と掻き口説いて彫刻製作に勤しみ、セックスから包丁による部位切断へとエスカレートしていく。盲人は口を極めてその素晴らしさを語り、女は女で、いつしかその愛撫愛技に恍惚となり、「普通の人間にはわからない楽しみを思う存分味わったから、いつ死んでもいいわ」などというのだが、普通の人間（のつもり）の、まして男にはどう考えたって理解できないことなので、白坂依志夫の脚本も一方通行にしかならない。したがって、感情移入ができないから退屈極まりない仕儀となる。

意図したものだろうが、これもなぜか台詞が舞台劇のようで、聞きづらいというより、耳慣れないから（そうした演出があったと思うが）不愉快にすらなってくる。中国戦線における従軍看護婦（若尾文子）を描いた『赤い天使』（66）で、若き日に留学したチェントロ（ローマ映画実験センター）で学んだイタリア映画の伝家の宝刀レアリズモにより、重傷を負った兵隊の太腿をゴリゴリ、ドスンと切断した監督、今回は緑魔子の腕や足の切り落としを石膏で暗示するのみ。あえて残虐性を回避したのだろうと想像するが、観客のことなど意識下になさそうな独りよがりの演出にはまったく閉口した。

出演者も集客など望めないメンバーばかり。よく社長が企画を通したものだ。観客対象をどこに絞っているのかわからないのは『黒蜥蜴』と同じ。『赤い天使』だってそうだ。悪しき伝統のみが引き継がれている。小説では前項で述べた如く、このあと怪按摩の所業がエンエンと続き、残虐酸鼻を極めていく。

触角論は山田風太郎が中国古典の「金瓶梅」の主要キャラを登場させてミステリ風に仕上げた「秘鈔金瓶梅」中の「黒い乳房」にも描かれていて、主人公の西門慶が盲目の身となった愛妾を相手に自らも目隠しをして闇の中で奇怪な鬼ごっこを繰り広げるうちに淫心大いに高まり、遂に相手の乳房に触れると、「触角こそ最高だ!」と歓喜する件《くだり》があることを付記しておく。

通俗もの以外では『江戸川乱歩の陰獣』(77・松竹＝加藤泰)にのみ触れておく。これはよくできていた。原作「陰獣」は数少ない乱歩の本格ものの一つで(傑作と評する人もいる)、監督は東映で任侠映画も手掛けたものの、小沢茂弘や鈴木則文のような生粋の娯楽派ではないから、原作を超えてやろうなどという意欲が我欲になって空回りしていなければいいがと不安だったが、大江春泥という姿を見せない謎の変格探偵小説家に本格探偵小説家がライヴァル心より敵愾心を燃やし、その正体を探らんとするドラマは最後まで見せた。

妖艶な人妻役の香山美子が熱演。どうってことない平凡な女優と思っていたが、これで見直したのは別に乳房を露出したからではない(いや、ちょっとはあるか)。その夫(大友柳太朗!)にはロンドン仕込みの(?)SM趣味があるらしい設定も興味を持たせた(乱歩はこの加虐と被虐の愛欲を短編「D坂の殺人」にトリックとして使い、通俗長編もの「影男」にはアブラぎった大富豪がホテルの一室で〝ジャンゴー〟なるライオン役になり、なまめかしいスタイルをした美女に鞭打たれ、歓喜悶絶するサマを克明に描いている）。

やがて、夫は殺され、大江と目された人物も死を遂げて一件落着と思わせるが、実は——⁉という展開は原作でトリックを知ってはいても十分鑑賞に耐えられるものだった。演出のうまさである。昭和初期の風俗描写にも手抜かりはない。建物、室内、衣装、道具立てなどは製作費に四苦八苦する独立プロにはまず無理だ。観客に提供する映画はやはり金をかけなければと痛感した。加藤泰、四年ぶりのメガフォンだった。

『盲獣』は成人映画だったが、こちらは一般映画。原作（小説）と映画を比較する趣味は持ち合わせていないが、ウン、これならと思ったのは本作と石川達三原作の『青春の蹉跌』（74・神代辰巳＝東宝）くらいだ。

乱歩作品の戦後初の映画化は「心理試験」をモチーフにした『パレットナイフの殺人』（46・大映＝久松静児）。『幽霊塔』☆（48・大映＝佐伯幸三）は外国小説の翻案で、最初は明治期に黒岩涙香による同名の新聞連載があった（ポプラ社版改題「時計塔の秘密」）。『死の十字路』（56・日活＝井上梅次）の原作「十字路」は渡辺剣次による代作（合作とも）。この人は本作と既述『危うしGメン・暗黒街の野獣』の脚本を書いている。若松孝二の『キャタピラー』（10・若松プロ）は「芋虫」の映画化と思っていたが、原作表記はない。

永久不変の面白さ

二〇一八年まで五回も映画化された『屋根裏の散歩者』はわざと見ていない。原作は何度も繰り返して読むほどのお気に入りで、発表当時に東京に存在した遊民のような郷田三郎のキャラクターや、覗きの快楽の世界をずっと活字で楽しみたいからである。乱歩独特の筆致による、あの孤独で不思議な散歩者の心理と行動は映画で再現できるとは到底思えない。失礼ながら、これぱっかりは誰が脚本《ホン》を書こうが監督しようが、期待より不安が先に立つ。

ピンク映画に『密戯抄・屋根裏の散歩者』(70・木俣堯喬)が記録されている(映倫審査同年九月二十二日)。戦前に映画化の話があったものの、内容から検閲で通るまいと判断され、立ち消えになったというから、(*)本作が映画化の嚆矢になるわけだが、これは公開を知らなかっただけ。ピンク映画はOPチェーンや独立チェーン(当時の都内の封切り配給網)で見逃したら下番線での偶然の出会いがない限り、まずお目にかかることはない。東舎俊樹氏によれば、郷田三郎は流行作家に置き換えられ、隣家の屋根裏から覗いた新婚妻をレイプした挙句、殺してしまい——という物語の由。原作の被害者は三郎が虫唾が走るほど嫌悪するのっぺり顔の歯科医助手だ。完全犯罪成功と見えたが、そこへ明智小五郎が訪ねてきて……。クレジット表記不詳。

乱歩を作中人物とした『RAMPO』(94・松竹＝二バージョンがある)もまたわざと回避してい

る。乱歩という特異な作家に抱いているイメージをずっと持ち続けていたいからだ。あえていえば、それを壊されたくない。かつてテレビドラマの制作と演出で鳴らしたという久世光彦《くぜてるひこ》の小説「一九三四年冬――乱歩」(集英社、一九九三年)は一読しただけで済ませた。

乱歩の通俗長編ものは総じて物語の設定が似通っており、秘密の地下道のからくりとか一人二役などの種明かしが重複している場合もあるから、どれがどれやらわからなくなり、それがために読み返す悪癖(?)が身についてしまう。しかし二度、三度と読むのは、やはり面白かった記憶しか残っていないからである。これは何度見ても飽きない映画があるのと同じこと。面白いものは永久に面白いのである。

時にワクワクドキドキさせ、時に暗鬱で妖しい感情までフツフツと滾らせる特異な乱歩ワールド。その味わいは黒い後家蜘蛛が尻から繰り出す糸のように妙にネットリとあとを引く。残虐極まる殺人描写、突如室内に出現する巨大で不気味な異形のもの、見世物小屋のお化けや轢殺死体、美女の湯浴み。半面、殺人行為が自慢げに語られる「赤い部屋」には得もいわれぬユーモアがある。発表された作品論や人物論、評伝の類は尋常な数ではない。これはそれだけ熱心な読者、研究者がいることの証明である。

(*) 講談社版「江戸川乱歩全集」第十三巻「映画いろいろ」より。

第九章　あなたのリードで島田も脱げる——東映芸者物語

〝東映名物……年に一度の温泉艶笑喜劇大作〟（東映京都スタジオ・メール）——と謳われたのが粟津や白浜など温泉観光地を背景に芸者たちの色と欲を赤裸々に描いた「温泉芸者」シリーズ。『温泉あんま芸者』（68・石井輝男）を一作目に任侠ものとのセットで六本作られた。やくざと裸芸者の二本立てはさすがトーエーならではの営業方針——というより、これも岡田茂の飽くなきアダルト観客取り込み作戦だった。

芸者の嬌態、客の助平ぶり、宴会の乱痴気騒ぎ、下品な笑い、セックス勝負などの猥雑さはシリーズを通しての特性として色濃く出ていて、それはそれで一時の娯楽として供されたのだが、皮肉なことに東映という会社は喜劇という分野に人を得なかったことも露呈してしまった。渥美清主演の「列車」シリーズ（67〜68）、谷啓&伴淳の「競馬必勝法」シリーズ（同・共に全三本）など、この分野で存在感があった瀬川昌治（前歴は新東宝の助監督）は、一九六八年途中に松竹に移ってしまった。フランキー堺主演「旅行」シリーズ十一本(68~72)その他がある。

按摩ほどよく、こんにゃく食えず

一作目は三原葉子率いるあんま芸者と南風洋子率いる温泉芸者との客引き争いや、お座敷遊び、客と芸者の肉布団模様の中に三原とかつての恩師との淡い交流、医者(吉田輝雄)に想いを寄せる純情な娘(橘ますみ)の心情などを絡ませて飽きさせなかった。『徳川女系図』を手掛けた石井が異常性愛路線に邁進する前の作品で、このシリーズの雛型になった。

橘が吉田に婚約者がいるという又聞き話をあっさり信じ込む件《くだり》、ラストに新天地を求めるか、土地に残るか優柔不断になる件が解せず、金子信雄と芦屋雁之助の二人の呼吸が最後まで合っていなかったことも気になったが、赤ん坊を産み落とした芸者とコソ泥が夫婦と判明、逮捕された夫がしょっ引かれる際、妻との別れに前職だった焼き芋屋の呼び声をあげるシーンはシンミリさせた。色と金と笑いの中に、こういう人情味も忘れないあたりは石井のうまさだと思う。脚本は新東宝時代から付き合いのある内田弘三と一緒に仕上げた。

この出産芸者役がやはり新東宝の皇后女優にして南支那海の女傑や爆弾を抱く女怪盗を演じた高倉みゆきだ。石井は東映に移ってからも三原葉子はいうに及ばず、筑紫あけみ(『ギャング対Gメン・集団金庫破り』63)や吉田輝雄(「網走番外地」シリーズ)ら、元新東宝の俳優たちをキャスティングに加えているのだが、ここでの高倉は監督の配慮か、女優の申し出か、アップを避けたような撮影だった。アドで出演を知り、クレジットでも確認したが、最初はそうとわからず、再見に及んだほどだ。

新東宝時代の彼女と大蔵貢との関係は蒸し返さないが、本作以前には東千代之介が三味線弾きの盲目流れ芸人にして仕込み杖の達人に扮した『めくら狼』(63・大西秀明)で、昔は彼女と将来を誓いあったものの今は陸軍将校の妻となった女を演じていた。何の変哲もない役どころで(ドラマ的にもさして重要なキャラではない)、わずか二シーンのみでもクレジット序列は新人だった藤純子と並列の三番目だったのは東映の気遣いだったたか。新東宝での『女死刑囚の脱獄』(60)以来の復帰一作目になる。

「温泉」シリーズはこのあとがよくない。南紀白浜の温泉宿の女中頭となっている姉(葵三津子)と、東京から乗り込んできた暴力団組員の女になって子供まで設けた妹(橘)が客の奪い合いをする『温泉ポン引き女中』(70・荒井美三雄)は脚本の盛り込み過ぎもあるけれど、何を描きたかったのかピントがズレたままの支離滅裂な一編となった。

艶笑譚の筈が暴力団の凄惨なリンチや殺しがあったり、大浴場にモーターボートが突っ込んで、スクリューに巻き込まれた女たちが惨殺されたり、あろうことか、乳飲み子に拳銃をブッ放したり、やることなすことムチャクチャである。

組長や政界の黒幕はまったく類型的で、ダンプの運転手の岡田真澄は途中で消えてしまうテイタラク。温泉ルポライターの南原宏治はミス・キャストもいいところで、笑いがまったく取れていない。挙句、姉は殺されて妹は子連れ売春婦として港で客を引く始末。社長と同じ、東京大学経済学部卒の新人監督、あれもこれもと欲張りすぎて何をどうしていいか、さっぱりわからず迷走したようで、悲惨なまでのデビュー作となった。暗黒舞踊団がまた出てくる。くどいようだが、この集団が東映の客を満足させるとは大疑問である。監督は土方巽と親交があったらしい。

三作目『温泉こんにゃく芸者』(71・中島貞夫)も焦点定まらず。大体、こんにゃくが回春と精力倍増になるとの理論が、それを研究開発している殿山泰司の台詞では理解できない。なまじ理屈を付けようとするからこういうことになる。娘役の女屋美和子の顔はドーランでも隠せない荒れようで(わざわざアップにしている)、ヒモ役の小池朝雄がやたら戦時中を回顧し、軍歌を歌い、再会したかつての戦友と感涙にむせぶのも意味不明。

最後の女屋と小松方正のセックス勝負がどうなるかはバカでもわかる三流映画で、俳優たちがぞろぞろ哀れに見えてきた。元大映の千葉敏郎が「敏夫」の名で女屋をスカウトにくるオカマっぽい芸能プロの社長役で出た。何年ぶりか。

鈴木則文、お前もか

鈴木則文には二本。『温泉みみず芸者』(71)は淫乱症の母(松井康子)が、その昔、蛸壺を考案して大儲けした先祖の墓を売り飛ばしてしまったため、それを買い戻そうと娘の池玲子が故郷の伊勢志摩から東京、そして、西伊豆の土肥温泉を舞台に孤軍奮闘。

そこへ、売れっ子芸者を次々に篭絡させ、別の温泉地に引っこ抜いている〝竿師〟段平が現れる。無限精流なる色道の師範にして性豪に扮した名和宏（ここでは「広」）は適役にして、怪キャラクターといっていい。その猛攻にダウン寸前になる玲子だが、あわやという時、天の助けか、先祖の霊か、ニュルニュルニョロニョロと蛸が一匹、二匹と現れて……。何とか話はまとまっているが、ミミズ千匹の性具を発明しようと躍起になる山城新伍や、いなせなようで実はインポの板前の小池朝雄が話に絡んでこないのが難。

『温泉スッポン芸者』（72）は前作で池玲子の妹役で控えめだった杉本美樹主演。蛸の代わりがスッポンで、この天然ものの飼育に夢中な男や、慢性勃起症の社長、そのバカ息子、女体改造学研究者（山城新伍）などが出てきて賑々しいが、所詮はヒロインの裸を見せるだけの映画だから、ドラマもへったくれもない。ハイライトである大金をかけた賭けた杉本と再び登場の竿師段平との肉弾戦には新味も工夫もなし。時代劇仕様の『徳川セックス禁止令・色情大名』[*]（72）や『エロ将軍と二十一人の愛妾』（同）で思う存分に裸と性の饗宴を描いて屈託なく楽しませてくれた鈴木則文も素材が違うと、こうも冴えが見られなくなるものか。

三、四作目に戦中派の悲哀を背負っていた小池朝雄が出てきたように、本作にも名和と山城が戦友だったという設定や、軍歌合唱の場面があるのは不自然どころか、場違いもいいところだ。ストーリーにもキャラクターにも関連するエピソードとして提供されていないからである。脚本は鈴木と中島貞夫の共同だが、この二人は日本の敗戦とその後しばらくの社会的混乱期を多感な十代の頃に迎えている。そうした世代に共通する感傷がキャラクター作りに影響していたとしたら、題名やポスターに惹かれて映画館に入った人間には甚だ迷惑な話だ。アナクロニズムもいいところで、どこか勘違いしている。

暇潰しか、くだらなさやバカバカしさを承知で見る分にはいいとして、二作目以降が派手な宣伝や予告とは裏腹に出来栄えがパッとしなかったのは、冒頭書いたように東映にはこのテの艶笑譚を得意とする人材がいなかったせいだ。とりわけ、京撮はチャンバラとやくざに明け暮れていたから、これは仕方がない。

元々、任侠映画で当てた社長が「次はポルノだ！」と、思い立ったが吉日式の企画だったらしいし、セックス場面は豊富ながら描写はピンク映画以下。ここらはメジャーだからという遠慮かプライドもあったろうが、要するに不慣れ——ハッキリいえば下手糞なのだ。嫋々とした情感にねちっこさを巧みにミックスさせてグッと盛り上げる大蔵映画の〝巨匠〟小川欽也の演出を見るがいい。その昔の「ゲイシャワルツ」じゃないけれど、♪みだれる裾もはずかしうれし(原詞ママ)なんて風情はさらさらない。ドラマ性も稀薄だからエピソードばかりが優先した、雑な仕上がりになった。

女優不足もまた露呈して、池や杉本はそれなりに売り出されたが、あとは美形とはお世辞にもいえないB級C級揃い。名前を羅列したって、顔が浮かぶ女優が何人いるか。松井康子は若い頃、松竹にいたから演技はそこそこも、肥満するばかりの体はピンク映画でとっくに使い物にならなくなっていた。三原葉子も太る一方。あれは体質だったろう。

菅原文太が「みみず」に単独で、「スッポン」に『木枯し紋次郎』の笹沢佐保（原作者）と中島貞夫（監督）と共に暴力団役で顔を出したのはご愛敬としても、一作目から賑やかしのため複数の作家や漫画家が温泉宿の客で出演しているのは見ているほうがテレ臭くなる。坊主頭の某作家など厚顔無恥、みっともないだけだ。

以上は京撮の製作だが、東撮での『温泉おさな芸者』（73・鷹森立一）は最悪だった。開巻五分もしないうちに、何だ、このクソ映画は、客をバカにするのもいい加減にしろと途中でコヤを出たくなるのをグッとこらえるこのつらさ。主要出演者（あえて女優とは形容しない）は、せっかくだから（？）五月みどりの「温泉芸者」の歌詞をもじれば♪三味も踊りも上手じゃないが顔も台詞もまるでダメ。演技以前にド素人がキャアキャアやってるだけの無残さで、中堅・ヴェテラン俳優も本来の持ち味を出していない。

愚劣で、通り一遍の脚本、なす術を知らないような演出、不発のギャグの連続、シラケっぱなしの宴席シーン。途中で退席したくなったのはドラマとして大切なリズム感がなかったからで、結局、これは最後まで立て直されていなかった。

舟木一夫や西郷輝彦主演の歌謡映画のあと、千葉真一の任侠ものや現代活劇を挟んで、ポルノものや、もっぱら梅宮辰夫主演による「夜の歌謡」シリーズ（68〜69＝全五本）など、大泉では添え物専門ながらバラエティに富んだ作品を放ち、キャリアはある監督だが、やはりエロ・コメディは苦手なのだろう——だけでは済まされない大愚作である。

（＊）名和宏とサンドラ・ジュリアンの組み合わせが抜群で、江戸時代という背景の妙もあるけれど（栗鳥の巣などという台詞に笑える）、そこに異国の美女を配するという着想、設定がよかった。

ふんどし芸者と現代化け猫怨霊譚

この系譜に属するのが京都で「温泉芸者」シリーズを連発していた天尾完次が東撮でプロデュースした『東京ふんどし芸者』（75・野田幸男）。タイトルも奇抜だが、実に面白く、特筆に値する。のっけから電車でヒロインの堀めぐみに痴漢行為を働いていた天津敏が逆に急所を掴まれ、「ワァッ！」と眼鏡が外れるほど絶叫して爆笑。ここがストップ・モーションとなってクレジットが始まる開巻から、誰かと違ってリズムが大変いい。

初出勤のめぐみが入社式に臨むと、「えー、我が社の社長は週に一回電車で通勤し、人々に密着しておりましてェー」と、紹介されて登場するのが天津敏で、「あっ、この人、痴漢よ！」「キ、キミィ、何てことを！」で爆笑再び。以下、実家の稼業を継いで芸者となった彼女が家宝の赤い褌をつけてのお座敷修業が始まり、色とりどりの褌を付けた芸者たちの田植え遊びや裸女騎馬戦が展開。めぐみと父（北村英三）の再会はしっとりと情感あふれるもので、その父が長年曼陀羅華なる媚薬製造に没頭している設定も大いによい。

その製法特許は天津の手に渡ってしまい、かくて開始されるライヴァルとの六番勝負は喇叭吹き、卵飛ばし、書初め、ビール吸引など。これらの珍芸秘芸のオンパレードも手抜きなし。迫力もあって見せる。京都の作品同様、芸者の嬌態は相変わらず羽目を外してはいるが、少なくともこちらは丁寧に撮っている。天津や北村、三原葉子（母）、小松方正（めぐみのパトロン）など、脇役たちのキャラもしっかり立っている。何より、ちゃんとしたドラマがある。

「名器友の会」「ダイインシンキンタロウ」（山城新伍の役名＝漢字不詳）といった名称も含めて、このあたり、「不良番長」シリーズ（68〜72・全十六本＝一九七四年の『極道VS不良番長』を除く）十一本を担当、自由奔放にして破天荒なギャグ&アクションを画面に横溢させた野田幸男の真骨頂と見た。

天津敏が悪役のイメージのまま終わったのは返す返すも残念だった。ここで再び取り上げるのは、それだけ存在感、すなわち個性が強烈だったからで、実際、任侠映画の悪玉が別の俳優だったりすると、何だか物足りない気がしたものだ。ただ、あの顔と肉体は――発声まで――あくまでフィクションとして提供される時代劇と任侠ものに限られた。あまたあった実録路線にさほど起用されなかったのは、たとえチョイ役でも彼が出てくると、一瞬にして〝実録〟でなくなってしまうからではなかったか。アクの強さが裏目に出てしまうのである。深作欣二はそのあたりをちゃんと見ていたのではないか。

それでも、いつかはこの俳優の、例えば、こわもてはするが実はお人好しで、なかなか社長になれない重役とか、行かず後家の娘を抱えて悩む万年総務係長といった役を見たかった。ご本人の「（人に好かれる役は）やりたいとは思わない。幅広く何でもこなす役者より、守備範囲は狭くても徹底した役者に」といった趣旨のコメントがあるが（前出『夕刊フジ』）、役柄と演出次第で、いくらでも化ける俳優だと、ずっと思っていた。

キャリアはあるし、表情も豊か。演技も決して下手ではない。かつての進藤英太郎の例もある。NHK大阪の朝の連続ドラマ『火の国に』(76)で、ヒロインを何かと援助する社長役に抜擢された時は一人、快哉を叫んだ。ただし、番組も天津も評判はよろしくなかったようである。

没後、鎌倉の自宅に焼香に赴いたことがある。未亡人に長男夫婦を紹介され、あれこれ思い出話を聞いた。家庭ではよき夫であり、父親であったらしい。近所に松の木で首を括って自殺した人が出るとわざわざ検分に及び、夫人に「いやあ、いい枝ぶりだった。俺なら折れそうだけど、お前ならピッタリだぜ」と〝報告〟した話には遺影の前で思わず笑ってしまった(*)。


同年には東撮でスケ番ものや志穂美悦子の「女必殺拳」シリーズなどで存在感を示していた山口和彦が『怪猫トルコ風呂』を放っている。怪猫といっても現代劇だから入江たか子の諸作と同列には語れず、本章のテーマとも毛色が違う。といって、この裏街道史には無視できない大怪作なので、無理を承知で本章に突っ込んでおく。

――室田日出男に貢いだ末に惨殺されたトルコ嬢(現ソープ嬢)谷ナオミの怨霊が愛猫クロに取り憑いての、あ〜見るも恐ろし面白い現代ポルノ怪談で、前半は悪女の真山知子と組んだ室田のやりたい放題。この悪逆ぶりが尋常一様でない。ナオミをいいように嬲り、責め、殺した挙句にポォの「黒猫」さながら地下室の壁に塗り込める。上京してきた彼女の妹まで情欲の餌食にし、さらにトルコ風呂(現ソープランド)乗っ取りを企み、経営者を殺し、その娘まで凌辱して自殺に追い込む。やりたい放題は監督も同じようで、エネルギッシュな——というより、決して本意ではないが、企画を選べる身分でもなし、こうなったら予算内で好き勝手にやってやるという、何やらヤケクソ精神が横溢しているかのような演出ぶりで、これでもかという徹底ぶりがいい。娯楽映画はこうでなければならないと改めて感じさせた。

山口和彦は手を緩めない。雷雨の夜、壁がガラガラ崩れ落ち、化け猫ナオミが出現、室田の腹を嚙み破ると、ビロ〜ンと腸が飛び出してくる。ラスト、復讐を遂げた彼女が菩薩のような、にこやかに微笑みながら天上に昇っていくのにはよくぞやってくれたと拍手したくなった。こんな時代に、あえて古臭い素材を選び、理屈抜きにエロと怪奇と残酷を描いた意気と度胸こそ貴重である。

(＊)「キネマ旬報」一九七九年九月下旬号の拙稿「追悼・天津敏」を一部引用。

第十章　プログラム・ピクチャーの崩壊――さらば東映

一九七一年(昭和四十六)、映画館は二九七四館、入場者はおよそ二億一六〇〇万人。ピークは各々七四五七館(同三十五年)、十一億二千万人(同三十三年)だった――と書いても空しいだけだが、この減数は以後も留まることなく、十年後は映画館が二千三百館となり、入場者は一億五千万人を切った。一九七二年、低コストのポルノにシフトした日活は別にして、松竹は劇映画の年間製作本数をそれまでの四十本台から二十本台に、一九七一年から製作機構を「東宝映像」「芸苑社」などに分離独立させ、本社での「映画委員会」が企画を精選するようになった東宝も一九七五年からやはり二十本台に減らしている。減産は人員整理へ進み、松竹は専属監督の人数を絞り始め、東宝は監督定年制を振りかざして全員に契約解消を迫るまでになる。かつては映画青年たちの憧れだった映画監督は食えない職業の一つに成り下がっていた。監督受難の時代がきたのである。この方針は現場のスタッフ、裏方にも及んだ。

これは従来の全プロ二本立ての配給と興行を見直す時期にきたことを意味する。併映は外部プロとの資本提携作品や独立プロ作品の買い上げ、あるいはヒット作品の続映、旧作の新版再映で補充する一方、ロング・ランを見込んだ一本立て大作に本腰を入れていく両社に対し、スター・システムによるローテーションをガッチリ組んで、二本立てを堅持していたのが東西に撮影所を持つ東映だ。

五〇年代半ばから量産されたプログラム・ピクチャーは玉石混交ながら――いや、それゆえに一種のエネルギーとヴァイタリティで娯楽至上精神を脈々と受け継いできたわけだが、さしもの東映も時代の趨勢に抗しきれなくなり、一九七八年に事実上その歴史を閉ざすことになる。その前後の状況を俯瞰してみよう。

(1)

『仁義なき戦い』の功罪

『仁義なき戦い』は罪作りな映画だった。一九七三年からの同シリーズの成功は、元やくざの手記を基にした飯干晃一の原作を一級のシナリオに仕上げた笠原和夫の功績によるところが断然大きい(四作目「頂上作戦」74まで)。あれだけ多彩なやくざ群像を見事に書き分け、活字の実録《ドキュメント》から映像の虚構《フィクション》世界を新たに構築した技倆には感服するしかない。東映の脚本家としては笠原の二年後輩になる高田宏治もバトン・タッチされた最終作（五作目「完結篇」）をしっかりまとめていた。深作欣二の快調な演出も続いて「頂上作戦」以外の四本が「トップ10」入り。津島利章のテーマ曲はいつまでも耳について離れない。

これで火がついた実録（正しくは事実を元にした実録風）路線は続行され、東映がもうひと稼ぎとばかり目論んだ「新・仁義なき戦い」シリーズ（74～76＝全三本・深作欣二）は菅原文太が引き続いて主演したが、物語に関連性はなく、さすがに二番煎じの感が否めなかった。『京阪神殺しの軍団』『大阪電撃作戦』『沖縄やくざ戦争』『広島仁義』などにおける縄張り、利権をめぐるやくざたちの生きざまには興味はあるが、共感はできなかった。誰が誰を殺そうが、誰が死んで誰が生き残ろうが、そこにはうそ寒い印象しか残らない。「仁義なき戦い」シリーズで、保身に走り、往生際が悪く、煮え切らない組長や幹部たちの言動に客席から何度か笑いが起こったのは、観客が自分たちの――例えば、会社の上司や同僚のうろたえぶりや優柔不断の姿を重ねたからだろう。

後続した諸作にはそうした虚実皮膜の人間ドラマがない。脚本家たちは実録の看板にこだわるあまり、映画の面白さは本来虚構の世界にこそあるという基本を忘れてしまったのではないか。策略をめぐらせ、吼えて、怒鳴り、凄惨な殺戮に狂奔するだけでは、結局は舞台を別のエリアに置き換えただけの集団抗争劇に過ぎなくなる。試写室や映画館を出たあとの空しさとやるせなさ――寂寥感はおそらくそこに起因する。

作品個々の評価は評価として、抜きん出た興収をあげていないのは、所詮二番煎じは二番煎じであることを露呈する結果になった。「仁義なき戦い」シリーズはそれだけ突出していたのである。

この間にあった菅原文太主演の『県警対組織暴力』(75)は内容から実録ものの範疇外と見るが、力作にして傑作と評したい。また、酷寒の雪の風土を背景に大阪の暴力団と地元やくざのせめぎ合いを描いた松方弘樹主演の『北陸代理戦争』(77)は、小粒ながら最後まで興味を持たせ、飽きさせなかった。脚本は前者が笠原和夫、後者は高田宏治。監督は二本とも深作欣二。作劇法や演出に他の同業者たちとの差はやはり出るようだ。そして、画面に展開する、食うか食われるか、生きるか死ぬかの血みどろの抗争は、裏を返せば脚本家や監督、俳優たちの生き残り戦争でもあった。映画は娯楽の王者ではとっくになくなり、映画館は繁華街のアミューズメント施設としての役割を失いつつあった。

とりわけ、梁山泊さながらに太秦に集まっていたカツドウ屋たちに待っていたのは厳しい淘汰である。松竹や東宝の監督、スタッフの受難は、明日は我が身の予兆だった。『仁義なき戦い』を罪作りな映画と形容したのはその意味だ。(*) このシリーズは彼らを篩《ふるい》にかけたのである。生き残る人間とリタイアする人間を。


(*) 本項には拙稿「〈トーエー〉への惜別」(別冊映画秘宝「実録やくざ映画大全」所載、洋泉社、二〇一三年)を要約改稿した箇所がある。

任侠映画の終焉と松方弘樹

のみならず、これは長く東映の銀幕を彩った着流し任侠映画というジャンルそのものにも引導を渡した。高倉健主演『日本任侠道・激突篇』(75・山下耕作)は渡世人の世界の在り様、盃事のしきたり、一宿一飯の礼儀作法などをさりげなく、丁寧に見せた任侠道入門の御浚《おさら》いといった印象を受けたが、ドラマは全体にむごく、陰惨だ。義理に縛られ、仁義に固執するやくざ社会が明るく楽しいわけもないが、必要以上にそうしたようにも映じた。画面に漂う暗鬱さは奇しくも『三池監獄・兇悪犯』に通じるものだった。

「仁義なき戦い」のあとでは何もかもが古臭く映る。藤純子は『関東緋桜一家』で艶やかに女の花道を飾ったが、血刀を引っ提げて修羅場に荒い息を吐く高倉健に男の花道はなかった。あえて時流に逆らい、商売も無視したような映画だが、一方で、作られるべくして作られた映画だったとも思う。東映はこれでけじめを付けたのだ。

実録路線に頻繁に出た松方弘樹について触れておけば、デビュー当時は時代劇に貢献あった近衛十四郎の息子ということで大事に使われていたようだが、どのジャンルにせよ、顔と演技の端々に垣間見える甘さが歯痒く、物足りなくも感じた。芽が出ないまま一九六九年に大映へレンタルされたのは異例であり、(*1)これには市川雷蔵の早世で同社のローテーションに穴が開いた事情もあったけれど、岡田茂も半分持て余していたのではないか。

一九七一年に復帰後も主演作は東撮の『不良街』(72・野田幸男)一本。若山富三郎主演『日本悪人伝・地獄の道づれ』の添え物だった。新東宝、松竹と渡り歩いていた菅原文太が一九六九年から「現代やくざ」(～71＝全五本)「関東テキヤ一家」、一九七一年から「まむしの兄弟」(～75＝全九本)と三つもシリーズものを持ったのに、だ。大映での二年間は何だったのか。『仁義なき戦い』における坂井鉄也役で一皮剥け、一時はこの路線の顔と評されるまでになったのはいいが、印象に残っているのは深作の演出宜《よろ》しきを得た『北陸代理戦争』と、北関東に勢力を伸ばそうとする関西組織と迎撃する地元やくざの争いを引っ掻き回すユニークな〝ばば伝〟役がよかった『仁義と抗争』(77・斎藤武市)だけだ。

総じて、凄みはするものの軽く、主演者としての貫禄や風格がスクリーンから伝わってこない。鶴田浩二や高倉健、菅原文太に持つような、おー、出てきたという存在感、何かやってくれるという期待感がない。三十代も半ばを過ぎたのに、若い頃の甘さが表情と挙動から抜けきらない。生来のものか、山城新伍同様、時折見せる左利きの所作にも違和感を覚えた。若山富三郎もそうだったと思うが、さほど気にならなかったのは、ちゃんと自分の芸にしているからである。一七〇センチちょっとという身長は俳優としては小柄なほうで、ズングリムックリした体型もハンデだったと思う。東映で同一キャラによるシリーズ主演作を持てなかったのは(＊2)、ひょっとして、あの体型のせいではなかったか(＊2)。

ただ(作品についてはあとで述べるが)、『やくざ戦争・日本の首領《ドン》』(77)における松枝四郎役は抜群によかった。終始控え目で、寡黙な演技に徹していたのには唸った。この俳優にはあまり台詞を与えないほうがよかったのかもしれない。

（＊1）　リメイク「眠狂四郎」シリーズ（二本）など九本。
（＊2）　売り出し用に作られた青春もの（シリーズ・タイトル「十七才の逆襲」）や『脱獄広島殺人囚』（74）に始まる刑務所ものは主人公が別個（共に三本）。

崩壊したスター・システム

日本の娯楽映画を支えてきたのはシリーズものだった。これまで適宜記した作品以外で戦後の主だったものを代表的な主演者中心にざっと挙げておくと――、

小堀明男「次郎長三国志」（東宝八本＝鶴田浩二で東映四本）
嵐寛寿郎「右門捕物帳」（東宝・新東宝十二本＝大友柳太朗で東映七本）「鞍馬天狗」（松竹、東映などで十四本＝東千代之介で東映四本）
月形龍之介「水戸黄門（漫遊記）」（東映十四本＝他に東映で市川右太衛門二本、他社で十三本）
長谷川一夫「銭形平次（捕物控）」（新東宝・大映＝十八本）
高田浩吉「伝七捕物帖」（松竹・東映＝十三本）
若山富三郎「人形佐七捕物帳」（新東宝・東映十一本）。

時代劇ばかりになったが、他ジャンルではいずれも大映の勝新太郎「悪名」(＊1)(十五本)「兵隊やくざ」(＊2)(八本)、江波杏子「女賭博師」(十六本)。時代劇といえば東映で、

市川右太衛門「旗本退屈男」(二十一本＝東横映画二本分を含む)
大川橋蔵「若さま侍捕物帳」(十本)「新吾十(二十)番勝負」(八本)
大友柳太朗「快傑黒頭巾」(九本＝設定上『快傑まぼろし頭巾』を含む)
近衛十四郎「柳生武芸帖」(九本)。

「丹下左膳」は大河内傳次郎の当たり役で、戦前に十三本。戦後、大映で三本。その戦後には他に一九六六年までに東映の大友柳太朗の五本を含めて各社で十一本作られたが、フィットした俳優はいなかったようである。日活で水島道太郎が演じていたとは知らなかった(56・三部作)。

任侠ものの時代になっても東映のシリーズものは枚挙に暇がない。岡田茂の方針もあったが、これがとにもかくにも会社のエネルギーにもカラーにもなって観客を確保してきたことは間違いない。一九八三年まで東映一筋だった笠原和夫はエッセイ「東映城やぶにらみ」(＊3)で、「東映という会社の一番の欠点は同じ柳の下で何匹も泥鰌を狙う癖がある」と、チクリとやる一方、「映画という水商売の事業では、こういう自滅的というか駄目押し的な商法は、ある面では止むを得ないことかもしれない」とも書いている。

シリーズものはいうまでもなくスター・システムの賜ではあるが、パターンが長く続くと食傷気味になるのは必定で、主演者の人気低下と加齢もあり、尻すぼみになっていったのはやむを得ない。一石二鳥を狙ったような『極道VSまむし』や『極道VS不良番長』(共に74)があったのは島村清吉だけでは客を呼び込めなくなったのだろう。小沢茂弘の言ではないが、浮気で飽きっぽい観客の嗜好の変化もある。世相の移り変わりも無視できない。その衰退はスター・システムのそれと軌を一にしており、「映画スター」という存在が薄くなっていく要因にも繋がり、ひいては映画産業そのものの凋落を象徴しているようにも思われる。テレビの普及で、芸能界の話題がタレントや歌手に移っていく影響も大きい。

(＊1&2) 勝プロ＝東宝配給の『悪名・賭場荒らし』(74)『新兵隊やくざ・火線』(72)はカウントしていない。
(＊3) 「東映映画三十年——あの日、あの時、あの映画」(東映、一九八一年)所載(要約・一部改)。

痛し痒しの「トラック野郎」

さて、東映で新たにヒットしたのが、菅原文太が電飾ギンギラの陸送大型トラック(デコトラと呼ばれた)のハンドルを握った「トラック野郎」シリーズ(75〜79・鈴木則文)だった。

主役の星桃次郎は主演者が主演者だから(?)まだ血気盛んで無鉄砲な面が見られたが、腹巻に匕首を呑んでいるわけでなし、相棒のジョナサン役は毒にも薬にもならないタレントだったから、一作目『トラック野郎・ご意見無用』から違和感あるコンビとしか思えなかった。バッカモン、そのコントラストが新鮮だったから十本も作られたのではないか、文太も新境地を切り拓いたではないか、この不届き者！――という人は少なくないだろう。

なるほど、八本が「トップ10」入りし、東撮の大ヒット・シリーズになったことは事実だし（この成功で東撮と京撮のそれまでの力関係は逆転したといわれている）、新境地開拓もあえて否定するものではないけれど、菅原文太はその間も京撮のやくざ映画に駆り出されており、八〇年代まで敷衍してフィルモグラフィを吟味していけば、この俳優の本質はやっぱりやくざ――突き詰めれば「仁義なき戦い」の広能昌三役だったとの結論になる。物語の構成上、「頂上作戦」と「完結篇」は出番が少なくなるが、それでも長身痩躯の姿を現すと画面が引き締まる。その一挙手一投足に観客の目が集中する。主役とはこうでなければならない。

国分勝（『関東テキヤ一家』）ではない、ゴロ政（『まむしの兄弟』）ではない――『緋牡丹博徒・お竜参上』（70・加藤泰）における雪降る今戸橋で「川があるんですよ」と、お竜にポツンという一匹渡世の青山常次郎役、主人公真海（若山富三郎）を宿敵としながら意気に感じる「極悪坊主」シリーズ（68〜71＝全五本）の盲目の了達役も忘れ難いが（スピン・オフされて主役に格上げされた『人斬り観音唄』70がある）、菅原文太という俳優は畢竟、この広能昌三役を得て鶴田浩二も高倉健も抜き去ったのである。ドスをハンドルに持ち替えた新シリーズの興行的成功は慶事とすべきではあるが、しかし、ここから東映特有の暴力性と不健全性――いわば〝毒気〟が徐々に抜けていくのは皮肉なことだった。

東映という会社のしたたかなところは繰り返すが、変わり身が意外にうまいことで、そのしたたかさは本シリーズを盆と暮れに松竹の「男はつらいよ」にぶつける一方、六〇年代半ばから春休みや夏休みに子供向けの「まんがまつり」をずっと続けてきたことにも表われており、これがバカにならない収益をコンスタントにあげていた。東宝の「チャンピオンまつり」が一九七八年の春休み興行で終焉したこともあり、やがて劇映画以上の配収を会社にもたらすことになる。

それはともかく、全プロ二本立ては集客力がある番組《プログラム》とそうでない番組の差が歴然たるものになってきた。端的にいえば「トラック野郎」シリーズと、その合間の番組との集客力の違いである。一九七五年から七九年までの五年間で同シリーズ以外に「トップ10」入りした劇映画は時代劇復興を謳った第一弾——中村(萬屋)錦之助、実に十年ぶりの古巣復帰だった『柳生一族の陰謀』(78・深作欣二=三位)のみ(外部提携作品を除く)。ただし、これは一本立て。

かつてのシリーズ男たち——高倉健は一九七六年に東映を去った。若山富三郎は他社出演に精を出すようになる。あの顔と肉体は東映の一枚看板として通用する時代ではなくなっていた。鶴田浩二は一九七七年に復帰はしても、もはや過去の人。東撮育ちの千葉真一と梅宮辰夫は彼らを抜くことはできないままだった。となれば、頼みの綱は文太一人。

そんな中で、一九七五年からは京撮の監督たちによるエロと残酷の時代劇がポツポツ作られた。スター・クラスは一人も出ておらず、多くは六十分台の低コスト映画だったのは(便宜上中編と呼ぶ)、本編の同時上映に従来通りの予算を注ぎ込むわけにはいかなかったからである。

岡田茂は一九七一年末から、ピンク映画が着実に客を集めていることや、日活のロマンポルノが好スタートを切ったことを鑑みて、ピンク映画を買い取って下番線(封切り落ちを上映する系統館)に配給する一方、(*1)一九七三年からはデビューはしたものの、なかなか仕事が回ってこない〝二軍監督〟や、助監督から昇進させた新人監督を起用した低予算の「東映ニューポルノ」(*2)にGOサインを出したことがあるが、これはその延長線上の企画といっていい。いかにも添え物でござ〜いといった諸作で、セールス・ポイントが裸と殺しだったのは、観客の主力が本来アダルト層である会社の、これこそ持ち味だと思われたのだが――。

(*1)「東映㊙ポルノ大会」や「㊙ナウポルノ」として三本立てを配給。ピンク映画で商才を発揮していた向井寛が東映に食い込んでいく契機になった。

(*2)『情欲のぞき窓』(73)『女医の愛欲日記』(同)『痴情ホテル』(74)『恐喝のテクニック・肉地獄』(75)など。五百万円ポルノと呼ばれた。配給は本編との併映用、封切り番組の繋ぎ用、下番線用など様々。出演は林真一郎、川谷拓三、西田良ら、これまた二軍メンバー。女優の大半はピンク映画からのレンタル。一部は一九七四年から東映ビデオ名義でピンク系統に配給された。最終作は『ホステス色暦・相姦関係』(76)。

潮吹きマダムと大奥ソープランド

〝濃厚なエロチシズムで東映京都が初めて描く古典文芸ポルノ!〟――『好色元禄㊙物語』(75・関本郁夫=六十七分)は、妾の姉(ひし美ゆり子)と人妻の妹(橘麻紀)がセックスに明け暮れるベタな物語。

――姉は生臭坊主から商家の若旦那の玉の輿に乗り換えようと画策、その父とも絡む展開はランニング・タイムを考慮しても短絡的で不自然だし、亭主（川谷拓三）の裏切りを知って殺した挙句、沼に沈めた妹が、その霊を慰めるため男千人斬りに邁進する理由も薄弱。念願の千人目がどう見ても殺されたとしか思えない亭主だったとは意外や意外で、聞けば「沼に沈められた時、ハッと気が付いたんだ」とか（笑）。古典文芸ポルノといったって、寺の青坊主の西鶏が井原西鶴になるオチがある程度。セックス描写も依然としてピンク映画やロマンポルノと比べると見劣りしたのは、専属女優への気遣いもあったと思うが、やはり手慣れていないからだ。

もっとも、花魁《おいらん》役に〝潮吹き女〟として話題になっていた某マダムを起用したことには、ウム、さすがトーエーだわいと感心した。潮吹きとは性交中に絶頂に達した際、女性が大量の分泌液を噴出する現象とされ、女の射精などと喧伝されたが、ホントなら山田風太郎も顔負けの忍法、いや淫法というべきか。映画では公園の噴水のごとくジャージャー噴き上げ、笑福亭鶴光が傘をさす場面が笑わせた。

こういう、下品でえげつないところが、またトーエーなのだが、出来はあんまりよくなかった。冒頭に掲げたのは京撮のスタジオ・メールの宣伝文の一節。ノートの末尾に「『トルコ渡り鳥』〈筆者註・同年の関本の前作。地名羅列の前サブ略〉で、不貞腐れているのか、やる気がないのかわからない女優に意味もなく三度も放尿させた監督に匙を投げたのは早くなかった」などとある『くの一忍法・観音開き』（76・皆川隆之＝六十六分）――信州上田の真田藩が幕府に納める三万両が黒鍬衆（頭目に汐路章）に奪われる。服部半蔵（名和宏）は一味探索と金の奪回を三人の女忍者（お妖＝衣笠恵子、お炎＝堀めぐみ、お乱＝橘真紀）に命じるが、その裏に隠されていた真実とは――といった内容で、貧弱なキャスティングに変わりはないものの、敵と味方だけという単純な構図の中に連続する戦いは飽きずに見ていられた。お炎が黒鍬衆の女忍者（カルーセル麻紀）に成り代わる「忍法うつし絵観音」は面白い。

ただ、ヒロイン格のお妖と、途中から登場する真田藩の忍者、響之介（岡崎二郎）との恋模様は快テンポで進んでいた物語の展開に水を差した。響之介は傷ついたお妖を抱きかかえ、雪の中を歩きに歩く。敵同士が男と女になって小屋の中で肉体を重ねる。このセックス・シーンは美しく、所詮は相容れぬ仲ゆえに待つ別れも切ない情感が溢れている。ひょっとしたら、監督はここを描きたくて一番力を入れたのではないかとすら思われる。

やがて、お妖は枯れ木に逆さ吊りにされた彼の惨殺死体を発見する。だが、せっかくそこまで印象的な場面を用意しながら、ラスト、黒鍬衆を操っていた意外な黒幕を死闘の末に屠って去っていく女忍者には響之介との愛の契りや彼の無残な死のことなどなかったかのようである。恋模様と死闘の乖離が作品を軽くしたのが惜しまれる。ところで、お妖、お堂の下に黒鍬衆が隠した三万両はいかがした？

関本郁夫は『大奥浮世風呂』（77）で名誉挽回。何より、鶴田浩二や高倉健に斬られてばかりいたピラニア軍団の一人、志賀勝の〝出世〟が嬉しかった。主演はおこよ役の松田英子になっているが、物語を動かす実質的な主人公は無頼の遊び人、全次郎に扮したこの俳優だ。

——侍の女房との密通が発覚して寺に逃げ込んだ全次郎は好色住職を殺して坊主になりすまし、仲間たちを引き入れて賭博開帳、ドンチャン騒ぎのやりたい放題。かつては深い仲で、上様の側室に取り立てられたおこよの手引きで大奥に潜入、厠の下から蛇を突き出し、懐妊中の側室にショックを与え、流産させる。タイトルはその失意から不能になった上様を奮い立たせんとする女たちの回春と催淫の場である。女体滑りに谷渡り、これはたまらぬ泡踊り、将軍喜悦の極楽湯、これぞ大奥トルコ風呂。やがて、おこよは懐妊し、お世継ぎ誕生となるが、それは全次郎の胤《たね》だったという人を食った物語。ホモ・セクシャルあり、志賀の女装あり、将軍のシンボル切断ありで盛りだくさんの、これは堂々(?)八十分。脚本は田中陽造。演出も遜色なく、これだけやってくれれば文句はない。

幕間・ピラニア軍団雑考

ピラニア軍団は京撮の脇役たちのグループ名。元は内輪の飲み会の集まりで、一九七五年に結成された(団長とされた室田日出男は昭和三十三年から大泉で鍛えられたキャリアがあるから格が違う)。映画ジャーナリズムでも一時話題になったが、草野球チームじゃあるまいし、たとえ台詞もろくにない端役であれ、そもそも「個」をもってなるプロの俳優たちが集団として自らを括ることに抵抗はなかったのかという疑問は最初からあった。顔と名前が売れないまま下積み生活を送る危機感は理解できるが、徒党を組めばいいというものではない。

メンバー列記は控えるが、志賀勝だけには早くから注目していた。何だかコワそうな奴が鶴田浩二の後ろにいるなあと認知したのは『関東果し状』だったか。何より、あの目つきだ。それは画面の隅っこにいても何をするかわからない凶気を感じさせるものだった。映画を何本も見ていると、あ、あいつ、また出ていると何か親近感を抱く脇役はどの会社にもいるもので、名前がわかるとクレジットを見逃せなくなる。そんな思いもあるので、『大奥浮世風呂』の〝昇格〟が嬉しかったのである。ただ、タッパがないのはサンゴー(35ミリ)では致命的なことで、これは川谷拓三も同じだった。

川谷は軍団で一番売れた俳優だが、実録路線でもずっと冷やかに見ていたのは演技にもエロキューションにも(ホントじゃないなあ)という思いがあったからだ。実在したモデルがいる三人の性犯罪者の所業を描いたセミ・ドキュメンタリー形式の——というより、テレビ『ウィークエンダー』のパクリ『戦後猟奇犯罪史』(76・牧口雄二)で演じた久保清一役は熱演に見えて、演技力のなさを露呈していた。

一生懸命なのはわかるが、わざとらしいのだ。オーバーな演技に加え、喜怒哀楽の表情を無理に作るのがいけない。この点では志賀勝のほうが自然な演技ができた。だから、主演作(『河内のオッサンの唄』76・斎藤武市)もパスした[*]。日当二五〇円だったというエキストラからの〝出世〟を素直に喜べないのは演技への懸念をずっと拭いきれないでいたからである。

人気が出たきっかけになったという『前略おふくろ様』(NTV・75〜77)とやらを一回も見ていないのは、当時は放映日だった金曜の夜にノホホンとテレビを見るような生活を送っていなかったからだ。たまさか接したCMでの表情も——これは演出もあろうが——視聴者に媚びるようにも映じた。俳優だって生活がかかっているから外野席でとやかくいっても始まらないし、この時代、女・子供はまず見ないトーエー映画に脇で出るより、連ドラのレギュラーになったほうが得なことはわかるが、あえていえば、川谷拓三という俳優は暗闇の中のスクリーンの隅っこでモゾモゾ蠢いていたからこそ映えるのであって、そこに端役ながら個性と存在感があったのである。

『実録飛車角・狼どもの仁義』で、雨の中、菅原文太を隠れ家に案内する三下役はいい味を出していた。台詞は少なく、ずっと控えめで、それが逆に印象に残るのである。ギャアギャア喚き、変顔を無理して作るだけが目立つことではない。ギャラも上がり、自分一人が突出したことで当初は戸惑いもあったらしく、軍団内にはやっかみや反発もあったと聞いた。フリーになった一九七八年以降は古巣より他社出演がもっぱらになるが、テレビ視聴者の何人が彼目当てに映画館に出かけたか。ちなみに、この俳優も左利きだった。

グループが自然消滅したのは当然の帰結。志賀勝も室田、川谷に続く〝ピラニア軍団第三の男〟などとスポーツ紙で取り上げられたが、早めに群れから離れたはずだ。独立独歩を決めた心意気やよし。主役だろうが脇役だろうが、俳優は一匹狼であるべきだ。

(＊)　川谷はニューポルノの一本『史上最大のヒモ・濡れた砂丘』(74・五十三分)で主演している。

牧口雄二の残酷刑罰史

エロに残酷をまぶして血みどろの残虐絵図を繰り広げたのが牧口雄二。『徳川女刑罰絵巻・牛裂きの刑』(76・八十分)という題名には心がときめいた。我ながら悪趣味とは思うが、否応なしに残酷と流血の毒気を期待するからだ。ところが、これは拷問や責めが映画的快楽として処理されておらず、ただただ酸鼻な場面の連続である。八十分は長尺と思われようが、内実は切支丹に棄教を迫る〝長崎奉行所刑罰篇〟と、足抜きの男女を罰する〝女郎屋仕置き篇〟(いずれも筆者の勝手な命名)の中編二本立てだ。

前者では火責め、水責め、烙印押し、釜茹で、蛇責め、磔刑などが次から次へと展開するが、変態性欲者でもあるサド奉行(汐路章)に周囲はまったく無力で、こう一方的過ぎては途中でウンザリしてくる。型通りのキャラクターと物語で、ドラマも浅薄だ。タイトルになっている牛裂きの刑罰について知見を得たのはマキノ雅弘の戦後二度目のリメイク『浪人街』(57・京都映画＝松竹)で、甲斐性のないダメ浪人たちが酒ばかり飲んでいて、大した波乱もない展開に欠伸を連発していた中、わずかに興味を繋いだ趣向だが、牛が二頭出てきただけだった。で、今度は期待していたのだが、準備ばかり入念に撮っていて、刑罰としては一番刺激が薄く、つまらなかった。

加害者は責めるだけで、被虐者は受け身一方なのは後者も同じ。羅刹刑(男根切断)では刃物にわざとギザギザを入れて切りにくくする念の入れ様で、耳を切り取って呑み込ませるのは『続荒野の用心棒』のエスカレート版。必然性がない糞尿譚は不愉快なだけだし、晒し者になった川谷拓三が鋸引きで首をチョン切られるラストは笑えもしない。

殴ったり、蹴ったりはともかく、妊娠した娼婦の股間に手を突っ込んで胎児とも呼べない肉塊を摘出する中条流ならぬ女郎屋式堕胎シーンは、前者におけるいたいけな少女を焼き鏝で盲目にするシーンと併せ、神経を疑いたくなる。エロも残酷もドラマがあってこそ。これは劇映画のテイを成していない唾棄すべき悪作である。宣伝で〝衝撃の残虐ドキュメント〟と謳っていたわけだ。

『毒婦お伝と首斬り浅』(77・六十二分)はアメリカ映画『俺たちに明日はない』(67)のこんにゃく版――時代背景は明治だが、一応ここに含めておく。こんにゃく版などと書いたのは脚本に各エピソードを繋ぐ芯がないので掴みどころがないからだ。

――田舎から東京に出てきた蓮っ葉娘のお伝(東てるみ)と若者に別のカップルが加わっての行状記が行き当たりばったり式にダラダラ続き(そうとしか形容できない)、首切り浅(山田浅右衛門)は冒頭から登場するも、あとは思い出したように出てくるだけ。エロも殺しもアクションも何もかもが中途半端に終わった。

斬首シーンはもったいぶって撮っていて衝撃も余韻もなし。一時間少々なのに、どこで筆を措くべきか弁《わきま》えない画家のような仕事ぶりである。この監督のラストの歯切れの悪さは『広島仁義・人質奪回作戦』でも見られ、松方弘樹が追い詰められて射殺されるシーンは引っ張り過ぎもいいところで、あれでは銃弾《タマ》の無駄遣い。「終」と出るのはまだ先だ。

残酷趣向をさらにエスカレートさせた『女獄門帖・引き裂かれた尼僧』(*)(同・六十九分)は良くも悪くも特筆に値する。二人の女衒《ぜげん》から逃れた女郎のおみの(田島はるか)が駆け込んだ山奥の愁月院は男子禁制どころか、男が一歩でも足を踏み入れたが最後、生きて再び帰れぬという恐怖の殺人尼寺だったという物語で、樵《きこり》や目明し、女衒たちがなす術なく惨殺されていく。四肢を縛っての拷問、首を切断された全裸死体、水桶に浸かっている生首といったシーンのオン・パレード。不気味な寺男(志賀勝)が、でっかい釜でグツグツ煮ているのはバラバラにした人間の肉や骨らしい。

庵主の桂秀尼(折口亜矢)は阿片を吸って恍惚となり、尼僧たちは蛇を飼い、レズに走り、年増尼僧(藤ひろ子＝『戦後猟奇犯罪史』にも出ていたピンク映画の最古参)は乳房から、これも淫法さながら大量の乳液を発射する。そして、かかる淫欲と殺戮の連続に顔色一つ変えない謎めいた少女。猟奇色も交えて次から次への見せ場の連続は飽きさせないけれど、これも惜しむらくはドラマは二の次という作劇法だから残酷凄惨ぶりだけが浮き上がっている。

桂秀尼は何故にかかる所業に出ているのかという疑問は湧いて当然だが、それもわかってしまえば別に驚く話ではなく、それくらいでソコまでやるかという新たな疑問が生まれる仕儀となる。外国のスプラッター映画や人肉食い映画で恐怖と残酷が堪能できるのは、殺人鬼は殺人鬼として、人肉嗜好者は人肉嗜好者として最初から登場し、架空の世界に確として存在するキャラクターとして扱われ、常識や人倫など無視して——いわば理屈抜きに物語を進めていくからである。

この映画ではおみのが「あんたたちはみんなキチガイだ！」と叫ぶシーンがあって（作品のオリジナル性を尊重して引用しました）、尼寺が淫業地獄と化したのは多分それが正解なのだが、日本映画は精神及び身体障害者の扱いに慎重だから、然るべき理由を明かさなければならない。同情も納得もできない桂秀尼の告白を。

さなきだに、『引き裂かれた尼僧』にぶちまけられた血と肉と殺戮の大狂饗は、東映プログラム・ピクチャー終焉の暗示どころか、断末魔であったかもしれない。「観音開き」と「毒婦お伝」以外は成人映画。「戦後猟奇——」はR指定。

（＊）原作は島守俊夫「女地獄獄門帖」（「東京スポーツ」連載、双葉社、一九七七年）

（2）

実録やくざ映画の収束

巨大シリーズと銘打たれた二時間を超す三部作「日本の首領《ドン》」シリーズ（中島貞夫）は一作目と二作目「野望篇」が一九七七年に、三作目「完結篇」が翌年に公開された。佐倉一誠（佐分利信）率いる大阪の中島組と東京の錦城会のせめぎ合いに大企業の利権争いが絡み、代議士や右翼の大物まで出てくるスケールの大きさと、オールスター並みの陣容だったが、登場人物の過剰さとエピソードの煩雑さが物語を複雑化させた。二作目からは関東同盟のトップ・大石に三船敏郎を、三作目は右翼の大山に〝御大〟片岡千恵蔵まで担ぎ出し、〝やくざの東映〟の面目を賭けた大宣伝もあったが、暗く重い作風に娯楽映画特有のカタルシスは得られなかった。

　この国には暗部というやつが確かにあって、例えば政治とカネの問題がいつの間にかうやむやになり、野党や新聞の追及も立ち消えになるよう、我々もどこかでそれを漠然と意識しているのだが、映画はフィクションである以上、比喩や暗喩に留まり、その闇の世界を赤裸々に暴き、糾弾することはない。〝日本の喉首までも握りかねない首領と呼ばれる男〟（一作目）〝首領一族の血が日本を戦略する！〟（二作目）〝黒い政権を争う巨頭三人――〟（三作目）といった惹句にあるよう、話がでか過ぎた。だから巨大シリーズなのだといわれればそれまでだが、これにより従来我々が実録風路線に持っていた――例えば街角で仲間《ツレ》とポスターを見て、お、文太が出てるぜ、ちょっと見ようかと映画館に入る気楽さ、取っつき易さが遮断されてしまった。

　三本をごっちゃにするが、主要キャラが高齢者ばかりで、佐倉はずっと心臓に持病を抱え、その一の子分（若頭・鶴田浩二）は腎臓が悪い。大山もまた心臓を患っている。佐倉の長女が医師と結婚した設定もあろうが、入院やら手術やら、病室の描写がやたらあるやくざ映画も珍しい。主要キャラを演じた俳優の老齢化はジャンルそのものの衰退を暗示していたのかもしれない。金子信雄も鼻に付いてきた。西村晃のカラオケソングを三度も聴かされたのにはマイッた。これはもう老害だ。

　しかし、最終作を締めたのは千恵蔵だ。泥沼の抗争に入った西の佐倉と東の大石に別々の顔を見せる老獪さは一作目で同じ役を演じた内田朝雄では無理だったろう。七十五歳ながら台詞回しも衰えていない。役者やの〜。それにしても、度々書いてきた通り、この会社の女優陣の貧困さは一向解消されていない。唯一、瞠目したのは二作目に出てきた岸田今日子だけ。四十七歳というのに、あの容姿と色気は只事ではない。

アクション場面とリンチ場面は豊富なるも、正直、〈トーエーエーガ〉に佐分利信やミフネはねえだろうとの思いもあった。宣伝面における顔写真はすべて千恵蔵を加えた〝三巨頭〟がメインだった。このシリーズが〝巨大ヒット〟とまでいかなかったのは、あの鹿爪らしい顔をした老優ばかりのポスター仕様にもあったのではないか。期待より、重苦しさが先に立つのである。鶴田浩二も菅原文太も松方弘樹も出ていたのに、あれでは若い世代に見る気は起こるまい。

岡田茂の京撮時代からの公序良俗に反するような企画の数々は思い付きのように見えながら、その根底には長いキャリアから大衆の動向や嗜好を踏まえた戦略があったと思ってきたが、このシリーズだけは何が何でもやくざでもうひと勝負という押しつけがましさを感じてならなかった。同時に、これはかつて『ゴッドファーザー』日本版をめざした「山口組」シリーズの三作目が、警察の介入で製作中止に追い込まれた意趣返しではないかとも思われた。時代を鑑みれば、もういいかげん飽きられていいジャンルだし、配収は三本とも確実に十億円以上を稼いでいた「トラック野郎」シリーズ一本の約半分に留まった。事実、東映はこの路線を収束させていく。

中島貞夫は以後も『制覇』(81)『激動の1750日』(90)など、未練がましい会社の実録ものを任されていく。誰かと違って、徳があったのだろう。

一九七七年は東映の変容を示す事例が他にもいくつかある。外的内的な要因があってのことで、以下、主な事項について触れていく。

角川映画が接近してくる

東映の配収一位(「トップ10」二位=二十二億円)になった『人間の証明』(佐藤純弥・一本立て)は角川映画事務所(以下、角川映画と表記)製作である(一位『八甲田山』東宝、三位『八つ墓村』松竹=いずれも一本立て)。

映画事業に本格的に乗り出した角川春樹は森村誠一の同名小説映画化に際し、スタジオと主要スタッフ(撮影、編集、照明など)は日活、配給は東映(正確には東映洋画部)、興行は東宝と決めた。東宝は日比谷映画以下、全国の洋画封切りチェーンで一斉ロードショウを行なった。これは一社による製作=配給=興行の三位一体という日本映画の大原則をブチ壊したことになる。まだ五社協定があった頃、三船プロダクションと石原プロモーションの、いわゆるスター・プロが関西電力や熊谷組など企業の協賛を得て共同製作した『黒部の太陽』(67=公開は一九六八年)が東宝と日活の劇場で封切られた時は両社がお互いの看板スターの顔を立てた面もあったが、[*1]こちらは角川春樹の「本も売るが映画でも儲ける」という例のダブル商法だった。

無論、配収の歩率、二次使用の権利など各社との話し合いがあってのことだが、映画に素人の人間がブロック・ブッキングなど糞食らえという大胆な決断をしたのは画期的なことだった。いや、怖いもの知らずの素人だからこその結果かもしれない。同じ頃、異業種から映画製作に手を染めた一人として漫画原作者の梶原一騎がいたが、[*2]製作費や宣伝費の規模は比べ物にならない。二二億円が作った人(角川映画)、配った人(東映)、売った人(東宝)、それぞれにいくら入ったか知りたいところだが、とまれ、これは東映が角川映画と製作や配給面で提携していく契機になった。

肝心の映画には何の印象も記憶もないが(正直、そんなに面白い映画ではない)、これにより日本の興行事情も徐々に様変わりしていき、「キネマ旬報」は一九七八年度決算号から各社の年間封切りとは別に、洋画マーケットで〝ロードショウ〟公開された一本立て大作(長編アニメを含む)を「邦画フリー・ブッキング」として別扱いにするようになる。

菅原文太は「トラック野郎」シリーズ五作目と六作目が「トップ10」(順に)六、四位にランクされたが、『ボクサー』(寺山修司)でミソをつけた。自身が企画し、十分稼いでくれたトップスターの願いに岡田茂も渋々(?)OKしたのだが、そもそもプロ・スポーツとして人気のないボクシングを素材に選んだことに疑問を感じた。監督を知って不吉な予感すらした。そのエッセイや評論はよく読み、映画も『田園に死す』(74・ATG)の映像処理に感じ入った身ながら、客が入ってナンボの商業映画を任せられるタイプでは絶対ない。こんなことは映画界にいる人たちには常識だったろうに。

同じような役が何年も続く俳優がイメージ・チェンジを図ることはよくある。役柄の固定化を嫌うのか、先を見て不安に思うのか——菅原の心中は不明も清水健太郎をしごくコーチ役はまったく似合っていなかった。広能昌三や星桃次郎のイメージはそう簡単に払拭できるものではない。少なくともご本人が思っているよりは。
何より、映画自体がつまらなかった。根本的なことをいえば、〝東映映画〟ではないのである。本作ばかりではないが、配収が公にされない例が多いのは咳払いの一つもして自慢できる成績ではないからだろう。前宣伝が凄かった作品ほど、その傾向がある。『地獄の天使・紅い爆音』(内藤誠)との二本立ては東映のベスト5にも入っていない。

(＊1) 配給は日活。興行は東宝が二月十七日から日比谷映画など全国主要都市六館で先行ロードショウ。三月一日から日活系(一五一館)で一斉封切り。「トップ10」一位。

(＊2) 一九七五年三協映画を設立。『地上最強のカラテ』(76＝松竹富士)などの格闘技ドキュメントや一般映画『悲愁物語』(77＝松竹)を作ったが、私生活で醜聞頻発し、本業と映画プロデューサーとしての地位を失った。

暗中模索する大東映

人気漫画の劇映画化が八本もあったのは全プロ二本立て維持のためと理解できても、企画力の低下と安易さを示すものだ。企画自体は以前からあって、一九七三年には九本も作られている。映画はキャラクターと大雑把な設定をいただいているだけで——『唐獅子警察』のような極端な例もあるが(＊)——あとは脚本家の腕次第ということになるのだが、おおむね出来栄えはよろしくなかった。

一撃必殺をモットーとする極真カラテの大山倍達《ますたつ》を描いた千葉真一主演の『空手バカ一代』(山口和彦)は、「けんか空手」シリーズ(『極真拳』『極真無頼拳』共に75)を引き継いでいるから一連の格闘技ものとして見られたものの(千葉はかねてから極真門下だった)、『ドカベン』(鈴木則文)や『こちら葛飾区亀有公園前派出所』(山口)は箸にも棒にも掛からなかった。

アニメならともかく、主人公はどちらも実写では無理なキャラクターであることは子供でもわかりそうなもので、おまけに主演者はどちらもプロの俳優ではない。プロデューサーたるもの、監督には向き・不向きの素材があることを熟知している筈だが、起用を誤ると、こういう駄作が見事なまで簡単にできあがる。監督たちにはまったく災難(?)だったというしかない。

宣伝部でスタッフが東販や日販の単行本《コミックス》売り上げ表をチェックしているのを見たことがあるけれど、大体、漫画の読者をそのまま映画館に呼び込もうったって、そうは問屋が卸すまい。雑誌や単行本を買う彼らは別に映画化など望んではいない。漫画だから面白がっているのである。付記しておけば、出版社側にメリットはない。それで雑誌の部数が伸びたということは、まずないからだ。

原作が小説なら脚本家や監督のイメージも広がり、如何様にも処理できようが、漫画の主人公は漫画家がデッサンにデッサンを重ねて創造したキャラクターが具象化されているので、誰が演じようが違和感は免れない。これは『ゴルゴ13・九龍の首』の千葉真一も同じ。前作『ゴルゴ13』(74)はヒットしたが(「トップ10」三位)、高倉健もデューク・東郷のイメージには程遠かった。

漫画と映画のキャラクターのギャップは如何ともし難く、他社の例を見ても、六本あった「子連れ狼」シリーズ(72〜74・勝プロ=東宝)の拝一刀(若山富三郎)は明らかに太り過ぎだ。『瞳の中の訪問者』(77・ホリ企画=東宝)は手塚治虫の『ブラック・ジャック』の「春一番」を膨らませたものだが、ブラック・ジャック役(主人公ではない)の宍戸錠のメイクは漫画に忠実過ぎて怪奇映画並みだった。これを見た手塚大先生の怒るまいことか。当時、あの漫画を連載していた雑誌の編集部にいた筆者は「何だ、こりゃあ」と、大笑いしてしまった。

（＊）　同名劇画が原作だが、中身はまったく違う映画として供された（クレジットは〝原案〟）。踏襲されたタイトルは意味をなさなくなり、戸惑った観客は少なくないと思う。

東映セントラルの設立

東西両撮影所の大合理化案を発表したのも同年。これは製作方針をプログラム・ピクチャーから一本立てへシフトさせていくためであり、松竹や東宝同様に監督や撮影スタッフの人員整理に繋がったことはいうまでもない。監督たちはプロデューサーに転身したり、リタイアしたり、フリーの立場で他社や独立プロ、あるいはテレビ映画でメガフォンを取っていく。八〇年代以降までフィルモグラフィに作品が記録されている監督は中島貞夫、鈴木則文、深作欣二、佐藤純弥、降旗康男ら数人に過ぎない。

岡田茂は東映本社製作の二本立て続行を断念したが、それでもプログラム・ピクチャーの必要性は感じていたらしく、十二月に外注化を決定。独自に俳優や監督を起用し、本社とは異質な企画、製作、配給を行なう東映セントラルフィルムを設立した。当初の一作品の予算三千万円は従来の四分の一程度だったという。プロデューサーとして招聘された元日活撮影所長、黒澤満は東映カラーに染まっていない、主として村川透ら古巣の監督を続々起用して若い観客を取り込んでいく。興行は主に洋画系のコヤを使い、本社番線と色分けした。

この傍系の会社の映画にはさほど接してはいないが、村川透（監督）松田優作（主演）コンビによる「遊戯」シリーズ（78～79＝全三本）などで新しい東映ファン——とはいわないが、映画の娯楽性と映画館の雰囲気に馴染んでいく世代は生まれたと信じたい。中でも（これは配給しただけだが）、その娯楽性には程遠い地味な内容ながらモノクローム撮影で静謐に淡々と最後まで見せた『泥の河』（81・小栗康平＝木村プロ）に出会えたことは僥倖だった。

こういう映画がひっそりと作られていたこと自体に胸を打たれた。リアルタイムでは見ていない。友人に勧められた映画はわざとパスする癖《へき》があるのに、この時、素直にその気になったのは幾許かの年旧《ふ》りた途上、見るのにちょうどいい時がふと訪れたのかもしれない。およそ商売になりそうもない映画をセントラルで配給するよう決めたのは試写を見て感動した岡田茂という。

別路線としてあったのが〝東映ポルノ〟。中心になったのはセントラル設立以前から㊙ポルノ大会やニューポルノで関わっていた向井寛。セントラルではG・ダミアーノ監督の『ディープ・スロート』（米・72）のハリー・リームズを招いた『生贄の女たち』（78・山本晋也）をプロデュース。エロも笑いも空回りの凡作だったが、以後、自分のプロダクション（獅子プロ＝ユニバース・プロ改称）で稲尾実ら子飼いの監督たちを起用、時に自ら宗豊《むねゆたか》名義で監督をし、一九八六年までに毎月一、二本を下番線やピンク映画の配給ルートに乗せていく。

実際、都内やローカルでは大蔵映画や新東宝などのピンク映画にはまだ集客があったのだ。ここらは松田優作なんか知らねえよ、「まんがまつり」なんか見たくもねえという観客層を忘れない岡田茂の配慮——商売っ気だろう。プレス・シートはお粗末な代わり、ポスターはかなり大胆美麗で、隅っこに小さく「東映セントラルフィルム」と明示されている(これらは『東映クロニクルⅡ』には記録されていない)。

実録ものの衰退、安易な漫画の映画化、新会社設立——暗中模索、混迷の一九七七年だった。そして——。

(＊) 向井は夥しいカット部分を在日外国人女性起用で追加撮影をした。同じダミアーノ監督の別作品との二部構成(東映洋画部・一九七五年公開)。配収一億五千万円は洋ピンとしては異例のヒット。

(3)

時代の波に洗われて

一九七八年(昭和五十三)——劇映画は過去十年の平均を大きく割り込み、十五本。この年から一本立て大作路線に本格的に舵を切り、五本を製作してロング興行に踏み切った。深作欣二が三本受け持ったが、『宇宙からのメッセージ』と『赤穂城断絶』は『柳生一族の陰謀』ほどの成績はあげられなかった。これは他の二本——東映では久々になる高倉健主演の『冬の華』(降旗康雄)と『日本の首領・完結篇』も同じ。こうした洋画並みの方式は明らかに時代の流れであり、ここから東映には転換期がきて、観客層もまた入れ替わっていく時期がきたような気がしてならない。壮年熟年層からヤング層に。

ダブル・フィーチャーは五番組あったが、自己資本と生え抜き監督によるそれは既述『トラック野郎・突撃一番星』『多羅尾伴内・鬼面村の惨劇』、年末からの正月映画『トラック野郎・一番星北へ帰る』『水戸黄門』(山内鉄也＝テレビの映画版)の二番組のみ(後者はトップ10」六位)。東映プログラム・ピクチャーの役目はここで事実上終えたといっていい。十五本のうち四本あった東映セントラル作品の監督はすべて日活、ピンク映画からの招聘だった。代わりはいくらでもいたのである。ちなみに、同年の「トップ10」一位は角川映画の『野性の証明』(佐藤純弥)。東映(洋画部)とヘラルド映画の共同配給だったが、興行は東宝洋画チェーンで行なわれた(フリー・ブッキング)。

七月九日には京撮に火災が発生、大道具倉庫、装飾・美術倉庫など一六三〇平方メートルが全焼した。製作に支障はなかったというが、何やら量産時代の終焉を象徴するような出来事ではないか。京撮には一九七五年十一月から遊休地とボウリング場跡地に「東映太秦映画村」が併設されていて、初年度の営業収入は十九億円だった。客足は年々伸びる一方で、この年には三十三億三千万円。下手な二本立てより確実な儲けが出ていたことを素直に喜んでいいものかどうか。

菅原文太は大映へのレンタル扱いで主演した『ダイナマイトどんどん』(岡本喜八・大映＝東映)で再びミソをつけた。これも彼自身が乗った企画だが、田舎やくざの草野球というテーマは奇を衒い過ぎた。登場人物の誰にも共感できず、ドラマもさっぱり。コメディ調という触れ込みながら笑った記憶はない。犯罪的ですらある企画ミスだ。宮下順子の裸を秘かに期待していたのは筆者のみであったか。

『独立愚連隊』(59)の記憶が長くあって、東宝という会社の企画やカラーには当てはまらない——なかなか正体を見せないユニークな個性の持ち主と認識していた監督もここで底が割れた。致命的なのは、これまたどう見ても菅原文太の役柄ではなかったことだ。作り手側だけが面白がっているような映画がヒットするわけがない。見終わったあと、舌打ちするより、悲しくなった。

変貌する娯楽の王者〈トーエー〉

一九七九年——「トップ10」入りしたのは三本。ただし、十六億円を記録した一位『銀河鉄道999』(東映動画)は長編アニメ、五位『蘇る金狼』(村川透)は角川映画(共にフリー・ブッキング)だった。九位『トラック野郎・熱風五〇〇〇キロ』の同時上映は香港映画『ドランクモンキー・酔拳』。ジャッキー・チェン人気はいいとして、これでいいのか、トーエーエーガ。二本立ては八番組に増えたものの、会社資本と生え抜き監督による番組は皆無となった。時代は確実に変わっていくのである。

『トラック野郎・故郷特急便』がそれまでの稼ぎの半分以下になったのは、テレビドラマ並みの併映作品(題名を書くのも癪に障る)とのミス・マッチが祟ったからといわれている。長くテレビ業界にいた久世光彦の初の劇場映画だったが、同じ映像の世界とはいえ、そもそも映画とテレビは根本的に違うし、映画館に出かける観客と、茶の間の視聴者とでは客層も異なる。一方は有料で、他方は無料《ロハ》(?)だ。トーエーのコヤで、何で森繁久彌や郷ひろみを見なきゃならんのだ、東映もいよいよ焼きが回ったなと嘆息したのだが、シリーズが最終作になったのはそれがためではなさそうだ。十本も作れば、潮時といえば潮時だったかもしれない。

映画俳優を一人も必要としないアニメ人気は恐るべきもので、「まんがまつり」とは別枠の長編アニメは以前からヒットの連続だった(以下※マークは外部プロ作品)。一九七七年『宇宙戦艦ヤマト』(※・東映洋画部)は「トップ10」九位。一九七八年『さらば宇宙戦艦ヤマト』(※)は『柳生一族の陰謀』に五億円の差をつけて二位。劇映画の凋落ぶりがいやでも鮮明になる。もはや昔の東映ならず。

一九八〇年代――岡田茂はやくざ戦争や時代劇復興からホンモノの戦争への大変換。日露戦争における旅順攻囲戦をメインにした『二百三高地』(80)の主演は仲代達矢。進軍喇叭《ラッパ》鳴り渡る新路線のスタートで、このあと〝戦犯〟東条英機(丹波哲郎)登場の題名も物々しい『大日本帝国』(二部構成=82)を放つところなど、企画だけなら『明治天皇と日露大戦争』や『大東亜戦争と東京裁判』(59)があった大蔵新東宝の後追いである。「トップ10」で各々三位、五位は面目躍如も三作目『日本海大海戦・海ゆかば』(83)は不振で、二度あることは三度なかった。海軍軍楽隊の若者たちが中心のドラマでは意気が上がる筈もない。

三本とも脚本は会社の泥鰌狙いを皮肉っていた笠原和夫。監督は舛田利雄。これらは東映の〝右傾化〟などと一部で評され、そこに軍靴の響きや警鐘を聴く人もいておかしくはないが、なに、たかが映画ではないか。戦争映画はとにかく打ちて止やまん、突撃バンザイしかないのだ。

この間の五・一五、二・二六事件を扱った『動乱』(※・80＝森谷司郎)は息子の剛(岡田裕介)がプロデューサーだったが、企画発案はオヤジといわれ、これにも部分的ながら新東宝に『重臣と青年将校・陸海軍流血史』(58)という先例があった。「トップ10」十位にかろうじて食い込んだのは、ドラマ性より高倉健と吉永小百合共演というキャスティングの成功だろう。

一九八一年は『青春の門』(蔵原惟繕・他)『野菊の墓』(※)『蔵の中』(※・高林陽一)――まるで東宝映画のような題名が並ぶ。一九八二年は『大日本帝国』に加え、仲代再び主演もおよそ東映らしからぬエロチシズム横溢任侠伝『鬼龍院花子の生涯』(五社英雄)が「トップ10」九位に入ったが、山口組ならぬ谷口組の内紛と抗争を描いた『制覇』の配収はその半分。遠く圏外だ。組長役の三船敏郎は「日本の首領《ドン》」シリーズで生き残った大石のような役柄で、これも心臓病を抱えており、かかりつけの医者(鶴田浩二)が出てくるなど、佐倉一誠のようにも映じ、シリーズ最終作の姉妹編とも見える。例によって派手な抗争事件が続発するも、むしろ組長の妻(岡田茉莉子)や息子や娘の動向に重きが置かれ、何やらホーム・ドラマの如き案配になっていた。

これは三船という俳優が多年のイメージにより、やくざの親分にはさっぱり見えない風貌にも起因する。小林旭は全然重要でない役柄で、出番も少なく、何だか気のない演技に終始。芸達者な若山富三郎もこのジャンルではまったく場違いな印象しかない。世界のミフネ、夏目雅子の色香に完敗。実録風やくざものは残滓に過ぎなくなった。監督表記を外部のそれに絞っているのは東映の変容を示す意味である。どうせ、またかと思う監督しか残っていないのだから。

三角マークが丸くなる

社内プロデューサーの企画だけでは飽き足らず、外部資本の導入と提携も活発になった。いくら老舗だ、大手だといったって一社だけで全作品の製作費を賄える時代ではなくなっていた。外部プロとのユニット方策は松竹と東宝がとっくの昔に先行している。

ここで伸《の》してきたのが角川春樹である。『人間の証明』『野性の証明』の成功で、ワンマン経営者だった岡田もかねてから息子ほどの年齢差がある鼻息荒い新参者の斬新な企画力と製作費・宣伝費の使いっぷりに一目置いていたらしく、一九七九年には助監督からプロデューサーに転出していた橋本新一と共同ながら『悪魔が来りて笛を吹く』（斎藤光正）と『白昼の死角』（村川透）の製作者として遇し、東映東京作品として配給している。

一九八一年『セーラー服と機関銃』（相米慎二）『燃える勇者』は「トップ10」一位。後者は自社資本によるが、一九八二年『汚れた英雄』（角川春樹＝初監督）『伊賀忍法帖』（同四位）、一九八三年『探偵物語』（根岸吉太郎）『時をかける少女』（大林宣彦＝同二位）、一九八四年『愛情物語』（角川春樹）『メイン・テーマ』（森田芳光＝同一位）――これらはいずれも角川映画の企画・製作による東映配給のダブル・フィーチャーで、皮肉なことに同社で一番稼いだ番組でもある。斉藤光正は元日活の監督。相米、根岸はロマンポルノ育ち。

また、一九八三年暮れからの一本立て正月映画『里見八犬伝』の二十三億二千万円は邦画最高配収となった(東映配給＝興行東宝)。「トップ10」は本作を一九八三年度三位としているが、封切り日を鑑みて一九八四年度に入れると金額では一位。裏街道史どころではない、これではまるで〝角川映画史〟だ。

ビデオソフトが普及し始め、町にはレンタル・ショップが軒を並べるようになり、映画を映画館で見る時代ではなくなりつつあった八〇年代半ば、五十歳を越えた菅原文太もポジションを失っていく。自分は映画俳優だからと、ずっと回避していたテレビ出演も増えていく。ただ(番組は忘れたが)、あの声でナレーターまで引き受けたのはいただけない。

「まんがまつり」は依然として快調で、一九八五年からの五年間には東映の配収ベスト5に毎年ランクされている(一九九〇年春に「東映アニメまつり」、夏に「東映アニメフェア」と改称)。長編アニメ『魔女の宅急便』(※・89)の二十一億五千万円は邦画の最高配収になった。

劇映画では清水宏次朗&仲村トオル共演による漫画原作路線の一つ「ビー・バップ・ハイスクール」シリーズ(85〜88＝全六本・那須博之)がヒット。一作目以外の五本が東映配収ベスト5にランクされた。とはいえ、これは傍系セントラルの製作である。二作目『高校与太郎哀歌』(86)三作目『与太郎行進曲』(87)はトップだった。いわゆるヤンキーものが当たったのは、原作の人気とは別に監督が一九五二年生まれの三十代という若さにもあったと踏んでいる。

那須もまたロマンポルノ出身で、彼自身がこの漫画のファンだったかどうかはともかく、連載中のリアルタイムにおける時代の空気や若者たちの風俗、流行を映画に反映することは容易だったと思われる。少なくとも抵抗はなかっただろう。そうした観客層と同じ時代感覚を持っていた若い人材は東映にはもういなかった。東映セントラルは一九八八年で消滅する。

これらより前の同じ漫画原作による『ビッグ・マグナム黒岩先生』(85)は、フリーになっていた山口和彦の実に七年ぶりの古巣での仕事だったが、支離滅裂の極み。校内暴力吹き荒れる学校に破天荒な新任教師がやってきて――という話だが、笑いにもバイオレンスにもかつてのアルチザンらしさは消えていた。主演者なんかどうでもよくて、志麻いづみ目当てだったのが正直なところだが、全編、それまでのキャリアが無に帰したような悲惨なまでの内容に茫然となった。

素材が違うとはいえ、空手アクションの数々で見られたシャープさが消え、あの『怪猫トルコ風呂』に横溢していたヤケクソの如き活力など微塵もない。どこか荒んでいるようなところすらある。使わない刀は錆びるというが、原因はブランクだけだったとは思われない。新陳代謝は外部からの血の導入でしか果たせなかったのである

『夢千代日記』(85・浦山桐郎)『玄海つれづれ節』(86・出目昌伸)『華の乱』(88)のヒロインは吉永小百合。一九八六年から九八年までに十本作られた「極道の妻たち」シリーズ八本の主演は岩下志麻。武田信玄と上杉謙信の川中島大合戦を『影武者』以上の人馬動員とスケールで見せ、配収五十億五千万円で邦画一位になった『天と地と』(※・90＝フリー・ブッキング)の製作&監督は角

川春樹。同年の、山口組分裂の——いわゆる〝山一戦争〟を描いたといわれる『激動の1750日』の主演が中井貴一だったのには、いよいよタマが尽きた気がした。台詞も演技も——こんな俳優に組を一枚岩にすべく命と意地を張る若頭役などハマるわけがない。途中で跡目を継ぐのがちょいとドついたら吹っ飛びそうなチンピラにしか見えない萩原健一。周りを子分たちが囲んでいるとはいえ、後ろ手で歩くやくざの親分は初めて見た。脇役たちもすっかり様変わりしていたキャスティングには違和感を覚えるばかりである。一九九一年から九六年までの東映配収トップはすべて「東映アニメフェア」——嗚呼！

これらはチャンバラから拳銃活劇、任侠映画、セックスと拷問の性愛路線、空手映画、実録やくざ路線と続いた娯楽の王者——我が内なる〈トーエー〉映画ではない。つまりは、これも時代に即応した変わり身のうまさ、したたかさなのだ。三角マークは時代と共に丸くなってしまった——などと、嘆息するほうが実はどうかしているのである。繰り返すが、映画は時代の産物だから変容していって当然であり、観客の世代交代もまた必然である。こんな映画会社にもう用はないと見切ることもまた。

風が変われればおいらも変わる。裏街道に陽が沈む。ごめんなすって！

あとがきに代えて

私なりに日本映画をまとめてみたいものだとはかねてから思っていた。といって、対象にしたのはおおむね一九五〇年代から八〇年代までで、その内訳は本文にある如くで、多くはまともな批評の対象にはならなかった通俗娯楽映画の数々である。対照的に、各年度の映画賞などで高い評価を受けた作品にさほどの関心がないのは昔からで、これは気質による。「裏返史」とした由縁だ。

私は映画評論家などと紹介されることがあるが、それで飯を食っているわけでなし、ただの映画好きの一人だから、見たい映画は見るし、見たくない映画は見ない。ずっと、それでやってきた。一方で、見るべき映画はいずれ見る機会が必ず訪れるとも考えていて、事実、受賞作の何本かには感動し、不覚にも落涙もした。こうなると、映画とは製作費の多寡や脚本、撮影の巧拙より、結局は監督個々の才能(天分というべきか)に負うところ大ではないかと思いたくなる。

項目によっては先駆者諸氏の著作がある。今回それらをあえて再読しなかったのは類似した表現の重複を避けたいからだが、所詮は同じ作品を見ての記述ゆえ、似通っている箇所があれば、単なる偶然と思われたい。テキスト——というほどのものではないが、参考にしたのは一九六〇年代半ばから記していた十数冊の古いノートである。〝映画感想文〟みたいなものだが、人に読まれることを意識していない分、率直なことが稚拙ながら綴られている。本文中にある通り、いくつかは〝採録〟した。

邦画の黄金時代に量産されたプログラム・ピクチャーの数は膨大で、本書に収めたのはそのホンの一部に過ぎない。娯楽映画は一回見たら片っ端から忘れていっていいし、それがまた宿命でもあるのだが、それだけで捨て去るには惜しい映画もまた存在する。データは残っても人々の記憶から失われた映画はまだゴマンとある。その製作は絶えて久しくなり、映画の配給方式や興行形態も激変した。それにしても、『釣天井の佝僂男』とか『怪獣蛇九魔の猛襲』とか、興味をそそる題名の何と多いことか。♪忘れろ忘れろ――と歌うにはまだ早い。

『ぴあ』などがない時代、重宝していたのは東京新聞(夕刊)の映画欄だ。新宿名画座、昭和館、成子映劇など忘れ難い。これは単なる感傷ではない。映画がまぎれもなく映画であり、映画館がまさしく映画館だった貴重な時代ではあったのだ。

当初、あとがきは予定していなかった。「裏返史」という偏奇なタイトルに興味を惹かれる人はごく限られるだろうから、あとは読んでいただければいいやという実に身勝手な考えによるが、赤字覚悟で出版に踏み切ってくれた版元CEOの「まあ、あとがきくらいは……」との声に素直に従った次第。VHS及びDVDの多くは知友、石熊勝己、竹内雅美、山田一郎各氏の提供による。感謝の他はない。令和二年睦月の寒夜――。

【著者】
二階堂卓也
…にかいどう・たくや…
1947年生まれ。上智大学文学部新聞学科卒業。『キネマ旬報』に連載された「イタリアン・アクションの誇りと栄光」をはじめとする一貫した批評姿勢に共感するファンも多く、その後のジャンル映画再評価に多大な影響を与えた。主な著書には『マカロニアクション大全・剣と拳銃の鎮魂曲』『剣とサンダルの挽歌』『新東宝・大蔵／怪奇とエロスの映画史』(洋泉社)『イタリア人の拳銃ごっこ』(フィルムアート社)『ピンク映画史』『洋ピン映画史』『荒野とドルと拳銃と』(彩流社)等がある。

Sairyusha

日本映画裏返史《にほんえいがうらがえし》
二〇二〇年二月五日　初版第一刷

著者――二階堂卓也
発行者――河野和憲
発行所――株式会社 彩流社
〒101-0051
東京都千代田区神田神保町3-10大行ビル6階
電話：03-3234-5931
ファックス：03-3234-5932
E-mail：sairyusha@sairyusha.co.jp
印刷――明和印刷(株)
製本――(株)村上製本所
装丁――中山銀士+杉山健慈

ISBN978-4-7791-2656-7 C0074
http://www.sairyusha.co.jp

フィギュール彩

〔既刊〕

㊴1979年の歌謡曲

スージー鈴木◉著

定価(本体1700円+税)

「大変だ、スージー鈴木がいよいよ見つかる」(ダイノジ・大谷ノブ彦、ラジオパーソナリティー)。TV全盛期、ブラウン管の向こう側の歌謡曲で育った大人たちの教科書。

㉜レノンとジョブズ

井口尚樹◉著

定価(本体1800円+税)

レノンとジョブズの共通点は意外に多い。既成のスタイルをブチ破ったクリエイターたち。洋の東西を問わず愚者(フール)が世界をきり拓く。世界を変えたふたりの超変人論。

㉛J－POP文化論

宮入恭平◉著

定価(本体1800円+税)

「社会背景がJ-POPに影響をもたらす」という視座に基づき、数多ある議論を再確認し、独自の調査方法を用いて時代と共に変容する環境とアイデンティティの関連を徹底考察。